Suivi, évaluation et gestion de la qualité des données

Collection « Études africaines »

dirigée par Denis Pryen et son équipe

Forte de plus de mille titres publiés à ce jour, la collection « Études africaines » fait peau neuve. Elle présentera toujours les essais généraux qui ont fait son succès, mais se déclinera désormais également par séries thématiques : droit, économie, politique, sociologie, etc.

Dernières parutions

Joseph Pascal MBAHA, Armand LEKA ESSOMBA, Paul TCHAWA (dir.) *Territoires, pluralisme identitaire et coexistence communautaire en Afrique. Dynamique de conflits et imaginaires de l'espace*, 2023.

Jean-Pierre NZEZA KABU ZEX-KONGO, *Le Congolais, pire ennemi du Congo. Comment l'ancien Congo belge est-il devenu si pauvre ?* 2023.

Nouhoum DABITAO, *Géopolitique des rébellions touareg au Mali. (1960-2015)*, 2023.

Moriba TOUNKARA, *Cartographie des risques dans les institutions de microfinance de l'espace UMOA, Une contribution du professionnel comptable*, 2023.

Balla CISSÉ, *Le durcissement du régime de transition au Mali*, 2023.

Issoufou Soulé MOUCHILI NJIMOM et Fidèle MVIADAMBA MINDJEME (dir.), *Etat et développement en Afrique*, 2023.

Zacharie BAENDA FIMBO, *Résolution des différends individuels et des confits collectifs du travail. L'exemple du droit social congolais*, 2023.

Jean-Alexis MFOUTOU, *Sur les petits métiers de la rue et de la débrouille au Congo-Brazzaville, Vitalité linguistique et dynamique langagière*, 2023.

Jean-Dominique PENEL (dir.), *L'écriture d'Ousmane Sembène dans* Niiwam, 2023.

Lambert EKANGA LOKOKA, *L'enseignement de l'Histoire à l'école secondaire en R.R.C. Intentions d'une réforme et pratiques de terrain*, 2023.

Roger NGOUFO, Paul TCHAWA et Moïse TSAYEM DEMAZE, *Environnement tropical et développement territorial. Pour une géographie décloisonnée et appliquée*, 2023.

Abdoulaye ABOUBACRINE, *Droit international de l'environnement et droit malien. Vers un droit africain harmonisé de l'environnement*, 2023.

Abdourahmane Ba

Suivi, évaluation et gestion de la qualité des données

L'Harmattan

Du même auteur

Development program monitoring and evaluation system effectiveness, 20 juin 2019, Économie et société, Editions EMS, Caen, France.

5-7, rue de l'École polytechnique, 75005 Paris

www.harmattan.fr
ISBN : 978-2-336-44458-1
EAN : 9782336444581

PREAMBULE

Depuis mon immersion totale dans le domaine du Suivi et Évaluation en avril 2002, j'ai eu la chance de collaborer sur des programmes de développement majeurs avec des institutions de renom telles que la Banque mondiale, l'Agence américaine pour le développement international (USAID), l'Organisation des Nations Unies pour l'alimentation et l'agriculture (FAO), le Fonds international pour le développement agricole (FIDA) et l'Union européenne (UE), pour n'en nommer que quelques-unes. Ce parcours m'a conduit dans diverses régions du Sénégal et dans de nombreux pays d'Afrique, enrichissant ainsi ma compréhension des défis uniques auxquels le continent est confronté en termes de Suivi et Évaluation et de développement durable.

Le domaine du Suivi et Évaluation est en perpétuelle mutation, exigeant un renouvellement constant des compétences et des connaissances. Avec le soutien de professeurs du Business Science Institute (BSI), j'ai pris une part active dans la recherche académique, qui a culminé avec la publication de ma thèse doctorale en 2017, d'un ouvrage en 2019, et de divers articles dans des revues spécialisées. La contribution académique, cependant, ne se limite pas à ces réalisations ; elle se doit d'être partagée, discutée et mise en pratique.

Le partage d'expérience et de recherche en Afrique revêt une importance capitale pour diverses raisons. Il favorise avant tout une meilleure adaptation aux contextes locaux, en tenant compte des spécificités culturelles et sociales souvent négligées par les solutions importées. Cette mutualisation des savoirs renforce les capacités institutionnelles, encourageant une appropriation plus efficace des programmes de développement par les acteurs locaux. Par ailleurs, une recherche active au sein du continent stimule l'innovation, générant des solutions sur mesure pour répondre aux défis propres à l'Afrique. Crucialement, réduire la dépendance vis-à-vis des firmes et experts internationaux par une localisation accrue est un pas essentiel vers l'autonomie du continent en matière de développement.

Cet ouvrage sur le Suivi et Évaluation transcende le cadre d'un texte académique traditionnel pour se présenter comme un véritable levier de transformation. Il se pose en pont innovant entre théorie et pratique, offrant rigueur scientifique et accessibilité à un public varié, allant des professionnels aux novices, en passant par les étudiants africains. L'ouvrage clarifie et démystifie le concept de Suivi et Évaluation, facilitant son application pratique. Conçu pour servir de ressource pédagogique pour les établissements de formation africains, il contribue à l'élaboration d'un curriculum adapté aux réalités locales. Par ailleurs, il se veut un guide pratique pour les décideurs, soulignant l'importance cruciale d'une gestion orientée vers les résultats et d'une prise de décision éclairée par des données fiables.

En initiant un dialogue et en partageant mes expériences ainsi que mes recherches, j'aspire à favoriser une plus grande inclusivité et diversité dans la sphère du Suivi et Évaluation en Afrique. Ce livre ne représente pas un aboutissement, mais constitue plutôt un composant d'un engagement plus vaste, destiné à enrichir le domaine du Suivi et Évaluation sur le continent africain. Il vise à stimuler la recherche, le dialogue et la collaboration. Ce livre est une étape, un catalyseur pour l'approfondissement de la connaissance et la promotion d'une synergie constructive entre les acteurs clés du secteur.

En définitive, cet ouvrage incarne ma ferme croyance en la nécessité vitale du partage d'expériences et de recherches pour le progrès du domaine du Suivi et Évaluation en Afrique. Il symbolise ma modeste mais substantielle contribution à l'émancipation des acteurs locaux, à l'augmentation de l'apport intellectuel des experts africains, et à l'accomplissement du formidable potentiel du continent en termes de développement durable.

I
INTRODUCTION AU SUIVI ET ÉVALUATION

Le développement, allant bien au-delà de la simple croissance économique, est modelé par des institutions, des organisations et des individus qui orientent activement sa trajectoire[1]. Ces acteurs, bien plus que de simples participants, sont les véritables moteurs du développement. Leur interaction joue un rôle déterminant dans l'orientation et les résultats des initiatives de développement.

Le Suivi et Évaluation de ces initiatives est essentiel pour mesurer leur efficacité. Comme le souligne LeBel, les évaluations vont au-delà de la simple mesure des résultats ; elles facilitent la coordination entre différents acteurs, accélérant ainsi le développement et en améliorant la qualité. Cette approche souligne l'importance cruciale de la synergie entre les acteurs sociaux, économiques et politiques pour atteindre les objectifs de développement[2].

Les contributions de Faguet soulignent la centralité des institutions et des organisations dans le processus de développement[3]. Elles jouent un rôle déterminant pour assurer un développement équilibré et inclusif. Dans ce contexte, un cadre de mesure robuste, connu sous le nom de système de Suivi et Évaluation, s'avère indispensable, qui ne se limite pas à des résultats quantitatifs mais comprend également les mécanismes profonds influençant le comportement des institutions et des individus dans la préparation, la mise en œuvre et l'évaluation des actions de développement.

Douglass C. North souligne le rôle crucial des institutions, qu'il décrit comme *les règles du jeu*, qui dirigent les trajectoires économiques, sociales et politiques. Ces règles, bien plus que de

---

[1] Dollar, D., Kleineberg, T., & Kraay, A. (2014). Growth, Inequality, and Social Welfare: Cross-Country Evidence. World Bank Policy Research Working Paper, 6842(April).

[2] LeBel, P. (2011). Economic Analysis of Development Projects The Economic Environment of Development Projects. Center for Economic Research on Africa - CERAF, 1(1), 39.

[3] Faguet, J.-P. (2011). Development management. The London School of Economics and Political Science.

simples directives, sont des fondements qui orientent le comportement au sein d'une économie. L'efficacité des initiatives de développement dépend donc grandement de la compréhension et de la navigation à travers ces institutions[1].

En somme, pour garantir la durabilité et l'efficacité des initiatives de développement, une compréhension approfondie des dynamiques institutionnelles est essentielle. Les praticiens du développement doivent adopter une approche globale, combinant analyse technique et sensibilité aux nuances institutionnelles, pour garantir des résultats tangibles et durables[2]. Les systèmes de Suivi et Évaluation renforcent la capacité des organisations de développement à améliorer leurs processus décisionnels pour mieux atteindre les objectifs de développement[3].

Les défis liés à l'atteinte des objectifs et résultats de développement ne résultent pas uniquement de la rareté des ressources ou de stratégies économiques inadéquates. Il existe d'autres dimensions socio-économiques et managériales à prendre en compte, y compris le manque de systèmes de Suivi et Évaluation efficaces et des données de bonne qualité pour guider les processus de prise de décision et de gestion des risques éclairés[4].

Maddock identifie plusieurs contraintes majeures, telles que des objectifs irréalistes et des systèmes de rapportage faibles entre autres facteurs comme les principales contraintes entravant l'efficacité des systèmes de Suivi et Évaluation depuis leur introduction et expansion dans l'industrie du développement et de l'aide[5].

À travers une analyse des systèmes d'information intégrés, Tom Barton a identifié six faiblesses qui compromettent l'efficacité des systèmes de Suivi et Évaluation : une mauvaise conception des programmes de développement, des besoins en développement des ressources humaines, un biais quantitatif, une faible priorité pour un

---

[1] North, D. C. (1994). Economic Performance Through Time. The American Economic Review, 84(3), 1–13.

[2] Gauthier, B. (2005). Problèmes d'incitations et aide au développement : une perspective institutionnelle. Management International, 9(3), 33.

[3] Cracknell, B. E. (1994). Monitoring and evaluation of public-sector investment in the UK. Project Appraisal, 9(4), 222–230. http://doi.org/10.1080/02688867.1994.9726955

[4] Ba, A., 2021, 'How to measure monitoring and evaluation system effectiveness?', African Evaluation Journal 9(1), a553. https://doi.org/10.4102/aej. v9i1.553

[5] Maddock, (1993). Introduction et expansion des systèmes de Suivi et Évaluation dans l'industrie du développement et de l'aide.

système d'information, une implication limitée à la collecte de données qui aboutit à des données de mauvaise qualité, et un mauvais retour d'information[1].

En 1996, Barton définissait le système de Suivi et Évaluation comme un *Système d'information intégré*, expliquant[2] : « Le système de Suivi et Évaluation est une forme de système d'information, qui est un terme large pour la sélection, la collecte, l'analyse et l'utilisation de l'information. Il peut être décrit comme une chaîne logique d'idées liées commençant (et continuant) avec les utilisateurs de l'information » (Barton, 1997:10). En tant que tel, le Suivi et Évaluation devrait être considéré comme une forme de système d'information pour analyser son efficacité ou son succès dans la création et l'utilisation de l'information de qualité sur les résultats et impacts des projets et programmes de développement.

L'examen de la littérature sur les systèmes d'information révèle que le modèle de succès de DeLone et McLean est particulièrement pertinent. Ce modèle, s'il est soigneusement et rigoureusement opérationnalisé, peut-être adapté au système de Suivi et Évaluation des programmes de développement. Comme les auteurs du modèle l'ont souligné : « Dans le *modèle de succès D&M IS*, la *qualité des systèmes* mesure le succès technique ; la *qualité de l'information* mesure le succès sémantique ; et *l'utilisation*, la satisfaction de l'utilisateur, les *impacts individuels* et les *impacts organisationnels* mesurent le succès de l'efficacité » (DeLone & McLean, 2003)[3].

L'importance cruciale de la gestion axée sur les résultats s'est imposée dans le domaine du développement. Cette approche, centrée sur l'élaboration de politiques efficaces repose sur un processus d'apprentissage continu et inclusif qui englobe tous les intervenants investis dans les objectifs de développement[4]. Si ces actions de développement ne sont pas adaptées aux véritables besoins de la population ou synchronisées avec les demandes du marché, et en l'absence d'un environnement institutionnel favorable et d'un bon système de Suivi et Évaluation qui génère des données de qualité, la

---

[1] Barton, T. (1997). Guidelines to M&E. How are we doing? CARE-Uganda, 1–153.

[2] Barton, T. (1997). Guidelines to M&E. How are we doing? CARE-Uganda, 1–153.

[3] DeLone, W. H., & McLean, E. R. (2003). The DeLone and McLean Model of Information Systems Success: A Ten-Year Update. Journal of Management Information Systems, 19(4), 9–30.

[4] Jorjani, H. (1998). Demystifying results-based performance measurement. The Canadian Journal of Program Evaluation, 13(1), 61–95.

probabilité d'atteindre les objectifs de développement fixés diminue considérablement[1].

Pour formuler et exécuter des politiques et programmes de développement, les institutions et organisations doivent s'appuyer sur des connaissances robustes et basées sur des preuves et données de qualité. Ces connaissances permettent à ces entités d'établir des cibles et des normes pragmatiques qui ouvrent la voie aux résultats souhaités.

Il est crucial de noter que cette connaissance provient en grande partie d'un système de Suivi et Évaluation efficace, qui, lorsqu'il est déployé pendant la phase de planification et de mise en œuvre, aide à esquisser des objectifs de développement clairs et pertinents. Les enseignements tirés des programmes antérieurs et en cours jouent également un rôle essentiel lorsqu'elles sont bien capitalisées à travers des systèmes de Suivi et Évaluation durables et résilients.

Un système de Suivi et Évaluation performant est essentiel à l'amélioration de la conception des politiques et des programmes. Le chemin vers une meilleure conception de politiques et de programmes commence par un système Suivi et Évaluation bien conçu et des informations Suivi et Évaluation de qualité.

Cependant, les lacunes dans les capacités de gestion du développement peuvent sérieusement compromettre l'élaboration efficace des politiques, en particulier dans les pays en développement, comme l'a souligné Young en 2005[2]. Les conséquences deviennent plus significatives lorsque le système de Suivi et Évaluation d'une organisation, inefficace, génère peu de données de qualité, surtout dans un contexte international imprévisible avec un contrôle limité des ressources. Pourtant, lorsqu'il est efficacement déployé, le système Suivi et Évaluation peut renforcer les compétences de gestion du développement dans le monde en développement, enrichissant ainsi les cadres politiques et les exécutions de programmes.

La prise de décision en temps opportun est essentielle, particulièrement dans les premières étapes de l'initiation d'un

---

[1] Kusek, J. Z., & Rist, R. (2008). Ten Step to a Results Based Monitoring and Evaluation System. In Bridging the Gap the role of monitoring and evaluation in evidence-based policy making (pp. 1–16).

[2] Young, J. (2005). Research, policy, and practice: Why developing countries are different. Journal of International Development, 17(6), 727–734.

programme de développement[1]. Des ajustements peuvent être nécessaires pour mieux aligner les résultats avec les réalités du terrain à travers un feedback participatif. En effet, lorsque les politiques entrent en contact avec les réalités du terrain et diverses contraintes, des modifications périodiques deviennent impératives pour garantir la qualité et la rapidité des livrables. De telles modifications itératives, connues sous le nom d'ajustements opérationnels, doivent être ancrées dans des preuves solides, des données de qualité, servant de pierres angulaires à l'exécution du programme de développement.

Dans des contextes tels que l'Afrique, confrontés à des défis uniques comme l'instabilité politique et les préoccupations de sécurité, il est vital de mettre en place des systèmes de Suivi et Évaluation robustes produisant des données de qualité[2]. Ces systèmes facilitent l'apprentissage et la prise de décision basée sur des preuves, jetant les bases de choix opérationnels améliorés.

Lors de la mise en œuvre de leurs initiatives, les organisations de développement s'orientent vers des décisions opérationnelles, axées sur la gestion des ressources et la réalisation des objectifs. Ces choix sont le moteur des actions visant à atteindre les objectifs des programmes, soulignant ainsi leur importance cruciale pour le succès d'un projet de développement. La qualité des informations et du système de Suivi et Évaluation joue un rôle déterminant dans la prise de décision opérationnelle basée sur des preuves.

Durant le cycle de vie d'un programme, des ajustements substantiels peuvent s'avérer nécessaires, notamment si le contexte économique change ou que les performances du programme exigent une réévaluation. Alors que les organisations acquièrent une compréhension plus claire des bénéficiaires et de leurs circonstances, des modifications au niveau des résultats du programme pourraient être nécessaires. Ces changements tactiques visent à recalibrer la trajectoire du programme, garantissant l'impact souhaité au niveau des bénéficiaires[3].

---

[1] Schilling, M. S., Oeser, N., & Schaub, C. (2007). How Effective Are Decision Analyses? Assessing Decision Process and Group Alignment Effects. Decision Analysis, 4(4), 227–242.

[2] Augier, M., Shariq, S. Z., & Vendelø, M. T. (2001). Understanding context: its emergence, transformation and role in tacit knowledge sharing. Journal of Knowledge Management, 5(2), 125–137. http://doi.org/10.1108/13673270110393176

[3] Tversky, A., & Kahneman, D. (1986). Rational Choice and the Framing of Decisions. The Journal of Business, 59(S4), S251.

Les informations tirées du système de Suivi et Évaluation, y compris les données sur les indicateurs de résultats, les rapports d'évaluation et d'autres documents pertinents, fournissent les preuves nécessaires à ces changements tactiques critiques, qui peuvent influencer considérablement les résultats anticipés du programme[1].

Le développement est donc un processus complexe, influencé par une multitude de facteurs, des institutions et politiques jusqu'aux interactions individuelles. Les systèmes de Suivi et Évaluation sont essentiels pour naviguer dans cette complexité, offrant non seulement des mesures de performance et d'impact mais aussi un mécanisme pour améliorer la coordination entre divers acteurs. Ces systèmes, toutefois, sont confrontés à des défis importants, en particulier dans les pays en développement, où les ressources sont limitées et les systèmes de données souvent insuffisants.

L'efficacité du système de Suivi et Évaluation repose non seulement sur la qualité des données mais aussi sur la façon dont elles sont exploitées pour prendre des décisions éclairées. Particulièrement dans des contextes difficiles tels que l'Afrique, où l'instabilité politique et les enjeux de sécurité complexifient la situation, un système de Suivi et Évaluation robuste est crucial pour guider efficacement les politiques et les programmes[2]. Les ajustements basés sur des preuves solides sont cruciaux pour aligner les initiatives de développement avec les besoins réels et les conditions sur le terrain.

En conclusion, pour assurer le succès des initiatives de développement, il est crucial de disposer de systèmes de Suivi et Évaluation à la fois bien conçus et flexibles. Ces systèmes, plus que de simples outils de mesure, constituent des éléments fondamentaux d'un écosystème de développement réussi, contribuant à la prise de décision, à la gestion des risques et à l'adaptabilité des programmes[3].

Le Suivi et Évaluation constitue un élément essentiel au succès des programmes de développement, agissant à la fois comme mécanisme de contrôle et outil stratégique. Il permet non seulement de mesurer la

---

[1] Segone, M. (2010). From policies to results: Developing capacities for country M&E-Systems. Evaluation, 476.

[2] Gelase, M. (University of D. es S. (2011). Report on the adoption and use of performance management systems including measurement, monitoring and evaluation in Africa.

[3] Grun, R. E. (2006). Monitoring and Evaluating Projects: A Step-by-Step Primer on Monitoring, Benchmarking, and Impact Evaluation.

performance et les résultats d'un programme mais aussi d'informer la prise de décision et le réajustement stratégique.

Le Suivi et Évaluation va au-delà de la simple collecte de données pour convertir ces informations en connaissances actionnables qui améliorent la prise de décision, la gestion des risques et l'efficacité globale des initiatives. En intégrant ces éléments dans une gestion axée sur les résultats, les organisations peuvent instaurer un cercle vertueux où les données, au-delà de leur simple collecte, sont exploitées de manière optimale, renforçant ainsi l'efficacité, la transformation et la durabilité des programmes.

Lors de la mise en œuvre des programmes de développement, la qualité de l'information est primordiale. Le Suivi et Évaluation nécessite un système comptable analytique qui lie le budget, les activités et les résultats, évaluant ainsi l'efficacité des dépenses. Cela implique aussi de prendre en compte les contributions des bénéficiaires pour avoir une vue complète de l'impact du programme.

Les indicateurs choisis, leur couverture et leur qualité sont centraux pour mesurer le véritable impact d'un programme sur ses bénéficiaires. Un système de Suivi et Évaluation performant exige donc une attention particulière à la qualité des données recueillies, qui constituent la pierre angulaire de toute évaluation précise.

La technologie joue un rôle primordial dans l'amélioration de la qualité en Suivi et Évaluation. Elle facilite le partage rapide et transparent d'informations de haute qualité, tout en offrant l'adaptabilité nécessaire dans un environnement en constante évolution. Cependant, la technologie pose également des défis, en particulier concernant la protection des données et la nécessité de mise à jour constante des systèmes. Des formations continues et des partenariats stratégiques sont nécessaires pour surmonter ces défis et garantir la cohérence des données et l'autonomie des parties prenantes.

L'évaluation est également cruciale pour garantir la qualité et l'efficacité des opérations en Suivi et Évaluation. Divers types d'évaluations, y compris formatives, de mise en œuvre et sommatives, d'impact et de performance répondent à différents besoins au cours du cycle de politique.

L'audit de la qualité des données est particulièrement crucial, servant à maintenir des normes élevées, à identifier les domaines requérant une attention particulière, et à orienter les actions correctives. L'alignement avec les normes internationales de qualité des données est également vital pour assurer la fiabilité et la conformité des systèmes de S&E.

En conclusion, le Suivi et Évaluation est indispensable pour la réussite des initiatives de développement. Il sert non seulement à mesurer l'efficacité, mais aussi à orienter les décisions stratégiques et à favoriser l'apprentissage organisationnel.

Le Suivi et Évaluation, un outil multifacette, fait office de baromètre de performance, guide stratégique et mécanisme d'assurance qualité dans le domaine du développement. Sa réussite est intrinsèquement liée à la qualité des données, exigeant une mise en œuvre et une gestion rigoureuses. Le Suivi et Évaluation, loin d'être une fin en soi, est un processus dynamique et continu, nécessitant adaptation et apprentissage constants pour répondre aux besoins évolutifs des programmes de développement.

II
PROGRAMMES DE DÉVELOPPEMENT ET SUIVI ET ÉVALUATION

Le Suivi et Évaluation joue un rôle crucial dans le succès des initiatives de développement, en permettant l'évaluation continue de la performance, l'ajustement stratégique et l'apprentissage organisationnel. Au-delà de la simple collecte de données, le Suivi et Évaluation transforme ces dernières en informations exploitables et en connaissances stratégiques, renforçant ainsi les capacités des organisations et institutions de développement. Ces capacités incluent la gestion axée sur les résultats, la gestion efficace de l'information et des connaissances, ainsi que la prise de décision fondée sur des preuves.

L'intégration réussie du Suivi et Évaluation avec les capacités optimales des organisations et institutions crée une dynamique vertueuse où l'information est non seulement collectée mais aussi exploitée de manière optimale, garantissant ainsi que les programmes de développement ne sont pas seulement efficaces à court terme, mais aussi transformateurs et durables.[1]

2.1. Importance de l'information du Suivi et Évaluation

L'intégration efficace de l'information du Suivi et Évaluation s'avère essentielle pour le succès des programmes de développement, à tous les niveaux - national, local ou régional[2]. Cette importance découle de multiples facteurs inhérents au processus même du Suivi et Évaluation.

Les informations issues du Suivi et Évaluation jouent un rôle central dans la validation de l'alignement entre les actions entreprises et l'intention stratégique d'intervention, telle que définie par Quesnel[3].

---

[1] Ba, A., 2021, 'How to measure monitoring and evaluation system effectiveness?', African Evaluation Journal 9(1), a553. https://doi.org/10.4102/aej. v9i1.553

[2] Choo, C. W. (1996). The Knowing Organization: How Organizations Use Information to Construct Meaning, Create Knowledge and Make Decisions. International Journal of Information Management, 16(5), 329–340.

[3] Quesnel, J. S. (2010). The Strategic Intent. Understanding Strategic Intent is the Key to Successful Country-Led Monitoring and Evaluation Systems. In Country-Led

Autrement dit, elle permet aux parties prenantes de vérifier que le programme ou projet en question répond effectivement aux objectifs stratégiques établis. Ceci revêt une importance capitale, car un programme, même bien exécuté, peut manquer son impact escompté s'il ne s'aligne pas avec l'intention stratégique prévue.

Figure 1- Efficacité du système de Suivi et Évaluation et résultats de développement (Auteur)

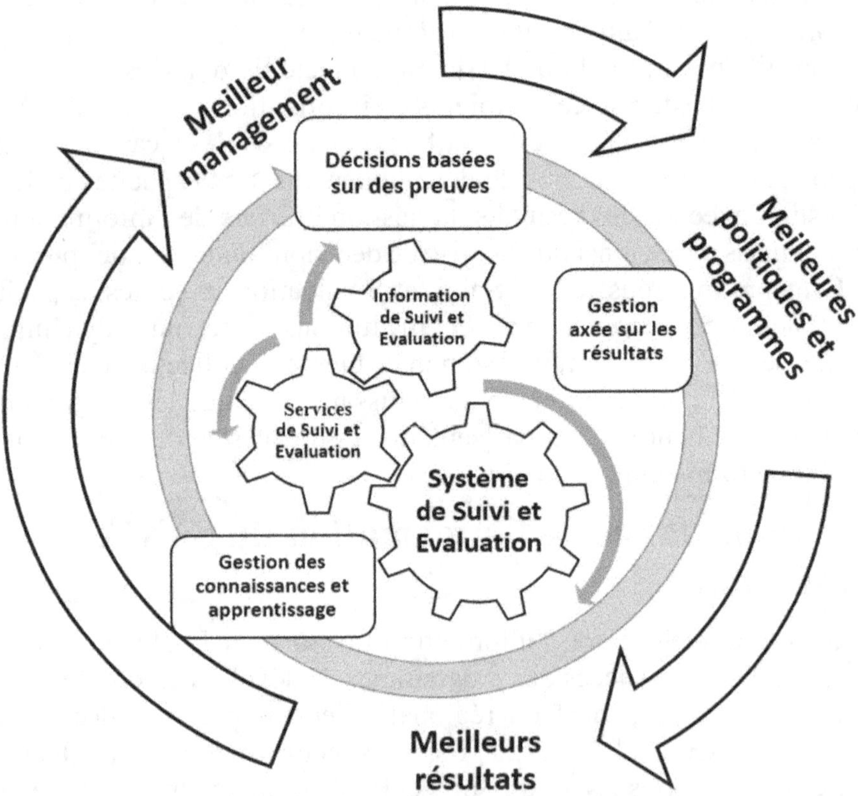

Il est primordial de saisir la distinction entre les données, l'information et la connaissance. Les données sont des faits bruts, l'information en est une interprétation, et la connaissance découle d'une analyse approfondie de l'information.

Les systèmes de Suivi et Évaluation assument un rôle dynamique en assurant une collecte continue de données sur divers aspects d'un

Monitoring and Evaluation Systems: Better evidence, Better Policies, Better Development Results (pp. 56–76)

programme, transformant ces données en informations significatives pour améliorer la performance des initiatives en cours.

En outre, l'information issue du Suivi et Évaluation crée une plateforme pour un feedback constant et une adaptation dynamique. Dans le monde en mutation rapide du développement, la capacité de s'adapter aux retours d'information est un atout précieux[1]. Par exemple, un Programme de développement local (PDL) pourrait nécessiter des ajustements en fonction des spécificités culturelles ou économiques d'une communauté donnée, et le Suivi et Évaluation fournit les données nécessaires pour guider ces ajustements.

Par ailleurs, l'information de Suivi et Évaluation apporte des preuves empiriques de l'efficacité ou des défis des programmes de développement, renforçant la confiance des parties prenantes, des bailleurs de fonds et des bénéficiaires, et favorisant la transparence et la redevabilité[2]. Ainsi, si un Programme de développement national (PDN) est mis en œuvre, les parties prenantes peuvent s'appuyer sur les données de Suivi et Évaluation pour démontrer l'impact du programme à l'échelle nationale, renforçant ainsi sa légitimité et sa pertinence.

Enfin, l'information issue du Suivi et Évaluation sert d'instrument d'apprentissage, offrant à chaque programme ou projet une occasion d'innover et d'améliorer les efforts de développement futurs[3]. Qu'il s'agisse d'un programme de développement régional (PDR) visant à intégrer plusieurs pays ou d'un simple projet local, les leçons tirées du Suivi et Évaluation sont inestimables pour informer et améliorer les futurs efforts de développement.

En résumé, l'information issue du Suivi et Évaluation est le pilier de l'efficacité des programmes de développement. Elle garantit l'alignement, facilite l'adaptation, renforce la confiance et promeut un apprentissage continu, rendant le Suivi et Évaluation un outil indispensable dans tout effort de développement[4].

---

[1] LeBel, P. (1999). Measuring Sustainable Economic Development in Africa. Center for Economic Research on Africa - CERAF, 1(1), 19.

[2] Mackay, K. (2007). How to Build M&E Systems to Support Better Government. The International Bank for Reconstruction and Development / The World Bank. http://doi.org/10.1596/978-0-8213-7191-6.

[3] Mantzavinos, C., North, D. C., & Shariq, S. (2004). Learning, Institutions, and Economic Performance. Perspectives on Politics, null(1), 75–84. http://doi.org/10.1017.S1537592704000635

[4] McGuire, C. (2011). A Framework for Analyzing Information Flows in Public Policy Decision-making: A Move towards Building Sustainable Policy Instruments. Journal of Politics & Law, 4(2), 25–35. http://doi.org/10.5539/jpl.v4n2p25

2.1.1. Suivi et Évaluation et Gestion des Connaissances

Les organisations de développement reposent largement sur leur capacité à générer et exploiter des connaissances pour prendre des décisions éclairées[1]. Cette compétence s'appuie essentiellement sur les systèmes de Suivi et Évaluation, qui collectent, analysent et diffusent des données pertinentes.

Il est crucial de distinguer entre la connaissance tacite, inhérente aux routines quotidiennes et souvent difficiles à exprimer, et la connaissance explicite, qui est clairement documentée et partageable. Les systèmes de Suivi et Évaluation sont essentiels pour gérer la connaissance explicite, offrant ainsi une base solide pour des décisions fondées sur des preuves.

En effet, la prise de décision est au cœur des activités des organisations de développement. Les informations et connaissances issues du Suivi et Évaluation garantissent que chaque action est alignée avec les objectifs stratégiques, garantissant ainsi une plus grande efficacité et un impact plus significatif[2].

En définitive, ces systèmes sont vitaux pour permettre aux organisations de mesurer, évaluer et optimiser continuellement leurs programmes. En se concentrant sur une gestion efficace des connaissances, ces organisations sont mieux préparées à réaliser leurs missions et atteindre leurs objectifs de développement.

Le Suivi et Évaluation, conjointement avec la Gestion des connaissances, sont des éléments clés pour assurer que les projets et programmes de développement correspondent et contribuent aux objectifs plus larges définis par les institutions et les organisations responsables des politiques de développement.

L'information recueillie grâce au Suivi et Évaluation garantit que les projets et programmes de développement sont en phase avec les priorités définies par les décideurs politiques. Par exemple, si une politique nationale vise à améliorer la sécurité alimentaire, le Suivi et

---

[1] Ioannis, E. D., Nikolaos, B. G., Dimitrios, E. K., & Dimitrios, M. E. (2004). Towards a holistic knowledge management model. Journal of Knowledge Management, 8(1), 32–46. http://doi.org/10.1108/13673270410523899

[2] Parker, D. (2008). Monitoring and Evaluation, and the Knowledge Function. In UNICE (Ed.), Bridging the Gap the role of monitoring and evaluation in evidence-based policy making (Issue12, pp. 73–87). UNICEF.

Évaluation examinera si un programme agricole particulier contribue effectivement à atteindre cet objectif[1].

La distinction établie par Alacevich (2011) entre les secteurs productifs et sociaux revêt une importance capitale[2]. Les secteurs productifs, tels que l'agriculture ou la manufacture, offrent souvent un retour sur investissement économique direct, tandis que les secteurs sociaux, comme l'éducation et la santé, génèrent des impacts à long terme, plus ardues à quantifier immédiatement.

La gestion des connaissances facilite la reconnaissance de la valeur inhérente de chaque secteur, tandis que le Suivi et Évaluation permet de mesurer l'impact réel, qu'il soit à court ou à long terme.

Les institutions identifient les secteurs prioritaires en fonction de leur avantage comparatif et des besoins spécifiques du pays ou de la région concernée. Dans ce contexte, le Suivi et Évaluation joue un rôle crucial, fournissant des données cruciales pour déterminer où les interventions sont les plus nécessaires et où elles peuvent avoir l'impact le plus significatif. Cela aide à allouer efficacement les ressources et à concentrer les efforts là où ils sont le plus nécessaires.

Les informations issues du Suivi et Évaluation permettent aux décideurs, aux bailleurs de fonds et aux intervenants de suivre les progrès et les résultats d'un programme de développement en comparaison avec ses objectifs initiaux.

En utilisant des indicateurs de performance spécifiques, le Suivi et Évaluation mesure l'efficacité, l'efficience, la pertinence et la durabilité des interventions.

- *Niveau Macro* : À ce stade, le Suivi et Évaluation analyse l'impact global du programme, tel que l'augmentation de la production agricole à l'échelle nationale ou la réduction de la pauvreté dans une région spécifique.
- *Niveau Méso* : L'évaluation pourrait se concentrer sur des secteurs ou des groupes spécifiques, par exemple, l'impact sur les petits agriculteurs ou sur les entreprises intermédiaires de la chaîne de valeur.

---

[1] Hollinger, F., & Staatz, J. M. (2015). Agricultural Growth in West Africa Market and policy drivers. FAO and AfDB.

[2] Alacevich, M. (2014). Visualizing Uncertainties, or How Albert Hirschman and the World Bank Disagreed on Project Appraisal and What This Says About the End of "High Development Theory." Journal of the History of Economic Thought, 36(2), 137–168.

- *Niveau Micro* : À ce niveau, l'analyse se centre sur les bénéficiaires directs, comme une famille d'agriculteurs ou une entreprise individuelle, évaluant comment le programme a amélioré leur qualité de vie ou leur rentabilité.

Une coordination efficace entre les différents acteurs est cruciale pour le succès de tout programme. La gestion des connaissances joue un rôle clé, veillant à ce que les leçons apprises, les meilleures pratiques et les défis rencontrés soient partagés entre les acteurs, améliorant ainsi l'efficacité générale et la mise en œuvre des programmes[1]. Elle assure que les leçons apprises, les meilleures pratiques et les innovations découlant du programme soient correctement documentées, partagées et intégrées dans les futures interventions. Elle capitalise sur les réussites et identifie les domaines d'amélioration, garantissant ainsi que les erreurs ne sont pas répétées et que les bonnes pratiques sont amplifiées[2].

Considérons, par exemple, un programme national de développement agricole. Le Suivi et Évaluation peut révéler qu'une technologie ou méthode agricole spécifique est particulièrement efficace pour accroître les rendements.

La gestion des connaissances veille à ce que cette découverte soit partagée avec d'autres agriculteurs, multiplicateurs de semences ou formateurs, accélérant ainsi la diffusion de cette pratique réussie et maximisant l'impact global sur toute la chaîne de valeur agricole.

L'intégration des informations du Suivi et Évaluation dans une stratégie de gestion des connaissances crée une boucle de rétroaction positive, où les informations collectées guident les futures décisions, tandis que la gestion des connaissances s'assure que ces informations sont accessibles et utilisées de manière appropriée.

En conclusion, pour assurer le succès des programmes et projets de développement, il est essentiel de disposer d'un système de Suivi et Évaluation robuste et d'adopter une approche proactive de la gestion des connaissances. Ces deux éléments, lorsqu'ils sont utilisés conjointement, garantissent que les interventions ne sont pas seulement

---

[1] Kock, N. F., McQueen, R. J., & Baker, M. (1996). Learning and Process Improvement in Knowledge Organizations: A Critical Analysis of Four Contemporary Myths. The Learning Organization, 3(1), 31–41.

[2] Nonaka, I., & Toyama, R. (2007). Strategic management as distributed practical wisdom (phronesis). Industrial and Corporate Change, 16(3), 371–394. http://doi.org/10.1093/icc/dtm014

efficaces mais ont également un impact durable, menant à des changements positifs à long terme pour les bénéficiaires.

Le rôle de l'information issue du Suivi et Évaluation, ainsi que de la gestion des connaissances, est de garantir que les projets et programmes de développement sont non seulement mis en œuvre, mais réalisés de manière alignée avec les objectifs globaux de développement, adaptés aux spécificités sectorielles, et qu'ils génèrent un impact tangible et durable.

2.1.2. Le Suivi et Évaluation et la Gestion Axée sur les Résultats

La relation étroitement intégrée entre le Suivi et Évaluation et la Gestion Axée sur les Résultats renforce mutuellement ces deux approches, établissant ainsi un cadre complet pour une gestion efficace des programmes de développement[1]. Les deux approches sont essentielles pour s'assurer que les programmes de développement sont non seulement bien conçus, mais aussi efficaces dans l'atteinte de leurs objectifs.

La Gestion Axée sur les Résultats fournit le cadre managérial et les outils pour une planification stratégique améliorée, une gestion des risques et un suivi des performances[2]. Dans ce contexte, le Suivi et Évaluation sert d'outil d'évaluation pour mesurer la performance et l'efficacité de cette gestion. Cela comprend la collecte et l'analyse de données sur les résultats, ainsi que l'évaluation de l'impact des programmes.

Le Suivi et Évaluation apporte des preuves empiriques nécessaires pour éclairer la prise de décisions dans la Gestion Axée sur les Résultats. Ces données peuvent inclure des mesures quantitatives, comme des indicateurs de performance clés, mais aussi des mesures qualitatives qui peuvent offrir des perspectives sur les aspects sociaux ou culturels de la mise en œuvre du programme[3].

De même que la Gestion Axée sur les Résultats s'efforce d'engager toutes les parties prenantes pertinentes de manière participative, le Suivi et Évaluation promeut également une approche inclusive. En intégrant

---

[1] DAC. (2001). Results-Based Management in the Development Co-operation Agencies: A review of Experience. DAC-OECD.

[2] Meier, W. (2003). Results-Based Management - Towards a Common Understanding Among Development Cooperation Agencies. CIDA Discussion Paper, 5.0, 1–25.

[3] Meier, W. (2003). Results-Based Management - Towards a common Understanding Among Development Cooperation Agencies. CIDA Discussion Paper, 5.0, 0–25.

toutes les parties prenantes dans les processus de planification, de mise en œuvre et d'évaluation, le Suivi et Évaluation favorise l'adoption de meilleures pratiques pour obtenir des résultats de développement efficaces, grâce à une participation et une cohésion accrues des acteurs clés.

Par exemple, un processus de Suivi et Évaluation peut impliquer des consultations régulières avec des groupes communautaires, des experts du secteur et d'autres parties prenantes pour évaluer l'impact et l'efficacité des programmes. Cela, à son tour, alimente le cadre de Gestion Axée sur les Résultats, permettant des ajustements et des améliorations continus basés sur des preuves solides.

Pour conclure, le Suivi et Évaluation et la Gestion Axée sur les Résultats constituent deux aspects complémentaires et indispensables dans le domaine de la gestion du développement. Le Suivi et Évaluation fournit les données et preuves nécessaires pour renforcer la Gestion Axée sur les Résultats, tandis que cette dernière offre le cadre stratégique essentiel pour optimiser l'utilité du Suivi et Évaluation. Les deux sont indispensables pour une gestion du développement efficace et centrée sur des preuves.

2.1.3. Suivi et Évaluation et prise de décision basée sur les preuves

Dans les pratiques de développement et de recherche évaluative, les preuves sont des conclusions tirées d'une collecte de données exhaustive et d'analyses approfondies[1]. Une culture d'évaluation robuste, se manifestant dans la conception et la mise en œuvre d'évaluations, vise à parvenir à des conclusions fondées sur des preuves, facilitant ainsi de meilleures décisions. Ce défi revêt une importance particulière dans le contexte africain, où les programmes sont souvent confrontés à des risques liés à l'environnement politique, institutionnel, sécuritaire et socioéconomique.

Les organisations et institutions responsables de la gestion des programmes de développement sont constamment engagées dans un processus dynamique d'apprentissage et de prise de décision, ce qui requiert des informations et connaissances actualisées pour naviguer efficacement tout au long de la durée de vie des programmes.

---

[1] Barends, E., Rousseau, D. M., & Briner, R. B. (2014). Evidence-Based Management - The Basic Principles. Center for Evidence-Based Management. Amsterdam.

Un programme de développement est lancé lorsque les décideurs commencent à réfléchir à la manière de répondre aux problèmes de développement sous-jacents pour améliorer le bien-être et les « libertés » des destinataires au sens de Sen[1]. Une fois l'idée mise sur la table des décideurs, il est essentiel d'analyser la pertinence, la faisabilité et la rentabilité économique et sociale des actions proposées. À ce niveau, le rôle du Suivi et Évaluation est crucial pour éclairer ces décisions, car ils fournissent des informations basées sur des preuves qui peuvent influencer la sélection, la planification, le financement et la mise en œuvre des programmes[2].

Dans le cadre de la formulation des politiques de développement, de nombreuses méthodes de collecte de données et d'analyse d'informations ont été élaborées. Cependant, dans les pays en développement, la pauvreté endémique et l'infrastructure insuffisante peuvent parfois contraindre les gouvernements à prendre des décisions sans preuves rigoureuses attestant de leur succès potentiel.

En outre, certains bailleurs de fonds accordent des financements même pour des programmes peu pertinents, en se basant sur des taux de décaissement plutôt que sur des preuves fiables[3]. Cela souligne l'importance cruciale des systèmes de Suivi et Évaluation pour fournir des informations fiables et basées sur des preuves.

En cours de mise en œuvre du programme, les décideurs ont besoin d'informations et de connaissances produites en temps réel. Certaines décisions, se rapportant aux opérations du programme, exigent des informations spécifiques sur ses processus. Les informations produites par le système de Suivi et Évaluation sont intégrées dans divers documents, rendant ainsi ces données accessibles aux parties prenantes et aux décideurs.

Dans un contexte de développement en constante évolution, les systèmes de Suivi et Évaluation réalisent des évaluations essentielles, fournissant ainsi aux gestionnaires de programme les informations requises pour les ajustements tactiques et stratégiques nécessaires. Ces systèmes jouent donc un rôle essentiel dans l'amélioration de la prise de

---

[1] Sen, A. (1999). Development as Freedom. Oxford University Press.

[2] Mackay, K. (2008). Helping Countries Build Government M&E Systems: World Bank Contribution to Evidence-Based Policy Making. In UNICEF (ed.), Bridging the Gap: The role of monitoring and evaluation in Evidence-based policy making, 88–97.

[3] Asongu, S. (2014). Development thresholds of foreign aid effectiveness in Africa. International Journal of Social Economics, 41(11), 1131–1155. http://doi.org/10.1108/IJSE-01-2013-0014

décision basée sur des preuves dans les organisations de développement[1].

Un système de Suivi et Évaluation efficace est crucial pour le succès des programmes de développement. Sa capacité à garantir la qualité de l'information générée renforce la fiabilité des connaissances utilisées dans la prise de décision et la gestion des risques. Plus la satisfaction des utilisateurs quant à l'information fournie est élevée, plus le système de Suivi et Évaluation est considéré comme efficace.

Des conceptions solides de Suivi et Évaluation, associées à une gestion rigoureuse de la qualité des données produites, sont indispensables pour fournir des preuves fiables aux décideurs et autres parties prenantes, influençant ainsi la qualité et la pertinence des décisions, qui sont cruciales pour le succès des programmes de développement[2].

2.2. Caractérisation d'un bon système de Suivi et Évaluation

Le système de Suivi et Évaluation occupe une place essentielle dans le processus décisionnel lié aux programmes de développement. Cet outil, symbolisé dans la Figure 2, peut être compris à travers plusieurs étapes clés.

- Tout d'abord, *le système de Suivi et Évaluation est un ensemble d'activités centrées sur la collecte de données.* Il se concentre sur les résultats et les indicateurs des programmes et projets de développement, assurant une évaluation rigoureuse et objective. Plus précisément, il organise et gère des données de haute qualité relatives à divers aspects des actions de développement, toutes liées à la théorie du changement établie et au cadre de résultats. Cela permet de s'assurer que toutes les informations recueillies sont pertinentes et peuvent servir de base solide pour les étapes suivantes.
- Ensuite, *une fois ces données collectées, elles sont minutieusement scrutées et analysées*, transformant ainsi les données brutes en informations significatives sur les réalisations et les résultats en matière de développement. À ce stade, il est

[1] Andrews, C. J. (2010). Rationality in Policy Decision Making. In Handbook of Public Policy Analysis: Theory, Politics and Methods (pp. 161–171).

[2] Segone, M. (2010). From policies to results: Developing capacities for country M&E-Systems. Evaluation, 476.

possible d'évaluer les progrès réalisés par rapport aux objectifs initiaux et d'envisager des ajustements nécessaires.

- La troisième étape concerne *l'utilisation scientifique des données et informations recueillies.* En s'appuyant sur ces éléments, des processus d'apprentissage sont mis en place pour générer des connaissances exploitables. L'objectif ici est d'améliorer le succès des politiques et programmes de développement. Il s'agit de comprendre ce qui fonctionne, ce qui ne fonctionne pas, et pourquoi, pour pouvoir apporter des modifications éclairées et efficaces.
- Enfin, *le système de Suivi et Évaluation enrichit la compréhension des gestionnaires et décideurs, en leur fournissant des recommandations basées sur des connaissances acquises*[1]. Il renforce la capacité organisationnelle et institutionnelle à avancer vers les objectifs de développement. Ceci favorise une prise de décision basée sur des preuves tangibles et une évaluation prudente des risques.

Figure 2 - Suivi et Évaluation et prise de décision basée sur des données probantes (Auteur)

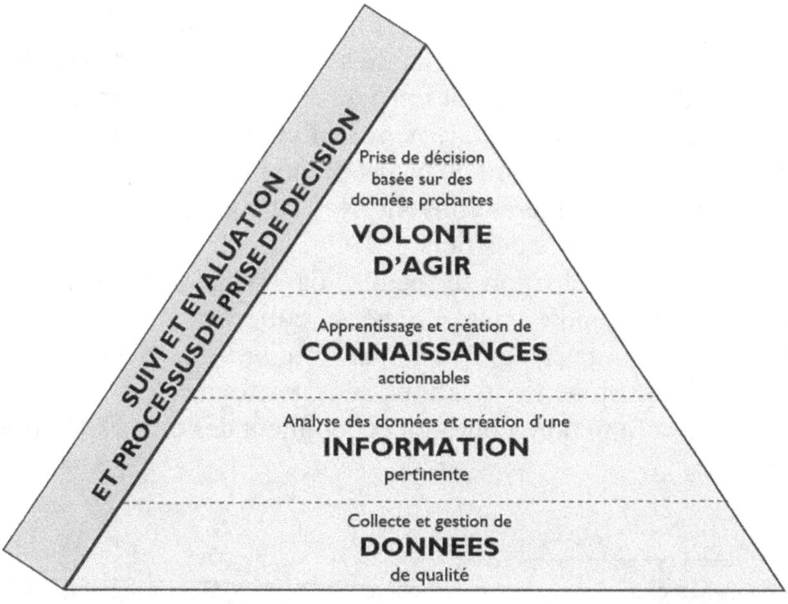

[1] Crawford, P., & Bryce, P. (2003). Project monitoring and evaluation: A method for enhancing the efficiency and effectiveness of aid project implementation. International Journal of Project Management. http://doi.org/10.1016/S0263-7863(02)00060-1

En résumé, le rôle du Suivi et Évaluation est fondamental pour le succès des programmes de développement, fournissant non seulement un suivi des progrès, mais aussi des informations vitales pour des décisions éclairées, garantissant ainsi que les actions entreprises ont un impact positif et durable.

Le suivi et l'évaluation sont des outils essentiels pour la bonne gestion des projets et programmes. Bien qu'ils soient souvent associés, ils ont des objectifs et des méthodes distincts.

Le suivi se concentre principalement sur le processus, sur le 'comment' et le 'quoi'. Il consiste en une collecte systématique d'informations destinée à suivre les progrès d'un projet ou d'un programme par rapport à des plans établis.

Par exemple, le suivi peut permettre de vérifier si une activité a été réalisée dans les délais prévus ou si les fonds alloués sont utilisés conformément aux attentes. Ces informations sont cruciales pour les gestionnaires de projets, car elles leur permettent d'ajuster et de rediriger les activités en cours pour assurer le succès final de leurs projets.

Les outils de suivi, tels que les indicateurs, peuvent être quantitatifs, comme le nombre de personnes formées, ou qualitatifs, comme les retours d'expérience des bénéficiaires. L'essentiel est d'avoir une base claire et fiable pour mesurer les progrès[1]. Il est également important de noter que le suivi est généralement réalisé par les équipes internes en charge de la mise en œuvre du projet ou du programme. Dans certaines circonstances particulières souvent liées au contexte ou à la sécurité, il peut aussi être confié à des tiers.

À l'inverse, l'évaluation se focalise davantage sur l'interprétation et l'analyse approfondie des données collectées, dans le but de comprendre l'impact global d'un projet ou d'un programme. L'évaluation explore les relations plus profondes entre les résultats, cherchant à comprendre pourquoi et comment des effets spécifiques ont été obtenus[2].

---

[1] Legault-Mercier, Samuel, and Michèle St-Pierre. "De l'usage des indicateurs qualitatifs en évaluation et en suivi de gestion dans l'administration publique." Canadian Journal of Program Evaluation 25.1 (2010): 69-89.

[2] Bourgeois, Isabelle, David Buetti, and Stéphanie Maltais. "La collecte et l'analyse des données d'évaluation." Fondements et pratiques contemporaines en évaluation de programmes (2023).

Contrairement au suivi, qui est généralement un processus continu, les évaluations sont souvent menées à des moments clés, tels qu'à mi-parcours ou à la fin d'un programme. Elles visent à tirer des conclusions sur la pertinence, l'efficacité, l'efficience, l'impact et la durabilité d'une initiative.

Les évaluations peuvent être menées par des équipes internes ou externes, mais dans de nombreux cas, elles bénéficient de la perspective externe d'experts ou de consultants qui apportent une objectivité accrue.

En résumé, alors que le suivi offre un aperçu instantané de l'état d'avancement d'un projet et permet des ajustements en temps réel, l'évaluation offre une analyse plus profonde de la valeur et de l'impact du projet, aidant ainsi les organisations à en tirer des enseignements pour l'avenir. Les deux sont complémentaires et, ensemble, ils garantissent une mise en œuvre efficace et une réflexion stratégique pour les futurs projets et programmes[1].

2.3. Outils de planification et de gestion de programmes et le Suivi et Évaluation

Le Cadre Logique et la Matrice du Cadre Logique constituent les fondements méthodologiques du Suivi et Évaluation dans le développement, offrant des structures pour transformer des intrants en impacts mesurables. Ils sont complétés par la Théorie du Changement, qui enrichit l'analyse en explicitant les mécanismes et les hypothèses conduisant au changement.

Ces outils s'intègrent dans un Cadre de Résultats et de Mesure de Rendements, soulignant l'importance d'une planification stratégique, de l'engagement des parties prenantes et de l'adaptabilité au contexte.

2.3.1. Le Cadre Logique

L'approche adoptée pour la planification, la mise en œuvre et l'évaluation des programmes de développement se base sur la méthode du Cadre Logique[2]. Cette méthodologie est reconnue pour son rôle essentiel dans le Suivi et Évaluation des projets de développement.

---

[1] Choo, C. W. (1996). The Knowing Organization: How Organizations Use Information to Construct Meaning, Create Knowledge and Make Decisions. International Journal of Information Management, 16(5), 329–340.

[2] Coleman, Gilroy. "Logical framework approach to the monitoring and evaluation of agricultural and rural development projects." Project Appraisal 2.4 (1987): 251-259.

Le Cadre Logique et la Matrice du Cadre Logique sont des outils cruciaux dans le processus de Suivi et Évaluation, offrant une méthodologie structurée pour la planification, la mise en œuvre et l'évaluation des programmes de développement. Ils reposent sur une logique verticale, horizontale et d'intervention qui guide la transformation des intrants en impacts, fournissant ainsi un cadre pour évaluer l'efficacité et le rendement du programme.

La Matrice du Cadre Logique est particulièrement puissante pour sa capacité à établir des Indicateurs Vérifiables Objectivement et des Moyens de Vérification, qui sont des éléments clés pour un Suivi et Évaluation robuste.

Le Cadre Logique tire ses origines des pratiques de Suivi et Évaluation. Il a été conçu par *Practical Concept Inc. (PCI)* à la fin des années 1960, spécialement pour l'Agence américaine pour le développement international (USAID). Selon Coleman, la conception du cadre logique avait pour objectif principal de répondre aux besoins croissants de planification, de gestion, et d'évaluation des programmes de développement[1].

L'importance du Cadre Logique dans le domaine du développement ne saurait être sous-estimée. Les concepteurs du Cadre Logique (PCI-USAID) avaient manifestement une connaissance approfondie des besoins du système de Suivi et Évaluation, ce qui se reflète dans l'intégration harmonieuse des éléments essentiels de ce système par le Cadre Logique. Cette considération d'alignement a rendu le Cadre Logique un outil précieux pour les professionnels du développement à travers le monde.

La Matrice de Cadre Logique constitue une structure méthodologique clé pour la planification, la mise en œuvre et l'évaluation de projets. Elle repose sur trois logiques/principes fondamentaux[2].

- La *Logique verticale*, telle que décrite par Coleman (1987:251), identifie les objectifs du projet, clarifie la relation entre les moyens et les fins, et spécifie les incertitudes liées au programme ainsi qu'à son environnement social, physique et

---

[1] Coleman, G. (1987). Logical framework approach to the monitoring and evaluation of agricultural and rural development projects. Project Appraisal, 2(4), 251–259. http://doi.org/10.1080/02688867.1987.9726638.

[2] Coleman, G. (1987). Logical framework approach to the monitoring and evaluation of agricultural and rural development projects. Project Appraisal, 2(4), 251–259. http://doi.org/10.1080/02688867.1987.9726638

politique. Cette logique assure une clarté dans le processus et la progression du programme en mettant en évidence les relations causales et les incertitudes.

- La *Logique horizontale* vise à mesurer les ressources et les résultats d'un projet par l'identification d'Indicateurs Vérifiables Objectivement et des Moyens de Vérification pour ces indicateurs, assurant ainsi la transparence et une évaluation efficace du projet (CIDA) comme mentionné par Coleman (1987:256). Elle s'assure que chaque étape ou résultat du projet peut être mesuré de manière objective, garantissant ainsi une transparence et une évaluation efficace.
- La *Logique d'intervention* décrit l'approche générale, les conditions et la stratégie de mise en œuvre du projet ou programme, englobant la transformation des ressources/inputs en produits et services/outputs, puis en changements/résultats et finalement en impacts.

Tableau 1 - La matrice du Cadre Logique[1]

1-Résumé narratif	Indicateurs objectivement vérifiables (IOV)	Moyens de vérification (MV)	Hypothèses importantes
OBJECTIF	Mesures des objectifs atteints	Sources d'information Méthodes utilisées	Hypothèse affectant le couplage but / objectif
BUT	Statut de fin de projet	Sources d'information Méthodes utilisées	Hypothèse affectant le couplage extrants-but
EXTRANTS	Magnitude des Extrants Date d'achèvement prévue	Sources d'information Méthodes utilisées	Hypothèse affectant la liaison Extrants-Intrants

[1] Coleman, G. (1987). Logical framework approach to the monitoring and evaluation of agricultural and rural development projects. Project Appraisal, 2(4), 251–259. http://doi.org/10.1080/02688867.1987.9726638.

1-Résumé narratif	Indicateurs objectivement vérifiables (IOV)	Moyens de vérification (MV)	Hypothèses importantes
INTRANTS	Nature et niveau de ressources nécessaires Date de démarrage prévue	Coûts Sources d'information	Hypothèses de départ sur le projet

La Matrice de Cadre Logique est essentielle pour construire un système de Suivi et Évaluation pertinent car elle fournit[1]:

- *La Chaîne de Résultats* : Elle renseigne sur les différents niveaux du programme allant des intrants (*inputs*) aux extrants (outputs), puis aux résultats (*outcomes*) et impacts.
- *Les Indicateurs Vérifiables Objectivement* : À chaque étape, des indicateurs appropriés sont définis pour capturer les niveaux et résultats à atteindre. Ces indicateurs garantissent une mesure objective des réalisations du projet.
- *Les Moyens de Vérification ou Sources d'Information* : Ils sont essentiels pour authentifier et valider les indicateurs. Ces colonnes représentent la Logique Horizontale de la Matrice de Cadre Logique, assurant la crédibilité et l'intégrité des données du projet.

La Chaîne de Résultats, accompagnée des Indicateurs Objectivement Vérifiables et des Moyens de Vérification, constitue les piliers essentiels d'un système de Suivi et Évaluation robuste. Cette chaîne guide le parcours d'un programme depuis les ressources initiales jusqu'à l'impact final, les indicateurs fournissant quant à eux des mesures précises des progrès réalisés[2]. Les moyens de vérification garantissent la crédibilité des données, assurant une confiance dans le processus de Suivi et Évaluation. La combinaison de ces éléments offre une boucle de rétroaction, permettant des ajustements en temps réel pour optimiser l'efficacité du programme.

---

[1] Monier, Christelle. "La matrice cadre logique (MCL) et l'approche cadre logique (ACL)." (2015).

[2] Botton, Carole, Marie-Hélène Jobin, and Nagati Haithem. "Système de gestion de la performance: les conditions du succès." Gestion 2000 29.2 (2012): 37-52.

Les logiques Verticale, Horizontale et d'Intervention offrent une perspective complète du programme. La Logique Verticale définit les objectifs du projet, la logique Horizontale met en place des mécanismes de suivi basés sur des indicateurs et des moyens de vérification, et la Logique d'Intervention détaille comment les ressources sont transformées en résultats.

L'intégration de la technologie dans le Suivi et Évaluation constitue une avancée significative[1]. Elle simplifie la gestion des données et le suivi en temps réel, et, lorsqu'elle est couplée à la structure de la Matrice de Cadre Logique, elle amplifie la capacité d'évaluation du projet. La Matrice de Cadre Logique apporte structure et indicateurs, tandis que la technologie assure rapidité, mise à jour et adaptabilité[2].

En conclusion, dans un monde en évolution rapide, l'agilité devient un facteur crucial. La technologie, en permettant une meilleure assurance qualité des données, une adaptation continue, et la Matrice de Cadre Logique, en offrant un cadre conceptuel, permettent aux systèmes de Suivi et Évaluation d'être à la fois efficaces, résilients et préparés à répondre aux défis de la prise de décision basée sur des données probantes.

2.3.2. La Théorie du Changement

La Théorie du Changement, quant à elle, introduit une couche supplémentaire de complexité, en décrivant les mécanismes sous-jacents qui mènent au changement souhaité. Elle clarifie les hypothèses et les conditions préalables nécessaires au succès d'une intervention, offrant ainsi une feuille de route claire pour les parties prenantes.

Lorsqu'elle est utilisée conjointement avec la Matrice du Cadre Logique, la Théorie du Changement peut enrichir de manière significative le processus de Suivi et Évaluation, en rendant les hypothèses claires et en fournissant un cadre pour évaluer la progression et l'impact du programme.

La Théorie du Changement est un outil puissant de planification et d'évaluation qui aide à rendre explicites les hypothèses sous-jacentes sur la manière dont une intervention produira ses effets. Au cœur de la

---

[1] Sagna, Olivier, and Nations Unies. Les Technologies de l'information et de la communication et le développement social au Sénégal: un état des lieux. Institut de recherche des Nations Unies pour le développement social, 2001.

[2] Soualhia, A., & Mejbri, S. (2014). La relation entre la gestion des connaissances et les technologies d'information et de communication. International Journal of Innovation and Applied Studies, 6(3), 466–476.

Théorie du Changement, il y a la compréhension que toute intervention repose sur des prémisses (souvent non dites) sur la façon dont le changement se produira. En rendant ces hypothèses explicites, la Théorie du Changement offre un cadre clair pour suivre et évaluer la progression d'un projet ou d'une intervention[1].

La Matrice de Cadre Logique, telle qu'expliquée précédemment, est une représentation tabulaire d'une intervention, détaillant ses composantes essentielles, des intrants jusqu'aux impacts. Contrairement à la simple énumération d'activités et de résultats, la Théorie du Changement explore le processus de changement sous-jacent, identifie les acteurs clés, les actions nécessaires, les hypothèses et les facteurs externes pouvant influencer le succès ou l'échec de l'intervention[2].

La conception d'une Théorie du Changement débute généralement par l'identification des changements souhaités à long terme. Ces changements sont ensuite décomposés en étapes ou conditions préalables nécessaires à la réalisation du changement à long terme. Ces conditions sont analysées en termes de causalité, identifiant ce qui doit se produire en premier et quelles actions ou interventions sont nécessaires pour que ces conditions soient remplies. Cette démarche est souvent représentée graphiquement, sous forme de diagramme ou de schéma, pour rendre visible le chemin du changement anticipé[3].

La Théorie du Changement est particulièrement utile pour les projets ou programmes complexes, où les relations de cause à effet ne sont ni linéaires ni directement évidentes. Elle fournit un cadre pour comprendre comment et pourquoi une intervention pourrait fonctionner, servant d'outil de réflexion stratégique qui incite les équipes de programme à penser de manière critique aux activités qu'elles entreprennent et aux changements qu'elles espèrent voir[4].

Bien que la Matrice du Cadre Logique offre un aperçu structuré des activités, extrants et impacts d'un programme, la théorie du changement

---

[1] Maine, J (2017), Theory of change analysis: Building robust theories of change. Canadian Journal of Program Evaluation, 32 (2), 155–173. https://doi.org/10.3138/cjpe.31122

[2] Vogel, I. (2012). Review of the use of 'Theory of Change' in international development. DFID.

[3] Taplin, D. H., Clark, H., Collins, E., & Colby, D. C. (2013). Theory of Change Technical Papers. ActKnowledge.

[4] Anderson, A. (2004). Theory of Change as a Tool for Strategic Planning. The Aspen Institute.

apporte une dimension supplémentaire en révélant les hypothèses sous-jacentes et le processus de changement espéré. Lorsque ces deux outils sont utilisés ensemble, ils offrent une vision complète et nuancée de la manière dont une intervention fonctionne, rendant ainsi le processus de Suivi et Évaluation plus riche et informatif.

Figure 3- Modèle illustratif de TOC[1]

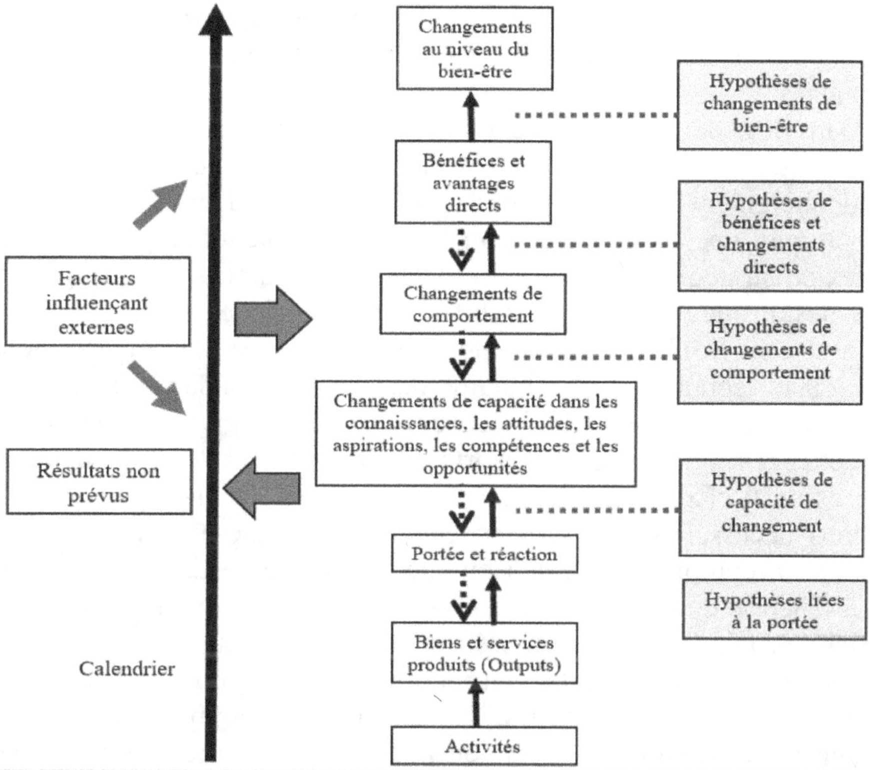

La Théorie du Changement, un outil crucial de planification et d'évaluation, met en lumière les mécanismes sous-jacents d'une intervention. Cette approche offre une structure claire pour le Suivi et Evaluation d'un programme, garantissant que chaque étape est logiquement connectée à des attentes solides. Grâce à cette clarification, la Théorie du Changement propose un cadre structuré pour

[1] Maine, J (2017), Theory of change analysis: Building robust theories of change. Canadian Journal of Program Evaluation, 32 (2), 155–173. https://doi.org/10.3138/cjpe.31122

le Suivi et Evaluation, assurant une logique cohérente dans chaque phase du programme[1].

L'élaboration d'une Théorie du Changement commence souvent par l'identification des changements souhaités à long terme. Ces modifications sont ensuite divisées en étapes nécessaires pour que ce changement global se réalise. En scrutant ces étapes à travers le prisme de la causalité, on distingue les interventions clés pour les réaliser. Cet exercice de cartographie offre non seulement une orientation stratégique mais également une feuille de route claire pour les parties prenantes.

Dans des contextes complexes, où les relations causales ne sont pas immédiatement discernables, la Théorie du Changement se révèle particulièrement utile. Elle propose un cadre pour déchiffrer comment et pourquoi une action peut avoir l'effet escompté, et ce processus de réflexion stratégique incite les équipes de programme à interroger les activités qu'elles entreprennent et les résultats qu'elles projettent[2].

À côté de la Théorie du Changement, la Matrice de Cadre Logique offre une représentation tabulaire des aspects fondamentaux d'une intervention. Alors que la Matrice de Cadre Logique structure les objectifs et les activités, la Théorie du Changement décrit en détail le processus de changement, mettant en lumière les acteurs principaux, les actions nécessaires, et les liens entre les hypothèses établies et les résultats escomptés. Cette capacité de la Matrice de Cadre Logique et de la Théorie du Changement à révéler le "pourquoi" et le "comment" enrichit profondément la compréhension de l'intervention[3].

En somme, bien que la Matrice de Cadre Logique offre une vue d'ensemble des activités et des impacts d'un programme, la Théorie du Changement y ajoute une dimension supplémentaire, dévoilant les hypothèses et le processus de changement envisagé. L'utilisation conjointe de ces outils enrichit considérablement le processus de Suivi et Evaluation, fournissant une vision complète et nuancée de l'intervention.

---

[1] Mayne, J. (2006). Performance Studies: The missing link? The Canadian Journal of Program Evaluation, 21(2), 201–208.

[2] Mayne, J. (2015). Useful Theory of Change Models John. Canadian Journal of Program Evaluation / La Revue canadienne d'évaluation de programme 30.2 (Fall / automne), 119–142 DOI : 10.3138/cjpe.230

[3] Mayne, J. (2015). Useful Theory of Change Models John. Canadian Journal of Program Evaluation / La Revue canadienne d'évaluation de programme 30.2 (Fall / automne), 119–142 DOI : 10.3138/cjpe.230

2.3.3. Le cadre de résultats et de mesure de rendement

Le Cadre de Résultats et de Mesure de Rendements représente une approche systématique qui s'harmonise parfaitement avec le Suivi et Évaluation. Ce cadre se concentre sur une planification rigoureuse et une évaluation continue des interventions, en tenant compte des objectifs stratégiques, des résultats attendus et des indicateurs de performance[1]. Il souligne également l'importance d'une collaboration étroite avec les parties prenantes et de l'adaptabilité aux contextes dynamiques.

La réussite de ce cadre repose largement sur la qualité des données collectées pour le Suivi et Évaluation, mettant en exergue la nécessité de disposer de données fiables et précises pour une gestion efficace.

La mise en place d'un cadre de résultats et de mesure de rendements est une démarche méthodique visant à garantir que chaque étape d'une intervention ou d'un programme est soigneusement planifiée, mesurée et évaluée[2].

L'établissement des objectifs stratégiques pour les problématiques à traiter constitue la première étape fondamentale. Cela implique de définir clairement l'impact ultime envisagé, généralement à long terme. Ces objectifs définissent la direction générale et la vision finale que le projet ou le programme espère réaliser[3].

Une fois ces objectifs établis, il est essentiel d'identifier et de collaborer avec les parties prenantes. Cela signifie engager des dialogues avec ceux qui sont affectés par le problème, qui ont un intérêt dans sa résolution ou qui possèdent des ressources clés pour sa mise en œuvre. Une collaboration étroite avec ces acteurs garantit que le cadre est à la fois pertinent et réalisable[4].

L'étape suivante, cruciale, consiste à définir les résultats, c'est-à-dire les *outcomes* et les *outputs*. Les *outcomes* représentent les effets intermédiaires escomptés, alors que les *output* désignent les produits tangibles ou services fournis. Ensemble, ces éléments constituent les

---

[1] Cook, T. J., Vansant, J., Stewart, L., & Adrian, J. (1995). Performance measurement: Lessons learned for development management. World Development, 23(8), 1303–1315. http://doi.org/10.1016/0305-750X(95)00050-M

[2] Hirschman, A. O. (1967). Development projects observed. The Brookings Institution.

[3] Sidney, M. S. (2010). Policy Formulation: Design and Tools. In Handbook of Public Policy Analysis: Theory, Politics and Methods (pp. 79–87).

[4] Mazouz, Bachir, and Marcel JB Tardif. "À propos de la performance L'Arlésienne de la sphère publique." des organisations publiques (2011): 31.

liens vitaux de la chaîne des résultats, formant un pont entre la situation actuelle et l'objectif final.

Parallèlement, il est essentiel d'identifier les hypothèses et les risques liés. Ces hypothèses peuvent impliquer des éléments externes tels que des facteurs socio-économiques, politiques ou environnementaux. L'influence de ces variables sur l'atteinte des résultats doit être prise en compte pour évaluer leur impact potentiellement positif ou négatif sur l'intervention.

L'importance des données est capitale. Il est donc crucial de passer en revue les sources de données disponibles et de définir les indicateurs qui seront utilisés pour mesurer les progrès et l'efficacité. Ces indicateurs doivent être clairs, mesurables et pertinents par rapport au résultat qu'ils visent à évaluer[1].

Enfin, à chaque niveau de résultat, que ce soit les *outputs*, les *outcomes* ou l'impact, doivent être associés des indicateurs spécifiques et des sources de données. Cette affectation permet un suivi et une évaluation systématiques de la progression vers l'atteinte des objectifs, à travers tout le cycle de vie du projet ou du programme.

L'élaboration d'un cadre de résultats et de mesure de rendements constitue une étape fondamentale dans toute intervention ou programme. Pour assurer le succès de cette démarche, il est impératif de prendre en compte plusieurs éléments clés.

Figure 4 - Schéma de Cadre de résultats et de mesure de rendement (Auteur)

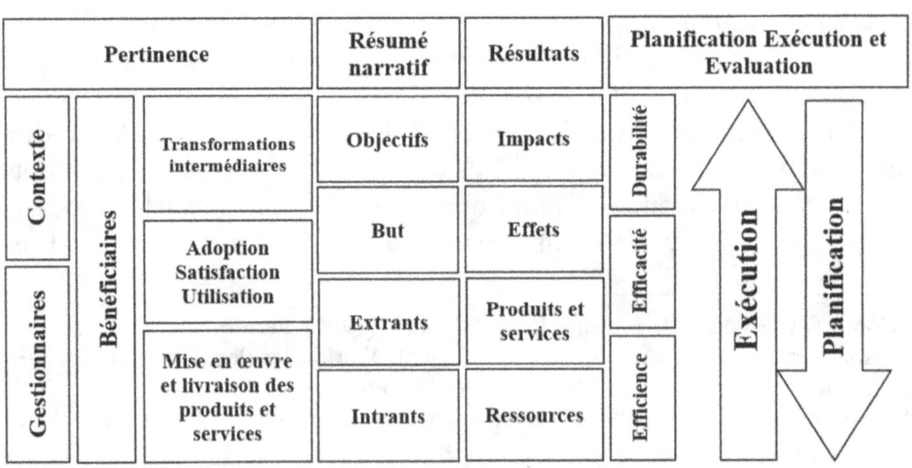

1 Voyer, Pierre. Tableaux de bord de gestion et indicateurs de performance: 2e édition. PUQ, 2011.

Au cœur de chaque programme réside l'impératif de suivre en permanence le contexte d'opération. Les environnements socio-politiques et économiques, en perpétuelle évolution, peuvent significativement influencer le cours d'un programme. Les gestionnaires jouent un rôle crucial à cet égard. En surveillant activement les tendances et en ajustant les interventions en conséquence, ils s'assurent que le programme reste adapté et pertinent face aux changements. Leur aptitude à anticiper les évolutions contextuelles permet de réduire les risques et de maximiser les opportunités.

Les bénéficiaires ne sont pas simplement des récepteurs passifs d'un programme, mais des acteurs clés de son succès. Leur retour d'expérience et leur participation active dès la phase de planification et durant toute la mise en œuvre enrichissent le programme de perspectives locales, accroissant ainsi sa pertinence et ses chances de réussite[1].

L'évaluation de l'efficience, de l'efficacité et de la durabilité est essentielle pour apprécier la valeur réelle d'un programme[2]. L'efficience mesure l'optimisation des ressources (financières, humaines, temporelles) pour obtenir les résultats[3]. L'efficacité évalue la réalisation des objectifs fixés. La durabilité, elle, examine la capacité du programme à perpétuer ses bienfaits à long terme, même après son achèvement.

La planification et la mise en œuvre d'un programme exigent une approche holistique. Il ne s'agit pas seulement de réaliser des activités, mais plutôt d'une orchestration méticuleuse de ressources, compétences et efforts, tout en gérant les risques et en s'adaptant à un environnement en perpétuelle évolution[4]. Des facteurs de planification tels que la clarté des objectifs, la définition précise des rôles et responsabilités, ainsi que

---

[1] Chemaou, Saad. Communication et participation des acteurs sociaux dans les projets de développement local. Diss. Université Paul Valéry-Montpellier III; Université Mohammed V (Rabat). Faculté des lettres et des sciences humaines, 2023.

[2] Houle, Sylvain. Étude exploratoire des modes d'évaluation de l'efficience d'un programme. National Library of Canada= Bibliothèque nationale du Canada, Ottawa, 2005.

[3] Mazouz, Bachir. Gestion par résultats: concepts et pratiques de gestion de la performance des organisations de l'État. PUQ, 2019.

[4] Bassetti, Ann-Laure. Gestion du changement, gestion de projet: convergence-divergence. Cas des risques en conception et mise en place d'une organisation de management de l'environnement. Diss. Arts et Métiers ParisTech, 2002.

l'anticipation des ressources nécessaires sont cruciaux pour une mise en œuvre efficace.

En conclusion, un cadre de résultats et de mesure de rendements efficace transcende la simple suite d'étapes linéaires. C'est une démarche intégrée qui considère attentivement le contexte, encourage activement la participation de toutes les parties prenantes, et évalue constamment la pertinence, l'efficacité et la durabilité du programme, le tout sous la surveillance attentive des gestionnaires[1].

[1] Wenger, Etienne. La théorie des communautés de pratique. Presses Université Laval, 2005.

III

UN SYSTEME DE SUIVI ET ÉVALUATION DE QUALITE

Le système de Suivi et Évaluation est considéré comme un outil essentiel pour la gestion et l'orientation des projets et programmes de développement[1]. Ces systèmes sont fondamentaux dans l'établissement d'une base de connaissances solide relative aux résultats des initiatives de développement[2]. Plus précisément, ils fournissent les moyens d'approcher de manière mesurée les risques et de baser les décisions sur des données tangibles et éclairées. Comme l'ont souligné Acquaah *et al.* (2013), ces mécanismes fournissent un cadre indispensable pour analyser et évaluer les progrès, les résultats et l'impact global d'un programme[3].

L'utilité du Suivi et Évaluation dépasse la simple collecte d'informations sur les programmes de développement[4], constituant également des outils performants pour la gestion de la performance[5]. En générant des données créant ainsi de l'information, et en mobilisant des connaissances, le Suivi et Évaluation renforce la responsabilisation, favorisant ainsi l'apprentissage et l'adaptation. Il s'agit d'une approche garantissant une utilisation judicieuse des ressources tout en veillant à ce que les objectifs préétablis soient atteints[6].

Parker (2008) a pertinemment observé que le suivi et l'évaluation ne se limitent pas à la réflexion rétrospective. Ils ont également la capacité

---

[1] Martinez, J. (2010). Gestion de projets et programmes de développement. Paris: Éditions de la Gestion.

[2] Williams, R. & Thomas, D. (2012). Monitoring and Evaluation in Development Projects. Oxford: Oxford University Press.

[3] Acquaah, M., Zoogah, D. B., & Kwesiga, E. N. (2013). Advancing Africa through management knowledge and practice: the way forward. African Journal of Economic and Management Studies, 4(2), 164–176. http://doi.org/10.1108/AJEMS-04-2013-0036

[4] Ba, A., 2021, 'How to measure monitoring and evaluation system effectiveness?', African Evaluation Journal 9(1), a553. https://doi.org/10.4102/aej. v9i1.553

[5] Kim, H., & O'Neil, M. (2015). Performance Management in Development Initiatives. New York: Palgrave Macmillan.

[6] Morales, L., & Hanson, J. (2014). Resource Allocation and Goal Attainment. London: Routledge.

de fournir des informations stratégiques précieuses pour l'apprentissage et la prise de décision future. En obtenant une vision claire de ce qui réussit et de ce qui peut être amélioré au sein d'un programme, les parties prenantes sont en mesure d'opérer des modifications judicieuses et d'orienter leurs décisions stratégiques avec une pleine conscience des enjeux[1].

Dimension 1. Système de qualité

La réussite d'un programme repose sur une planification stratégique rigoureuse, l'utilisation d'outils performants et le renforcement des compétences des acteurs impliqués[2]. Le Suivi et Évaluation, essentiel à cette réussite, garantit l'efficacité et le potentiel d'impact du programme[3]. Un plan de Suivi et Évaluation robuste est nécessaire avant toute mise en œuvre, accompagné d'outils adaptés pour la collecte de données et d'un plan conséquent de renforcement des capacités[4].

Bien que primordiale, la planification n'est qu'une étape parmi d'autres. La mobilisation rapide des ressources, qu'elles soient compétences, financements ou moyens logistiques, est tout aussi cruciale pour garantir une exécution fluide du programme[5]. Avant tout déploiement, tester et valider ces outils s'avère crucial pour anticiper des défis éventuels. Une mise en œuvre efficace s'appuie également sur des données de référence de qualité, servant de fondation pour toutes évaluations futures[6].

Une circulation fluide de l'information entre les différentes parties prenantes est indispensable. Une plateforme d'échange de données centralisée encourage la transparence et favorise une prise de décision basée sur des preuves tangibles[7]. Cependant, pour s'assurer que le Suivi et Évaluation est réellement efficace, il est impératif d'avoir une

---

[1] Garcia, M., & Smith, V. (2016). Stakeholder Engagement in Development Projects. Cambridge: Cambridge University Press.

[2] Smith, J. (2018). Program Development and Strategy. London: Academic Press.

[3] Johnson, L., & Turner, K. (2015). Evaluation Essentials. Oxford: Oxford University Press.

[4] Taylor, E. (2020). Data Collection in Program Management. New York: NYU Press.

[5] Peterson, H. (2017). Resource Management for Effective Implementation. Chicago: University of Chicago Press.

[6] Clark, D., & Anderson, R. (2019). Evaluating with Quality Data. Stanford: Stanford University Press.

[7] Evans, P. (2016). Data Platforms and Information Flow. Cambridge: Cambridge University Press.

compréhension profonde des dynamiques locales et d'adopter une approche décentralisée pour toucher toutes les zones d'intervention[1].

L'évolution et l'adaptation constituent le cœur d'un système de Suivi et Évaluation résilient[2]. Pour maintenir ce système solide et pertinent, il est nécessaire de réviser régulièrement trois axes principaux. Il s'agit d'une révision périodique du système pour s'assurer de son adéquation aux besoins changeants, d'une formation continue du personnel pour garder une équipe compétente, et de collaborations externes pour apporter une expertise spécialisée[3].

En somme, le Suivi et Évaluation est un outil dynamique et souple, dont la pertinence est constamment mise à l'épreuve[4]. Seul un engagement continu envers sa mise à jour, la formation de son personnel et l'intégration de perspectives externes peut assurer son excellence soutenue[5].

Tableau 2- Standards et critères de qualité pour Dimension 1. Système de qualité

Standards		**Critères de qualité**	
Standard 1.1. Qualité de la conception	La réussite programmatique nécessite une planification stratégique, des outils appropriés et un renforcement des capacités, avec le suivi et l'évaluation comme composants centraux pour	Critère 1.1.1. L'importance d'un plan de suivi et évaluation de haute qualité avant la mise en œuvre du programme	La réussite d'un programme repose sur une préparation préalable et un plan de suivi et évaluation clair, robuste et coconstruit avec toutes les parties prenantes.
		Critère 1.1.2. La qualité (et la simplicité) des	Un système de Suivi et Évaluation

[1] Lewis, M., & Brown, K. (2021). Local Dynamics in Evaluation. Edinburgh: Edinburgh University Press.
[2] King, N. (2020). Resilient Systems in Monitoring and Evaluation. Toronto: University of Toronto Press.
[3] Harris, S. (2019). Essentials of Continuous Improvement in M&E. Boston: MIT Press.
[4] Robinson, C. (2022). Staying Relevant in Program Evaluation. Sydney: Sydney Academic Press.
[5] Ba, A., 2021, 'How to measure monitoring and evaluation system effectiveness?', African Evaluation Journal 9(1), a553. https://doi.org/10.4102/aej. v9i1.553

Standards		Critères de qualité	
	garantir efficacité, apprentissage et amélioration continue.	outils et techniques pour la collecte et l'analyse des données.	efficace nécessite des outils rigoureux, simples et pratiques pour la collecte et l'analyse des données, accessibles à tous les acteurs.
		Critère 1.1.3. La présence d'un plan de renforcement des capacités adapté aux objectifs du plan/procédures de Suivi et Évaluation.	Un système de Suivi et Évaluation efficace allie une solide planification à un renforcement des capacités adapté aux besoins spécifiques des acteurs.
Standard 1.2. Qualité de la mise en place	La réussite du suivi et de l'évaluation repose sur une planification précise, une mobilisation efficace des ressources, la validation des outils et la disponibilité de données de référence fiables.	Critère 1.2.1. La disponibilité en temps voulu des ressources pour mettre en œuvre les activités de suivi et évaluation.	La mise en œuvre efficace d'un système de suivi et évaluation repose sur une planification rigoureuse et une mobilisation rapide des ressources nécessaires.
		Critère 1.2.2. Les tests des outils et techniques de suivi et évaluation avant la mise en œuvre des activités de suivi et évaluation.	Avant de lancer un système de Suivi et Évaluation, il est essentiel de tester ses outils pour garantir leur pertinence et anticiper

Standards		Critères de qualité	
			d'éventuels imprévus.
		Critère 1.2.3. L'existence d'informations de référence de qualité pour l'évaluation future du programme.	Les données de référence sont essentielles en suivi et évaluation pour mesurer les progrès et nécessitent une collecte préalable soignée et fiable des indicateurs.
Standard 1.3. Qualité des opérations	Pour un suivi et une évaluation efficaces, une plateforme centralisée d'échange de données est essentielle, mais la réussite nécessite aussi une compréhension des dynamiques locales et une décentralisation des unités pour une adaptabilité et une résilience sur le terrain.	Critère 1.3.1. L'existence d'une plateforme d'échange de données de Suivi et Évaluation accessible aux principales parties prenantes du programme.	Dans un monde technologique, une plateforme d'échange de données robuste est essentielle à la gestion efficace d'un programme et à la communication entre les parties prenantes.
		Critère 1.3.2. La capacité de l'équipe de suivi et évaluation à visiter toutes les zones d'intervention du programme pour la collecte, le feedback et l'analyse des données.	Un Suivi et Évaluation efficace nécessite un accès complet aux zones d'intervention pour une représentation fidèle des progrès et défis.
		Critère 1.3.3. L'existence et la fonctionnalité de sites suivi et évaluation décentralisés pour couvrir les zones	Un système de suivi et évaluation efficace combine une équipe centrale et des unités décentralisées

Standards		Critères de qualité	
		d'intervention du programme.	pour refléter fidèlement les réalités du terrain.
Standard 1.4. Qualité de la maintenanc e	La solidité d'un système de Suivi et Évaluation repose sur une revue périodique, la formation continue des agents, et le soutien d'agences spécialisées pour garantir son innovation et sa pertinence.	Critère 1.4.1. La fréquence des revues/évaluations de la conception et des opérations du système suivi et évaluation.	L'évaluation périodique du système de suivi garantit sa pertinence et son alignement avec les objectifs du programme.
		Critère 1.4.2. Renforcement des capacités des agents de suivi et évaluation.	La formation continue des agents de Suivi et Évaluation est cruciale pour assurer la robustesse et l'efficacité du système.
		Critère 1.4.3. Le soutien technique reçu d'agences de suivi et évaluation spécialisées et d'autres organisations.	La collaboration avec des partenaires spécialisés renforce l'efficacité et la pertinence du suivi et de l'évaluation.
Standard 1.5. Qualité des ressources	Pour garantir l'agilité et la pertinence d'un système de Suivi et Évaluation, il faut une révision régulière, une formation continue du personnel, et	Critère 1.5.1. Qualifications et niveau de compétence des responsables du suivi et évaluation du programme.	Une gestion efficace du suivi et évaluation repose sur des responsables ayant une expertise diversifiée pour assurer des résultats pertinents et précis.

Standards		Critères de qualité	
	une collaboration externe enrichissante.	Critère 1.5.2. Qualifications et niveau de compétence des autres ressources humaines en suivi et évaluation : enquêteurs, consultants, etc.	Le succès d'un système de suivi et évaluation dépend autant de l'expertise des gestionnaires que de la préparation de tout le personnel impliqué.
		Critère 1.5.3. Existence de ressources financières appropriées, conformément au plan de suivi et évaluation approuvé, pour mener les activités de suivi et évaluation.	Le financement adéquat est essentiel à la rigueur et à l'exhaustivité du processus de suivi et évaluation.

Standard 1.1. Qualité de la conception

La mise en œuvre réussie d'un programme s'appuie sur une combinaison de planification stratégique, d'outils appropriés et de renforcement des capacités des parties prenantes[1]. Dans ce contexte, le Suivi et Évaluation se révèle être un élément essentiel pour garantir l'efficacité et l'impact du programme[2].

Cette section exposera l'importance de disposer d'un plan de Suivi et Évaluation robuste avant le lancement du programme, l'importance d'utiliser des outils et des techniques de qualité pour la collecte et l'analyse des données, ainsi que la nécessité d'établir un plan de renforcement des capacités en cohérence avec les objectifs de Suivi et Évaluation. Chaque élément joue un rôle crucial pour assurer que le

---

[1] Rossi, P. H., Lipsey, M. W., & Freeman, H. E. (2004). Evaluation: A systematic approach. Sage publications.

[2] Kusek, J. Z., & Rist, R. C. (2004). Ten steps to a results-based monitoring and evaluation system. The World Bank.

programme soit non seulement mis en œuvre conformément à sa vision initiale mais qu'il fournisse également des leçons et des améliorations bénéfiques pour des initiatives futures[1].

Critère 1.1.1. L'importance d'un plan de Suivi et Évaluation de haute qualité avant la mise en œuvre d'un programme

La mise en place d'un programme réussi exige une préparation minutieuse[2]. Avant l'initiation de toute activité, il est primordial de disposer d'un plan de Suivi et Évaluation robuste, clair et précisément défini. Élaboré de manière participative, ce plan sert de guide pour toutes les parties prenantes durant toute la durée du programme. Les éléments clés à inclure sont les suivants :

- *Théorie du changement du programme* : Déjà exposée dans les sections antérieures, elle constitue une modélisation méthodique du fonctionnement prévu du programme en vue de réaliser ses objectifs. Elle détaille la séquence logique des événements, depuis les interventions jusqu'aux résultats attendus. Cela aide à comprendre les liens de cause à effet entre les différentes composantes du programme.
- *Objectifs du système de Suivi et Évaluation* : Il est capital de préciser les raisons pour lesquelles le suivi et l'évaluation sont entrepris. Ces objectifs peuvent inclure le suivi des progrès, la garantie de la responsabilité, ou la génération de leçons à tirer pour de futurs programmes.
- *Portée des activités de Suivi et Évaluation* : Il s'agit d'un exposé détaillé couvrant toutes les activités de Suivi et Évaluation planifiées pour la durée de vie du programme et qui permet d'assurer une couverture complète et d'éviter les doublons ou les lacunes.
- *Rôles et responsabilités des différentes parties prenantes* : C'est une présentation de la répartition claire des tâches qui garantit que chaque partie prenante sait ce qui est attendu d'elle. Cela favorise également la collaboration et la coordination entre les différentes entités impliquées.
- *Plan de travail et budget* : Il est crucial de planifier les ressources nécessaires pour le Suivi et Évaluation. Cela inclut à

---

[1] Preskill, H., & Torres, R. T. (1999). Evaluative inquiry for learning in organizations. Sage publications.

[2] Bamberger, M., Rugh, J., & Mabry, L. (2012). RealWorld evaluation: Working under budget, time, data, and political constraints. Sage publications.

la fois le temps et l'argent, ainsi que d'autres ressources, comme les compétences ou l'équipement.

- *Livrables et calendriers* : Il s'agit de définir les résultats attendus, ainsi que les échéances pour leur réalisation. Cela permet de maintenir le cap et d'assurer la responsabilité mutuelle.

En définitive, un plan de Suivi et Évaluation minutieusement conçu assure que le programme reste aligné sur ses objectifs, tout en offrant les instruments requis pour surveiller et évaluer son succès et tirer des leçons de ses expériences[1].

Critère 1.1.2. La qualité (et la simplicité) des outils et techniques pour la collecte et l'analyse des données.

La qualité et la simplicité des outils et techniques utilisés pour la collecte et l'analyse des données représentent une pierre angulaire d'un système de Suivi et Évaluation efficace[2]. Il est essentiel que ces instruments, rigoureux dans leur conception, soient également pratiques pour tous les acteurs impliqués dans le Suivi et Évaluation.

- *Choix d'outils adaptés* : Il est crucial que les outils de collecte de données soient spécifiquement adaptés aux exigences du programme et aux capacités des intervenants. Par exemple, une enquête détaillée peut être appropriée pour évaluer des indicateurs complexes, tandis que des entretiens ou des groupes de discussion sont utiles pour recueillir des retours qualitatifs.
- *Simplicité et convivialité* : L'efficacité d'un outil ne se mesure pas à sa complexité. Des instruments simples et clairement structurés sont souvent plus efficaces, car ils sont plus faciles à utiliser et à comprendre par un large éventail d'intervenants. La simplicité peut également contribuer à réduire les erreurs de collecte de données.
- *Réduction des biais* : Il est essentiel de concevoir des outils et techniques de collecte de données qui minimisent les biais, qu'ils soient professionnels ou personnels. Les biais peuvent fausser les résultats et donner une image inexacte des progrès ou des impacts du programme. Des méthodologies comme

[1] Ba, A., 2021, 'How to measure monitoring and evaluation system effectiveness?', African Evaluation Journal 9(1), a553. https://doi.org/10.4102/aej. v9i1.553

[2] Kusek, J.Z., & Rist, R.C. (2004). Ten Steps to a Results-Based Monitoring and Evaluation System: A Handbook for Development Practitioners. The World Bank.

l'échantillonnage aléatoire ou des enquêtes ciblées peuvent aider à atténuer ces risques.

- *Accessibilité pour tous* : Il est impératif que tous les acteurs impliqués dans les activités de Suivi et Évaluation puissent accéder et utiliser des outils et techniques simples. Cela nécessite souvent une formation et un soutien continus, ainsi qu'une prise en compte des capacités et besoins variés des différents intervenants lors de la conception des outils.
- En définitive, des outils et techniques de qualité pour la collecte et l'analyse des données renforcent la fiabilité et la validité des informations recueillies, ce qui est essentiel pour une prise de décision éclairée et l'amélioration continue des programmes.

Critère 1.1.3. La présence d'un plan de renforcement des capacités adapté aux objectifs du plan de Suivi et Évaluation.

La réussite d'un système de Suivi et Évaluation repose non seulement sur une planification solide, mais aussi sur la capacité des acteurs à exécuter ce plan efficacement[1]. Il est donc impératif de développer un plan de renforcement des capacités de haute qualité, adapté aux besoins spécifiques des acteurs et aligné sur les objectifs du système de Suivi et Évaluation.

- *Adaptabilité du plan de renforcement des capacités* : Ce plan doit être à la fois réaliste et réalisable, sur le plan technique comme financier. Sa conception doit prendre en compte les ressources disponibles, ainsi que les compétences actuelles et les besoins en formation des différents acteurs impliqués.
- *Activités de formation diversifiées* : Le plan devrait offrir une variété d'activités de formation adaptées aux différents besoins des participants. Les séminaires internes, par exemple, offrent des occasions d'apprentissage continu, alors que des formations plus structurées, qu'elles soient de longue ou de courte durée, peuvent développer des compétences techniques avancées. Les visites d'échange, en outre, favorisent le partage d'expériences et l'apprentissage auprès de pairs d'autres milieux ou organisations.
- *Alignement avec les objectifs du système* : Il est essentiel que le renforcement des capacités vise précisément à répondre aux

[1] UNDP (2019). Handbook on Planning, Monitoring and Evaluating for Development Results. United Nations Development Programme.

besoins et objectifs du système de Suivi et Évaluation. Par exemple, si le Suivi et Évaluation met l'accent sur la collecte de données quantitatives, les formations pourraient se concentrer sur des techniques statistiques ou l'utilisation de logiciels spécifiques.

- *Soutien continu* : Le renforcement des capacités ne doit pas être perçu comme une activité ponctuelle, mais plutôt comme un processus évolutif, nécessitant des mises à jour régulières et des opportunités d'apprentissage adaptées aux retours d'expérience et aux changements du programme ou du contexte.

En somme, un plan de renforcement des capacités, soigneusement conçu et appliqué, assure que tous les acteurs possèdent les compétences et connaissances requises pour mener à bien les activités de Suivi et Évaluation, contribuant ainsi significativement à la réussite globale du programme.

Standard 1.2. Qualité de la mise en place

La réussite d'un système de Suivi et Évaluation dépend non seulement d'une planification méticuleuse, mais aussi d'une mobilisation rapide et efficace des ressources essentielles[1]. La disponibilité opportune des compétences, des financements et des moyens logistiques est cruciale pour garantir une mise en œuvre fluide et conforme aux plans initiaux[2].

De plus, avant le déploiement complet d'un tel système, il est essentiel de tester ses outils et techniques pour vérifier leur efficacité et leur applicabilité sur le terrain[3]. Cette phase de validation préalable aide à anticiper les défis potentiels et assure que tous les composants sont prêts pour l'implémentation.

Enfin, l'assise de toute évaluation future repose sur l'existence de données de référence fiables et de qualité[4]. Ces données constituent un point de départ indispensable pour mesurer les progrès et évaluer l'impact du programme.

---

[1] Rossi, P. H., Lipsey, M. W., & Freeman, H. E. (2004). Evaluation: A systematic approach. Sage publications.

[2] Savedoff, W. D., Levine, R., & Birdsall, N. (2006). When will we ever learn? Improving lives through impact evaluation. Center for Global Development.

[3] Kusek, J. Z., & Rist, R. C. (2004). Ten steps to a results-based monitoring and evaluation system. The World Bank.

[4] Bamberger, M., Rugh, J., & Mabry, L. (2012). RealWorld evaluation: Working under budget, time, data, and political constraints. Sage publications.

En définitive, la préparation, la mobilisation des ressources et la validation des outils sont des étapes interconnectées et essentielles à l'efficacité d'un système de Suivi et Évaluation[1].

Critère 1.2.1. La disponibilité en temps opportun des ressources pour mettre en œuvre les activités de Suivi et Évaluation

Une mise en œuvre efficace d'un système de Suivi et Évaluation repose non seulement sur une planification rigoureuse, mais aussi sur la disponibilité en temps voulu des ressources nécessaires[2]. Pour assurer la réalisation des activités de Suivi et Évaluation comme prévu, il est essentiel que les ressources, qu'elles soient techniques, financières ou logistiques, soient disponibles et aisément mobilisables.

- *Ressources techniques* : Cela inclut les compétences, les connaissances et les outils nécessaires pour la mise en œuvre du Suivi et Évaluation. Cela peut comprendre des experts et du personnel, des logiciels spécialisés, des méthodologies d'enquête et des techniques d'analyse. Les équipes doivent être formées pour utiliser ces ressources efficacement et s'adapter aux évolutions technologiques.
- *Ressources financières* : Un financement adéquat est crucial pour garantir la réalisation continue de toutes les activités de Suivi et Évaluation. Cela englobe les coûts directs, comme la rémunération du personnel ou l'achat d'équipements, ainsi que les coûts indirects, tels que la formation et les frais généraux.
- *Ressources logistiques* : Cela comprend les infrastructures et les équipements nécessaires pour soutenir le Suivi et Évaluation, tels que des véhicules pour les visites sur le terrain, des bureaux pour le personnel, ou des systèmes de gestion des données pour stocker et analyser l'information collectée.
- *Mobilisation rapide des ressources* : La simple disponibilité des ressources ne suffit pas ; elles doivent aussi être facilement accessibles et mobilisables en temps voulu. Il est crucial d'établir des mécanismes garantissant une allocation rapide des ressources en cas de nécessité.
- *Alignement avec le plan et le budget approuvés* : L'utilisation de toutes les ressources doit être conforme au plan et au budget de

---

1 Quinn Patton, M. (2010). Developmental evaluation: Applying complexity concepts to enhance innovation and use. Guilford Press.

2 IFAD (2002). A Guide for Project M&E: Managing for Impact in Rural Development. International Fund for Agricultural Development.

Suivi et Évaluation approuvés. Cette conformité assure la responsabilité et garantit une utilisation optimale des ressources, alignée sur les priorités établies.

En conclusion, la disponibilité opportune et la mobilisation efficace des ressources sont essentielles au succès d'un système de Suivi et Évaluation. Sans les ressources adéquates, même le plan de Suivi et Évaluation le plus soigneusement élaboré pourrait se heurter à des obstacles insurmontables.

Critère 1.2.2. Les tests des outils et techniques de Suivi et Évaluation avant la mise en œuvre des activités

Il est essentiel, avant le déploiement complet d'un système de Suivi et Évaluation, de tester en profondeur tous ses outils et techniques pour garantir leur pertinence, leur qualité et leur exhaustivité[1]. Cette phase préliminaire a pour but d'anticiper et de prévenir tout obstacle ou imprévu durant la mise en œuvre effective des activités de Suivi et Évaluation.

- *Importance de la pré-validation* : La pré-validation des outils de Suivi et Évaluation constitue une étape cruciale pour assurer leur efficacité pratique. Tester ces outils à l'avance permet d'identifier et de rectifier les ambiguïtés, les redondances ou tout autre problème potentiel.
- *Compréhensivité des outils* : Il est crucial que les outils de Suivi et Évaluation englobent tous les aspects prévus du programme ou du projet, testant ainsi leur capacité à capturer toutes les informations nécessaires sans omissions.
- *Qualité et pertinence* : Outre l'exhaustivité, les outils doivent être de haute qualité, c'est-à-dire qu'ils doivent fournir des données fiables et précises. Leur pertinence, adaptée au contexte spécifique et aux besoins du projet, doit également être validée.
- *Anticipation des difficultés* : Le processus de test aide à anticiper les difficultés potentielles, qu'elles concernent la collecte, l'analyse ou l'interprétation des données, garantissant ainsi une mise en œuvre fluide des activités de Suivi et Évaluation .
- *Adaptations et améliorations* : Après les tests, il est souvent indispensable d'apporter des modifications ou des améliorations aux outils et techniques de Suivi et Évaluation. Ces ajustements,

[1] Bamberger, M., Rugh, J., & Mabry, L. (2012). Real World Evaluation: Working Under Budget, Time, Data, and Political Constraints. SAGE Publications.

basés sur les retours d'expérience des tests, permettent d'optimiser l'efficacité du système.

En somme, tester les outils et techniques de Suivi et Évaluation en amont est une étape fondamentale pour garantir la qualité et l'efficacité des activités de Suivi et Évaluation une fois déployées.

Critère 1.2.3. L'existence d'informations de référence de qualité pour l'évaluation future du programme.

Les données de référence sont une composante fondamentale des systèmes de Suivi et Évaluation. Elles offrent une base essentielle pour mesurer les progrès et évaluer les impacts[1]. Avant de commencer toute activité programmatique, il est impératif d'identifier tous les indicateurs nécessitant une valeur de référence pour les futures évaluations et comparaisons, et de collecter et analyser des informations de référence fiables et de qualité.

- *Importance des données de référence* : Les données de référence fournissent une 'photographie' instantanée de la situation avant la mise en œuvre d'un programme ou projet, permettant d'évaluer les changements et les impacts attribuables au programme, ou pour lesquels le programme a contribué significativement, en offrant un point de comparaison.
- *Identification des indicateurs nécessitant une valeur de référence* : Bien que tous les indicateurs n'exigent pas une valeur de référence, pour ceux qui en ont besoin, il est crucial de les identifier dès le début. Cela garantit que les données essentielles ne soient pas omises.
- *Collecte de données de qualité* : La fiabilité et la qualité des données recueillies sont essentielles. Des méthodologies robustes, des outils adaptés et une formation appropriée du personnel sont nécessaires pour assurer la précision, la cohérence et la représentativité des données collectées.
- *Analyse préliminaire* : Au-delà de la collecte, il est important d'analyser les données de référence pour comprendre la situation de départ, identifier les tendances existantes et fournir un contexte pour les futures évaluations.
- *Conformité avec le plan Suivi et Évaluation* : Toutes les procédures de collecte et d'analyse doivent être en conformité

---

[1] Rossi, P. H., Lipsey, M. W., & Freeman, H. E. (2018). Evaluation: A Systematic Approach. SAGE Publications.

avec les méthodologies définies dans le plan de Suivi et Évaluation, pour assurer la cohérence et la qualité tout au long du cycle du programme.

En conclusion, l'établissement d'informations de référence de qualité constitue une étape cruciale qui pose les fondations d'une évaluation future efficace, permettant ainsi aux parties prenantes de mesurer l'efficacité, l'efficience et l'impact du programme.

Standard 1.3. Qualité des opérations

Dans un monde où l'information constitue le moteur principal du progrès, l'instauration d'une plateforme d'échange de données de Suivi et Évaluation, à la fois robuste et accessible, s'avère cruciale pour le succès de tout programme[1]. Cette plateforme, en facilitant un échange fluide d'informations entre les principales parties prenantes, renforce la transparence, la responsabilité et la prise de décision fondée sur des preuves[2].

Cependant, au-delà de cette centralisation de l'information, l'efficacité concrète du Suivi et Évaluation dépend aussi de la capacité de l'équipe à couvrir toutes les zones d'intervention du programme[3]. Une évaluation précise et représentative n'est envisageable que si l'équipe peut accéder à, comprendre et interpréter les dynamiques locales[4].

Enfin, afin d'assurer une couverture complète et une réactivité adaptée aux réalités du terrain, la décentralisation des sites de Suivi et Évaluation se révèle indispensable. Ces unités locales, en relayant et adaptant les directives centrales, constituent la garantie d'un système de Suivi et Évaluation robuste, réactif et résilient[5].

---

[1] Castells, M. (1996). The rise of the network society. ISBN: 9781444319514. Blackwell.

[2] Davenport, T. H., & Prusak, L. (2000). Working knowledge: How organizations manage what they know. Harvard Business Press.

[3] Chambers, R. (1994). Participatory rural appraisal (PRA): Analysis of experience. World Development, 22(9), 1253-1268.

[4] Sen, A. (1999). Development as freedom. Oxford Paperbacks.

[5] Ribot, J. C. (2004). Waiting for democracy: The politics of choice in natural resource decentralization. World Resources Institute.

Critère 1.3.1. L'existence d'une plateforme d'échange de données de Suivi et Évaluation accessible aux principales parties prenantes du programme.

Dans le contexte actuel, marqué par la technologie et l'information, l'efficacité dans la gestion d'un programme dépend fréquemment de la rapidité d'échange, d'analyse et de partage de l'information[1]. À cet égard, la capacité du système de Suivi et Évaluation à disposer d'une plateforme d'échange de données robuste, qui stocke et facilite l'accès et l'échange d'informations pertinentes entre les parties prenantes clés, est primordiale.

- *Importance de la plateforme d'échange* : L'importance de la plateforme d'échange réside dans sa capacité à permettre une communication rapide et efficace entre les différentes parties prenantes. Elle assure également la transparence et la traçabilité des informations, tout en favorisant la collaboration[2].
- *Facilité d'utilisation* : Pour être utile, la plateforme doit être intuitive et facile à utiliser. Une conception conviviale encourage son adoption parmi les utilisateurs, ce qui renforce son efficacité en tant qu'outil de Suivi et Évaluation .
- *Pertinence du système d'information en entrée-sortie* : Il est essentiel que le système d'information gère à la fois les données entrantes (par exemple, les données collectées sur le terrain) et les données sortantes (par exemple, les rapports générés). Cette approche holistique assure une gestion complète de l'information[3].
- *Accessibilité pour les principales parties prenantes* : La plateforme doit être accessible à tous les acteurs clés du Suivi et Évaluation, ainsi qu'aux principales parties prenantes, garantissant ainsi que toutes les parties concernées peuvent contribuer, consulter et utiliser les données selon leurs besoins.
- *Mise à jour et génération de rapports* : Une fonctionnalité cruciale de la plateforme est sa capacité à générer des rapports périodiques. Ces rapports offrent des mises à jour régulières sur

---

[1] Kusek, J. Z., & Rist, R. C. (2004). Ten Steps to a Results-Based Monitoring and Evaluation System. The World Bank.

[2] Benghozi, Pierre-Jean, and Patrick Cohendet. "L'organisation de la production et de la décision face aux TIC." Technologies de l'information, organisation et performances économiques (1999): 161-230.

[3] Leclair, Eric. Gestion des parties prenantes en projet de transfert technologique inter-industries. Diss. Université du Québec à Trois-Rivières, 2015.

les avancées, les défis et les réalisations du programme, permettant ainsi aux parties prenantes de prendre des décisions éclairées.

En conclusion, une plateforme d'échange de données de Suivi et Évaluation efficacement conçue constitue une ressource inestimable pour tout programme ou projet. Elle centralise l'information, facilite la communication et renforce la transparence et la responsabilité.

Critère 1.3.2. La capacité de l'équipe de Suivi et Évaluation à visiter toutes les zones d'intervention du programme.

L'efficacité du Suivi et Évaluation repose sur la capacité de l'équipe à accéder à toutes les zones de mise en œuvre du programme. Cette accessibilité est essentielle pour garantir la collecte d'informations complètes et fidèles aux progrès et défis rencontrés sur le terrain.

- *Importance de l'accès complet* : La capacité d'accéder à toutes les zones d'intervention assure une compréhension globale du programme. Elle permet également d'identifier des variations régionales ou locales susceptibles d'affecter la mise en œuvre du programme.
- *Capacités financières* : L'équipe de Suivi et Évaluation doit avoir à sa disposition les ressources financières nécessaires pour couvrir les coûts liés aux déplacements, à l'hébergement, à la formation sur le terrain, et à d'autres dépenses opérationnelles. Une dotation adéquate est essentielle pour permettre à l'équipe de travailler sans interruption.
- *Logistique* : Outre les aspects financiers, la logistique, y compris la disponibilité de moyens de transport, d'équipements adéquats et d'outils technologiques, est cruciale pour l'efficacité des missions sur le terrain.
- *Flexibilité temporelle* : La flexibilité temporelle est essentielle, permettant à l'équipe de Suivi et Évaluation d'intervenir à divers moments du cycle de vie du programme, facilitant des évaluations et retours opportuns.
- *Mise en œuvre selon le plan et le budget de Suivi et Évaluation* : Toutes les activités de Suivi et Évaluation doivent se conformer au plan et au budget approuvés, garantissant ainsi une utilisation

optimale des ressources et l'atteinte des objectifs du Suivi et Évaluation[1].

- *Le cas du Suivi et Évaluation dans les environnements non permissifs*[2] : Le Suivi par des tiers (Third-Party Monitoring ou TPM) désigne la collecte systématique et intentionnelle de données sur la performance ou le contexte d'un projet, effectuée par une entité qui n'est ni le bailleur de fonds ni directement impliquée dans sa mise en œuvre.

  Ce type de Suivi et Évaluation est particulièrement utile dans les environnements non permissifs, où l'accès direct aux zones du projet et aux bénéficiaires peut être limité pour diverses raisons, telles que des préoccupations de sécurité, des restrictions politiques ou des barrières géographiques. Le Suivi par des tiers agit comme un mécanisme de contrôle et de balance, offrant une couche additionnelle de responsabilisation et de transparence.

  La qualité des données est cruciale dans le Suivi par des tiers, car ces données sont fréquemment utilisées pour valider ou contester les rapports des partenaires de mise en œuvre. Les données collectées doivent être précises, fiables et opportunes. Les méthodologies de collecte de données doivent être rigoureusement conçues pour minimiser les erreurs et les biais[3]. Des protocoles stricts pour la vérification des données et l'assurance qualité doivent être en place, assurant que les données recueillies sont non seulement exactes mais aussi représentatives. Cela est particulièrement important dans les environnements non permissifs où les données peuvent être difficiles à obtenir[4].

  Le Suivi par des tiers, particulièrement dans des environnements non permissifs, soulève des questions éthiques importantes. En déléguant la collecte de données à des tiers, on transfère aussi certains risques liés au Suivi et Évaluation. Ces

---

[1] Bouckaert, Geert. "La réforme de la gestion publique change-t-elle les systèmes administratifs ?" Revue française d'administration publique 1-2 (2003): 39-54.

[2] Sagmeister, Elias, et al. "The Use of Third-party Monitoring in Insecure Contexts: Lessons from Afghanistan, Somalia and Syria." August 5 (2016): 2019.

[3] Idris, Iffat. Doing research in fragile contexts. No. 1444. GSDRC Research Report, 2019.

[4] Price, Roz. "Approaches to remote monitoring in fragile states." Governance and Social (2017).

risques comprennent, sans s'y limiter, des dangers physiques pour les enquêteurs et des menaces pour la confidentialité des données. Il est donc crucial d'effectuer une analyse rigoureuse des risques et d'établir des stratégies d'atténuation adaptées. Des procédures de consentement doivent être mises en place pour garantir que les participants comprennent les risques et avantages de leur participation.

En résumé, le Suivi par des tiers est particulièrement efficace pour évaluer les projets de développement dans des environnements non permissifs. Toutefois, son succès dépend largement de la qualité des données recueillies et de la prise en compte des implications éthiques et des risques. Une planification minutieuse, une méthodologie rigoureuse et un engagement éthique sont indispensables pour maximiser les bénéfices et minimiser les inconvénients de cette approche.

En conclusion, la capacité de l'équipe de Suivi et Évaluation à accéder et évaluer toutes les zones d'intervention est essentielle. Cela permet un suivi et une évaluation complets et précis de l'impact et de l'efficacité du programme.

Critère 1.3.3. L'existence et la fonctionnalité d'unités Suivi et Évaluation décentralisés pour couvrir les zones d'intervention du programme.

Un système de Suivi et Évaluation efficace ne dépend pas uniquement d'une équipe centrale. Il inclut aussi des unités décentralisées pour couvrir complètement les zones d'intervention. Ces unités locales sont cruciales pour recueillir des informations précises et pertinentes, reflétant les réalités du terrain[1].

- *Importance des unités Suivi et Évaluation décentralisés* : La décentralisation facilite une collecte de données rapide et précise. Elle évite les erreurs de transmission et assure que les données reflètent les spécificités locales. De plus, elle favorise l'adaptabilité et la flexibilité face aux défis locaux.
- *Compétences et capacités des unités décentralisées* : Il est essentiel que ces unités décentralisées aient du personnel formé et compétent. Ils doivent être capables de mener les activités de

[1] Bamberger, M., Rugh, J., & Mabry, L. (2012). RealWorld Evaluation: Working Under Budget, Time, Data, and Political Constraints. SAGE Publications.

Suivi et Évaluation, y compris la collecte, l'analyse et la communication efficaces des données.

- *Collecte et analyse de l'information* : Les unités décentralisées sont idéalement situées pour collecter et analyser les informations locales. Elles offrent des feedbacks pertinents et contextuels pour améliorer la mise en œuvre du programme à un niveau régional ou local.
- *Relation technique avec le siège* : Une communication fluide entre les unités décentralisées et le siège est cruciale. Elle garantit la cohérence des données, le partage des meilleures pratiques, et aide à résoudre les défis sur le terrain.
- *Partage des connaissances et de l'information* : Les unités décentralisées sont essentielles pour partager connaissances et informations. Elles favorisent un apprentissage continu, y compris au niveau local. Elles contribuent aussi à la mise à jour des pratiques, en se basant sur des preuves du terrain.

En conclusion, les unités décentralisées de Suivi et Évaluation jouent un rôle pivot. Elles renforcent la robustesse et l'efficacité du système de Suivi et Évaluation. Cela garantit que le programme atteint ses objectifs de manière efficiente et adaptée aux contextes locaux.

Standard 1.4. Qualité de la maintenance

La qualité et l'efficacité d'un programme ou d'un projet dépendent fortement de la robustesse de son système de Suivi et Évaluation[1]. Trois aspects cruciaux sont à considérer pour assurer cette robustesse[2].

Premièrement, une revue périodique du système est essentielle pour garantir son adaptation aux besoins et au contexte changeants[3]. Deuxièmement, le développement professionnel continu des agents de Suivi et Évaluation est vital pour maintenir leur compétence et leur pertinence[4]. Enfin, le soutien technique d'agences spécialisées et

[1] Kusek, J.Z., & Rist, R.C. (2004). Ten Steps to a Results-Based Monitoring and Evaluation System. World Bank Publications.

[2] Patton, M. Q. (2008). Utilization-focused evaluation. Sage.

[3] Bamberger, M., Rugh, J., & Mabry, L. (2012). RealWorld evaluation: Working under budget, time, data, and political constraints. Sage.

[4] Preskill, H., & Boyle, S. (2008). A multidisciplinary model of evaluation capacity building. American Journal of Evaluation, 29(4), 443-459.

d'autres organisations externes enrichit le système en apportant de nouvelles perspectives et méthodologies[1].

Ces éléments, pris ensemble, garantissent que le Suivi et Évaluation reste non seulement fonctionnel, mais également innovant et en phase avec les meilleures pratiques actuelles.

Critère 1.4.1. La fréquence des revues/évaluations de la conception et des opérations du système Suivi et Évaluation.

Le suivi et l'évaluation sont cruciaux pour évaluer la performance et l'impact d'un programme ou projet. Cependant, il est tout aussi important de soumettre le système de Suivi et Évaluation lui-même à une évaluation périodique. Cela garantit qu'il reste pertinent, efficace et en accord avec les objectifs du programme[2].

- *Importance de l'examen régulier* : Un examen régulier du système de Suivi et Évaluation est essentiel pour s'assurer qu'il répond aux normes actuelles, capture les données pertinentes et s'adapte aux changements de contexte ou aux besoins du programme et des clients. Ces revues aident à identifier rapidement les lacunes ou inefficacités, permettant de faire les ajustements nécessaires.
- *Fréquence annuelle de l'examen* : Il est recommandé d'examiner ou d'évaluer le système de Suivi et Évaluation au moins une fois par an. Cette fréquence assure la pertinence et l'efficacité continues du système. Elle offre un équilibre entre le besoin de révision régulière et les ressources nécessaires pour réaliser une telle évaluation.
- *Contenu des revues/évaluations* : L'évaluation doit considérer des éléments tels que la conception du système, la pertinence des indicateurs, la qualité et la pertinence des outils de collecte de données, l'efficacité des méthodes d'analyse, la capacité du système à informer les décideurs et la qualité des données.
- *Implications pour la prise de décision* : Les résultats de ces évaluations peuvent entraîner des ajustements dans la conception et l'opération du système de Suivi et Évaluation. Ils peuvent influencer la façon dont les données sont collectées,

---

[1] IFAD (International Fund for Agricultural Development). (2017). Guidelines for Project Evaluation. IFAD.

[2] Kusek, J. Z., & Rist, R. C. (2004). Ten Steps to a Results-Based Monitoring and Evaluation System: A Handbook for Development Practitioners. The World Bank.

analysées et utilisées pour une meilleure qualité et les rapports et la prise de décision.

En conclusion, une évaluation régulière du système de Suivi et Évaluation est indispensable. Elle assure que le programme ou projet bénéficie d'un système robuste et agile. Un tel système permet de mesurer efficacement les progrès avec des données de qualité, d'identifier les défis et de guider les décisions et actions futures.

Critère 1.4.2. Le renforcement des capacités des agents de Suivi et Évaluation

Renforcer les capacités du personnel en charge du Suivi et Évaluation est crucial. Cela garantit la qualité, la pertinence et l'efficacité des activités de Suivi et Évaluation. La formation et le développement continus des compétences de ces agents augmentent la robustesse du système[1].

- *Importance de la formation continue* : Le domaine du Suivi et Évaluation évolue constamment avec l'apparition de nouvelles méthodes, outils et techniques. Une formation continue est nécessaire pour que le personnel reste à jour et compétent dans l'utilisation des meilleures pratiques actuelles.
- *Formes de développement du personnel* : En plus des formations traditionnelles, les visites d'échanges, ateliers, séminaires et conférences offrent d'importantes opportunités d'apprentissage. Ces formats permettent aux agents d'apprendre les uns des autres, de partager des expériences et d'acquérir une perspective plus large sur les enjeux et tendances du domaine.
- *Implication pour la qualité du Suivi et Évaluation* : Des agents de Suivi et Évaluation bien formés et informés sont plus enclins à réaliser des évaluations précises, concevoir des méthodologies adéquates et communiquer efficacement les résultats. Cela conduit à une meilleure prise de décision basée sur des données solides et de qualité.
- *Répercussions sur la rétention et la motivation du personnel* : Investir dans le développement du personnel augmente la satisfaction et la motivation des employés. Cela mène à une meilleure rétention et à une amélioration des performances.

---

[1] Morra Imas, L. G., & Rist, R. C. (2009). The Road to Results: Designing and Conducting Effective Development Evaluations. The World Bank.

En conclusion, offrir des opportunités de développement continu aux agents de Suivi et Évaluation est bénéfique non seulement pour leurs capacités individuelles, mais renforce aussi la qualité et la fiabilité du système dans son ensemble.

Critère 1.4.3. Le soutien technique reçu d'agences de Suivi et Évaluation spécialisées et d'autres organisations.

Le soutien externe et la collaboration avec des partenaires spécialisés jouent un rôle clé dans l'amélioration de la robustesse, de l'efficacité et de la pertinence d'un système de Suivi et Évaluation[1]. Les partenariats stratégiques apportent une expertise complémentaire, des ressources supplémentaires et de nouvelles perspectives.

- *Importance du soutien technique externe* : Dans le paysage complexe du Suivi et Évaluation, une expertise spécialisée est souvent nécessaire pour résoudre des problèmes spécifiques ou introduire de nouvelles méthodologies. Les agences spécialisées, les organisations partenaires et les départements gouvernementaux offrent une expertise et une expérience précieuses.
- *Avantages de la collaboration* : Collaborer avec des partenaires externes peut améliorer la compréhension des meilleures pratiques, donner accès à des outils et méthodologies avancés et élargir la perspective sur les tendances mondiales en matière de Suivi et Évaluation.
- *Renforcement des capacités institutionnelles* : Un soutien technique externe régulier peut renforcer les capacités institutionnelles, instaurer une culture d'amélioration continue et établir des normes de qualité élevées pour le Suivi et Évaluation.
- *Création d'un réseau de soutien* : Établir des relations avec des agences de Suivi et Évaluation réputées et d'autres partenaires aide à créer un réseau de soutien solide pour les défis futurs, le partage des connaissances et les collaborations potentielles.

En conclusion, recourir régulièrement à un soutien technique externe est une démarche proactive essentielle. Elle garantit que le système de Suivi et Évaluation reste actualisé, efficace et conforme aux normes et meilleures pratiques internationales.

---

[1] Bamberger, M., Vaessen, J., & Raimondo, E. (2016). Dealing with complexity in development evaluation: A practical approach. SAGE Publications.

Standard 1.5. Qualité des ressources

Dans le monde dynamique des projets et programmes, la pertinence et l'efficacité d'un système de gestion de l'information dépendent de sa capacité à s'adapter aux changements et aux besoins évolutifs[1]. Le Suivi et Évaluation est essentiel pour mesurer les progrès, évaluer l'impact et guider les décisions futures[2]. Toutefois, pour rester pertinent, un système de Suivi et Évaluation doit être continuellement scruté, amélioré et renforcé.

Une révision régulière est cruciale pour maintenir le système à jour. Cela permet d'assurer qu'il répond aux normes actuelles et s'adapte aux changements de contexte et aux besoins du programme [3]. Un examen périodique identifie les inefficacités et permet des adaptations rapides, assurant la capture de données pertinentes et l'alignement sur les objectifs du programme[4].

Par ailleurs, le paysage du Suivi et Évaluation est en perpétuelle mutation[5]. Sans une formation continue, même le système le mieux conçu peut devenir obsolète. Le développement professionnel continu est donc indispensable. Des formations, ateliers, séminaires et autres formats d'apprentissage garantissent que les agents de Suivi et Évaluation possèdent les dernières compétences et connaissances pour relever les défis changeants du domaine.

Enfin, aucun système ne fonctionne en vase clos. Le soutien technique externe et la collaboration avec des experts offrent une expertise spécialisée, des outils avancés et de nouvelles perspectives[6]. Ce soutien, provenant d'agences spécialisées ou d'autres partenaires, aide à affiner les méthodes, introduire de nouvelles techniques et assurer que le système de Suivi et Évaluation reste à la pointe.

---

[1] Kusek, J.Z., & Rist, R.C. (2004). Ten Steps to a Results-Based Monitoring and Evaluation System. World Bank Publications.

[2] Patton, M. Q. (2011). Developmental evaluation: Applying complexity concepts to enhance innovation and use. Guilford Press.

[3] Rossi, P. H., Lipsey, M. W., & Freeman, H. E. (2004). Evaluation: A systematic approach. Sage publications.

[4] Preskill, H., & Boyle, S. (2008). A multidisciplinary model of evaluation capacity building. American Journal of Evaluation, 29(4), 443-459.

[5] Bamberger, M., Vaessen, J., & Raimondo, E. (2016). Dealing with complexity in development evaluation. Sage.

[6] IFAD (International Fund for Agricultural Development). (2017). Guidelines for Project Evaluation. IFAD.

En conclusion, ces mécanismes assurent que le système de Suivi et Évaluation mesure efficacement les progrès et impacts. Ils font également du système un exemple d'excellence et d'agilité[1].

Critère 1.5.1. Qualifications et niveau de compétence des responsables du Suivi et Évaluation du programme.

Une gestion efficace du Suivi et Évaluation exige des responsables ayant une expertise solide et diverses compétences. Ceci est crucial pour assurer l'adéquation des méthodes, outils et processus et obtenir des résultats précis et pertinents[2].

- *Importance des qualifications adéquates* : Les responsables du Suivi et Évaluation sont cruciaux dans la mise en œuvre et la coordination des activités. Leur expertise assure que les évaluations sont menées avec intégrité, précision et pertinence. Une formation formelle dans le domaine du Suivi et Évaluation , ou dans des domaines connexes tels que les statistiques ou la recherche sociale, fournit une base solide.
- *Compréhension des politiques et programmes de développement* : Une connaissance approfondie des politiques et programmes de développement est essentielle. Elle permet aux responsables du Suivi et Évaluation d'aligner efficacement leurs activités sur les objectifs et résultats attendus du programme. Cela garantit également que le Suivi et Évaluation est pertinent et axé sur les bonnes questions.
- *Compétences techniques* : Des compétences solides en évaluation d'impact, évaluation de la performance, collecte de données, analyse statistique et rédaction de rapports sont essentielles. Ces compétences garantissent la capacité de concevoir et mettre en œuvre des évaluations robustes, de collecter et interpréter correctement les données, et de communiquer les résultats clairement et efficacement.
- *Compétences en communication* : Les responsables du Suivi et Évaluation doivent également être d'excellents communicateurs. Cette compétence leur permet de collaborer efficacement avec diverses parties prenantes, de présenter des résultats complexes de manière compréhensible, et de plaider

[1] Morra-Imas, L. G., & Rist, R. C. (2009). The road to results: Designing and conducting effective development evaluations. World Bank Publications.

[2] Kusek, J. Z., & Rist, R. C. (2004). Ten Steps to a Results-Based Monitoring and Evaluation System. The World Bank.

pour des changements basés sur les résultats du Suivi et Évaluation .

En somme, les responsables du Suivi et Évaluation jouent un rôle clé dans le succès des activités de Suivi et Évaluation. Ils doivent posséder un ensemble complet de compétences et qualifications pour assurer la qualité et l'efficacité du Suivi et Évaluation.

Critère 1.5.2. Qualifications et niveau de compétence des autres ressources humaines en Suivi et Évaluation.

Le succès d'un système de Suivi et Évaluation ne dépend pas seulement des compétences des gestionnaires. Il repose également sur l'expertise et la préparation de tout le personnel impliqué, qu'il s'agisse d'enquêteurs sur le terrain ou de consultants spécialisés[1].

- *Importance des qualifications pour les enquêteurs* : Les enquêteurs ont un rôle crucial dans le processus de Suivi et Évaluation, en collectant des données sur le terrain. Leur formation doit couvrir des méthodologies spécifiques et des techniques de collecte de données. Cela garantit la fiabilité et l'exactitude des informations recueillies.
- *Le rôle crucial des consultants en Suivi et Évaluation* : Les consultants apportent une expertise externe, de nouvelles perspectives et une spécialisation qui enrichissent le processus de Suivi et Évaluation. Ils doivent posséder une expérience solide dans le domaine ainsi qu'une compréhension approfondie des méthodologies et outils pertinents[2].
- *Qualités essentielles des ressources humaines en Suivi et Évaluation* : En plus des qualifications formelles, des compétences telles que la communication, l'analyse critique, l'attention aux détails et l'éthique professionnelle sont essentielles[3]. Elles garantissent la qualité et l'intégrité du processus de Suivi et Évaluation.
- *Formation continue :* Il est recommandé que toutes les personnes impliquées dans le Suivi et Évaluation poursuivent une formation continue. Cela leur permet de rester à jour sur les dernières méthodologies et techniques. La participation

[1] Rossi, P. H., Lipsey, M. W., & Freeman, H. E. (2019). Evaluation: A systematic approach. SAGE Publications.

[2] Henry, Odile, and Frédéric Pierru. "Les consultants et la réforme des services publics." Actes de la recherche en sciences sociales 193.3 (2012): 4-15.

[3] Pouchol, Jérôme. "Pratiques et politiques d'acquisition." (2006).

régulière à des ateliers, séminaires ou conférences spécialisées est conseillée.

En conclusion, le succès d'un système de Suivi et Évaluation dépend en grande partie de la compétence et de l'expertise de ses ressources humaines. Des enquêteurs bien formés aux consultants hautement spécialisés, chaque membre de l'équipe doit être équipé pour assurer l'efficacité et la précision du système de Suivi et Évaluation.

Critère 1.5.3. Existence de ressources financières appropriées, conformément au plan de Suivi et Évaluation approuvé.

Une mise en œuvre efficace des activités de Suivi et Évaluation exige un financement adéquat. Des ressources financières suffisantes sont cruciales pour assurer un processus de Suivi et Évaluation complet et rigoureux.

- *Importance d'un financement adéquat* : Un financement approprié assure l'exécution sans interruption de toutes les activités prévues dans le plan de Suivi et Évaluation. Cela inclut, entre autres, la formation du personnel, la collecte et l'analyse des données, la conduite d'enquêtes sur le terrain et la publication de rapports.
- *Flexibilité des ressources financières* : Il est essentiel que les responsables du Suivi et Évaluation puissent accéder facilement aux fonds alloués. Cette flexibilité permet d'adapter rapidement le plan aux besoins changeants ou imprévus rencontrés pendant la mise en œuvre.
- *Impacts d'un financement insuffisant* : Un financement insuffisant ou des retards dans la libération des fonds peuvent compromettre l'efficacité du plan de Suivi et Évaluation. Cela peut affecter la qualité et la précision des résultats obtenus, influençant ainsi la prise de décision et la planification stratégique.
- *Revue périodique du budget de Suivi et Évaluation* : Une revue périodique du budget de Suivi et Évaluation est indispensable pour garantir son adéquation avec les besoins du programme. Cette pratique assure l'alignement des activités de Suivi et Évaluation avec les objectifs du programme et le maintien des normes de qualité.

Un financement adéquat et une gestion souple des ressources financières sont essentiels pour assurer l'intégrité, la pertinence et la qualité des activités de Suivi et Évaluation. La disponibilité et la gestion efficace des ressources financières jouent un rôle déterminant dans le succès de ces activités.

Dimension 2. Information de qualité

Le succès de tout programme repose largement sur la qualité des informations recueillies et analysées dans le système de Suivi et Évaluation[1]. Tout au long de la mise en œuvre du programme, un système comptable analytique est crucial. Cette approche assure la transparence et la traçabilité en liant étroitement le budget, les activités et les résultats. Elle garantit que chaque dépense est directement associée à une activité spécifique, permettant une évaluation efficace des dépenses à travers des indicateurs de résultats qui mettent en évidence le coût par résultat.

Il est essentiel d'évaluer correctement et de convertir les contributions des bénéficiaires, qu'elles soient financières ou non. Cela fournit une représentation transparente des coûts du programme. Ces contributions illustrent clairement l'impact global du programme. La précision dans l'utilisation des données, en particulier des indicateurs, est au cœur d'une évaluation efficace de l'efficacité du programme.

La couverture et la qualité des indicateurs d'effet sont primordiales pour évaluer l'impact réel d'un programme sur ses bénéficiaires. Des données de haute qualité sont nécessaires pour analyser l'efficience, évaluer les coûts par résultat, et déterminer la durabilité d'un programme. Cette dernière est évaluée à travers plusieurs dimensions, guidée par la théorie du changement.

Le Suivi et Évaluation est un outil essentiel pour la capitalisation des meilleures pratiques. Il rend l'information accessible à toutes les parties prenantes. La qualité des informations utilisées est fondamentale pour mesurer l'efficacité, évaluer la durabilité et capitaliser sur les meilleures pratiques d'un programme. En parallèle, une gestion proactive des risques est indispensable pour garantir une mise en œuvre réussie du programme.

Tableau 3- Standards et critères de qualité pour Dimension 2. Information de qualité

[1] Hubbard, D. W. (2009). The failure of risk management: Why it's broken and how to fix it. John Wiley & Sons.

Standards		Critères de qualité	
Standard 2.1. Information sur les intrants (inputs)	Un système comptable analytique est essentiel pour garantir la transparence et la traçabilité des programmes de développement, reliant le budget aux activités et résultats, tout en évaluant l'efficacité des dépenses à travers des indicateurs de qualité.	Critère 2.1.1. Existence d'un système comptable analytique du programme.	Un système comptable analytique assure la transparence et la traçabilité des flux financiers par rapport aux réalisations d'un programme de développement.
		Critère 2.1.2. Approche utilisée pour la conversion des contributions des bénéficiaires du programme.	La transparence financière d'un programme nécessite la comptabilisation des financements directs et des contributions variées des bénéficiaires pour refléter l'impact et le coût réels du programme.
		Critère 2.1.3. Les indicateurs d'intrants ou inputs du programme respectent les normes d'audit de la qualité des données.	Des indicateurs de qualité rigoureux sont essentiels pour évaluer avec précision l'efficacité d'un programme en fournissant des données fiables pour son suivi.
Standard 2.2. Information sur les produits et services (outputs)	Des indicateurs extrants ou "outputs" clairs et non-	Critère 2.2.1. La couverture des indicateurs de produits et services (outputs) du	Les indicateurs d'extrants doivent couvrir de manière exhaustive et

Standards		Critères de qualité	
	dupliqués, alignés sur les normes sectorielles et audités pour la qualité des données, sont cruciaux pour évaluer efficacement un programme et renforcer sa crédibilité.	programme par rapport aux résultats du programme.	précise les résultats d'un programme, évitant chevauchements et omissions.
		Critère 2.2.2. Les indicateurs d'intrants ou outputs du programme respectent les normes d'audit de la qualité des données.	Des indicateurs de qualité sont essentiels pour une évaluation crédible, conduisant à des conclusions solides et des recommandations éclairées.
		Critère 2.2.3. Les indicateurs de résultats du programme sont alignés sur les résultats du secteur pour la consolidation avec les statistiques nationales/sectorielles.	L'alignement des indicateurs de résultats sur les standards sectoriels garantit une intégration cohérente aux statistiques nationales, clarifiant la contribution du programme aux objectifs globaux.
Standard 2.3. Information sur les effets et impacts (outcomes)	La mise à jour opportune des indicateurs d'effets, leur couverture complète des résultats et l'assurance d'une qualité de données robuste sont	Critère 2.3.1. Le pourcentage d'indicateurs d'effets du programme qui sont mis à jour en temps opportun.	La mise à jour régulière et automatisée des indicateurs d'effets est essentielle pour fournir des informations précises et actuelles, facilitant ainsi

Standards		Critères de qualité	
	essentielles pour évaluer précisément la performance et l'impact d'un programme.		une prise de décision éclairée et une rétroaction rapide tout au long du cycle de vie d'un programme.
		Critère 2.3.2. La qualité de la couverture des indicateurs de résultats intermédiaires du programme par les indicateurs d'effets.	La cohérence des indicateurs d'effets, évitant tout chevauchement, est cruciale pour mesurer fidèlement les résultats intermédiaires d'un programme et, lorsqu'intégrés avec les indicateurs outputs, offre une analyse approfondie de sa performance globale.
		Critère 2.3.3. La qualité de l'information générée par les indicateurs d'effets sur les changements intermédiaires au niveau des bénéficiaires.	La robustesse et la fiabilité des données issues des indicateurs d'effets sont essentielles pour une évaluation précise des bénéficiaires, tout en reconnaissant et minimisant les limitations

Standards		Critères de qualité	
			inhérentes à la collecte de données.
Standard 2.4. Information sur la performance	La réussite d'un programme repose sur une évaluation rigoureuse de son efficience, de sa durabilité et de l'appropriation de ses meilleures pratiques, nécessitant des données de haute qualité et des méthodologie s précises.	Critère 2.4.1. La qualité de l'information est disponible pour l'analyse de l'efficience du programme.	L'analyse de l'efficience du programme nécessite des données financières et techniques complètes, une évaluation rigoureuse des ressources utilisées et un suivi constant via des tableaux de bord actualisés pour garantir la pertinence des décisions.
		Critère 2.4.2. Des informations de qualité sont disponibles pour une analyse pertinente de la durabilité du programme.	Les tableaux de bord des indicateurs et des enquêtes complémentaire s fournissent des informations de qualité pour évaluer la durabilité du programme en fonction de sa théorie du changement, abordant ses dimensions opérationnelle, technique,

Standards		Critères de qualité	
			sociale et financière.
		Critère 2.4.3. La capacité du système de suivi et évaluation à traduire les meilleures pratiques et les leçons apprises en informations significatives.	Le système de suivi et évaluation capte et partage les meilleures pratiques et leçons du programme grâce à des méthodologies standardisées, des outils adaptés et des événements organisés pour divers acteurs.
Standard 2.5. Information sur les risques et hypothèses	La gestion proactive des risques, basée sur le cadre logique, est cruciale pour la réussite d'un programme, transformant les hypothèses en étapes concrètes de mitigation.	Critère 2.5.1. L'approche adoptée pour traduire les hypothèses et risques du cadre logique du programme ou projet en jalons significatifs de mitigation/atténuation des risques, suivis et informés régulièrement.	L'identification et la conversion proactive des risques d'un programme en jalons de mitigation concrets sont essentielles pour garantir son succès et maintenir la confiance des parties prenantes.

Standard 2.1. Information sur les intrants (*inputs*)

Un système comptable analytique, largement reconnu dans la gestion de projets, est essentiel pour assurer la transparence et la traçabilité des programmes de développement[1]. Ce système établit des liens concrets

[1] Horngren, C. T., Sundem, G. L., Schatzberg, J. O., & Burgstahler, D. (2017). Introduction to Management Accounting. Pearson.

entre le budget, les activités et les résultats. Il est crucial d'associer chaque dépense à une activité spécifique, établissant ainsi un lien direct entre les coûts et les objectifs du programme[1]. L'utilisation d'indicateurs de résultats liés à chaque activité permet une évaluation approfondie de l'efficacité des dépenses, mettant en évidence des éléments tels que le coût par résultat[2].

Pour les contributions des bénéficiaires, leur conversion en informations financières est essentielle pour une représentation complète et transparente des coûts du programme. Les contributions, qu'elles soient des financements directs ou des efforts non monétaires comme la main-d'œuvre, lorsqu'évaluées et converties correctement, renforcent la compréhension de l'impact global du programme.

La qualité des données est cruciale pour évaluer l'efficacité d'un programme. Les indicateurs, en particulier ceux liés aux intrants, doivent être rigoureusement contrôlés pour assurer leur fiabilité. Un indicateur intrant de qualité est indispensable pour une évaluation précise de l'efficacité d'un programme, garantissant ainsi la fiabilité des conclusions tirées.

Critère 2.1.1. Existence d'un système comptable analytique du programme.

L'établissement d'un système comptable analytique est essentiel pour tout programme de développement ou d'intervention. Ce système vise à établir une relation claire entre le budget, les dépenses d'un programme, ses activités, résultats et caractéristiques des livrables. L'objectif principal est d'assurer une transparence et une traçabilité totales des flux financiers en les mettant en relation avec les réalisations concrètes du programme[3].

- *Liaison des dépenses à des activités spécifiques* : Il est impératif que chaque dépense engagée dans le cadre du programme soit associée à une activité spécifique. Cette association garantit que chaque montant dépensé contribue à la réalisation d'un objectif

---

[1] Kaplan, R. S., & Norton, D. P. (1996). The Balanced Scorecard: Translating Strategy into Action. Harvard Business Press.

[2] Atkinson, A. A., Kaplan, R. S., Matsumura, E. M., & Young, S. M. (1997). Management Accounting. Prentice Hall.

[3] Drury, C. (2008). Management and cost accounting. Cengage Learning EMEA.

précis du programme, améliorant ainsi la gestion des ressources[1].

- *Établissement d'indicateurs de résultats* : Associer des indicateurs de résultats à chaque activité permet d'évaluer l'efficacité et l'efficience de chaque dépense. Cette démarche aide à répondre à la question fondamentale : 'Combien coûte chaque résultat atteint ?'
- *Corrélation entre mise en œuvre technique et utilisation des ressources financières* : Cette approche analyse si les ressources sont utilisées de manière optimale pour atteindre les résultats souhaités. Si un coût élevé est associé à un résultat minime, cela peut indiquer un problème d'efficacité ou d'autres problèmes opérationnels[2].

Un système comptable analytique bien conçu offre plus qu'une meilleure gestion financière ; il permet également une évaluation plus précise des performances d'un programme. Il favorise une culture de responsabilité et d'efficacité en veillant à ce que chaque dépense contribue directement à la réalisation des objectifs du programme.

Critère 2.1.2. Approche utilisée pour la conversion des contributions des bénéficiaires du programme.

Afin d'assurer la transparence et l'intégralité de l'information financière d'un programme, il est crucial de comptabiliser correctement non seulement les financements directs mais également les contributions des bénéficiaires[3]. Ces dernières peuvent varier, incluant des contributions financières directes et des efforts non monétaires tels que la main-d'œuvre ou les matières premières. Convertir ces contributions en informations financières fournit une vue plus complète de l'impact et du coût réel du programme.

- *Contributions financières* : Les contributions financières représentent la forme la plus directe de contribution. Les bénéficiaires peuvent financer certaines activités ou participer à

[1] Horngren, C. T., Datar, S. M., & Rajan, M. V. (2012). Cost accounting: A managerial emphasis. Prentice Hall.

[2] Kaplan, R. S., & Anderson, S. R. (2007). Time-driven activity-based costing. Harvard Business Press.

[3] Coady, D., Grosh, M., & Hoddinott, J. (2004). Targeting of transfers in developing countries: Review of lessons and experience. World Bank Publications.

des co-financements. Ces apports sont comptabilisés directement dans les rapports financiers du programme[1].

- *Contributions en nature* : Les contributions en nature, telles que les matières premières, la nourriture ou d'autres biens, sont également importantes. Pour ces contributions, il est crucial d'évaluer leur valeur marchande afin de les convertir en informations financières.
- *Mise à disposition de main-d'œuvre* : La mise à disposition de main-d'œuvre, comme la participation active des bénéficiaires à la construction d'infrastructures, doit être évaluée en termes de coûts salariaux ou de taux journaliers.
- *Autres formes de contributions* : D'autres formes de contributions peuvent inclure des économies initiales pour accéder à des crédits ou d'autres types de participation ayant une valeur financière indirecte[2].

Convertir de manière appropriée les contributions des bénéficiaires en informations financières est essentiel pour garantir la transparence et l'intégrité des rapports financiers du programme. Cette démarche permet également de mieux comprendre l'engagement et l'investissement des bénéficiaires dans le programme, renforçant ainsi son impact et sa légitimité.

Critère 2.1.3. Les indicateurs d'intrants ou inputs du programme respectent les normes d'audit de la qualité des données.

Mesurer et suivre l'efficacité d'un programme exige l'utilisation d'indicateurs clairement définis. Ces indicateurs, en particulier ceux liés aux intrants du programme, doivent adhérer à des normes strictes de qualité des données.

Cette exigence assure la pertinence, la fiabilité et l'exactitude des informations recueillies. Un indicateur d'entrée de qualité est crucial pour une évaluation précise de l'efficacité du programme. Il fournit des données fiables pour le Suivi et Évaluation.

---

[1] OECD (2002). Best Practices for Budget Transparency.

[2] Besley, T., & Ghatak, M. (2007). Retailing public goods: The economics of corporate social responsibility. Journal of Public Economics, 91(9), 1645-1663.

Standard 2.2. Information sur les produits et services (*outputs*)

L'importance des indicateurs de produits et services, ou *outputs*, est bien documentée dans l'évaluation des programmes[1]. Leur rôle est de garantir une couverture complète de chaque résultat, évitant les chevauchements ou omissions. Une approche méthodique, assurant l'exhaustivité et l'éviction de la duplication, est cruciale pour une évaluation transparente. En plus, la pertinence, la mesurabilité et la clarté de ces indicateurs sont des aspects fondamentaux pour une évaluation efficace[2].

L'adhésion aux normes d'audit pour la qualité des données est essentielle dans l'évaluation. Des données de haute qualité sont la base d'analyses fiables et, en conséquence, de recommandations solides pour l'avenir du programme[3].

De plus, aligner les indicateurs de résultats sur les standards du secteur est vital pour une consolidation cohérente avec les statistiques nationales[4]. Les programmes qui intègrent systématiquement leurs données dans les systèmes nationaux renforcent leur crédibilité et reconnaissance[5].

Critère 2.2.1. La couverture des indicateurs de produits et services (*outputs*) du programme par rapport aux résultats du programme.

Pour une évaluation précise et efficace d'un programme, il est crucial que les indicateurs de produits et services (*outputs*) couvrent de manière exhaustive les résultats du programme[6]. Ces indicateurs doivent être suffisamment précis pour éviter tout chevauchement ou omission des résultats.

---

[1] Brown, A. & Thompson, R. (2019). L'essence des indicateurs de programmes. Éditions Évaluation.

[2] Martinez, L. (2021). Évaluer avec précision: la clé des programmes réussis. Revue de Gestion Stratégique.

[3] Wilson, C., Greene, H., & Mitchell, D. (2019). Normes d'audit pour une évaluation fiable. Journal d'Audit.

[4] Lopez, M. & Fernandez, G. (2022). Alignement des programmes avec les statistiques nationales: Une nécessité. Presses Universitaires de Gestion.

[5] Peterson, R. (2020). Consolidation et reconnaissance des programmes. Journal de Stratégie Nationale.

[6] OECD (2002). Glossary of Key Terms in Evaluation and Results-Based Management.

- *Exhaustivité* : Il est essentiel que chaque résultat du programme soit associé à au moins un indicateur d'*output*. Cette approche garantit une évaluation complète de tous les aspects du programme[1].
- *Non-chevauchement* : Les indicateurs doivent être distincts pour éviter la double comptabilisation ou des interprétations ambiguës des résultats.
- *Pertinence* : Les indicateurs d'*output* doivent fidèlement refléter les résultats visés, aidant ainsi à déterminer si les objectifs ont été atteints[2].
- *Mesurabilité* : Chaque indicateur doit être formulé pour une mesure aisée, en utilisant des sources de données fiables et accessibles.
- *Clarté* : La définition de chaque indicateur doit être précise et claire pour éviter toute confusion lors de la collecte et de l'analyse.

Sélectionner et définir des indicateurs d'*output* appropriés est essentiel pour une vue complète et précise des réalisations d'un programme. Ces indicateurs, couvrant distinctement et pertinemment tous les résultats, permettent aux évaluateurs de fournir des informations précieuses pour le suivi, l'évaluation et la prise de décision.

Critère 2.2.2. Les indicateurs d'intrants ou outputs du programme respectent les normes d'audit de la qualité des données.

Il est essentiel de garantir que les indicateurs de résultats d'un programme respectent les normes d'audit de la qualité des données. Cela est fondamental pour assurer la crédibilité et la fiabilité de l'évaluation[3]. La qualité des données est cruciale pour tirer des conclusions solides et formuler des recommandations pertinentes pour l'avenir.

Critère 2.2.3. Les indicateurs de résultats du programme sont alignés sur les résultats du secteur.

Aligner les indicateurs de résultats du programme sur ceux du secteur est crucial. Cela garantit une consolidation et comparaison cohérentes

---

[1] Rossi, P. H., Lipsey, M. W., & Freeman, H. E. (2003). Evaluation: A systematic approach. Sage Publications.
[2] Patton, M. Q. (2008). Utilization-focused evaluation. Sage Publications.
[3] World Bank (2018). Data Quality Assessment Framework (DQAF).

avec les statistiques nationales ou sectorielles[1]. Cette démarche assure que la contribution du programme à l'atteinte des objectifs nationaux ou régionaux est clairement reflétée.

- *Harmonisation des indicateurs* : L'harmonisation implique que les indicateurs du programme sont définis et mesurés de la même manière que ceux du secteur. Cela permet une consolidation directe et efficace[2].
- *Comparabilité* : Il est essentiel que les indicateurs du programme soient comparables aux indicateurs nationaux ou sectoriels pertinents. Cela rend la contribution du programme clairement visible et compréhensible.
- *Intégration systématique* : L'alignement doit favoriser une intégration systématique et régulière des données du programme dans les systèmes de Suivi et Évaluation nationaux ou sectoriels.
- *Coordination avec les institutions nationales/sectorielles* : Une coordination étroite avec les agences ou départements statistiques nationaux ou sectoriels est essentielle. Cela garantit une utilisation et intégration appropriée des données du programme[3].

L'alignement des indicateurs de résultats du programme avec les statistiques nationales ou sectorielles assure que les contributions du programme sont bien reconnues et consolidées au niveau supérieur. Cela renforce également la crédibilité et la légitimité du programme dans le contexte national ou régional.

Standard 2.3. Information sur les effets et impacts (*outcomes*)

La mise à jour régulière et opportune des indicateurs d'effets est cruciale pour maintenir la pertinence et la responsabilité des programmes[4]. Comme le souligne la Banque Mondiale, des indicateurs d'effets à jour

---

[1] Organization for Economic Co-operation and Development (OECD) (2002). Glossary of Key Terms in Evaluation and Results-Based Management.
[2] United Nations Development Group (UNDG) (2017). Indicators for the Sustainable Development Goals.
[3] World Bank (2013). Data for Development: An Evaluation of World Bank Support for Data and Statistical Capacity.
[4] Bamberger, M., Vaessen, J., & Raimondo, E. (2012). Dealing with complexity in development evaluation. SAGE Publications.

fournissent aux responsables politiques et gestionnaires de projet des informations essentielles pour des décisions éclairées[1].

Il est également vital que les indicateurs d'effets couvrent les résultats intermédiaires du programme. Selon l'OCDE, une hiérarchisation bien conçue des indicateurs facilite le Suivi et Évaluation des programmes. Elle aide également à aligner ces programmes sur les objectifs globaux[2]. L'intégration des indicateurs d'effets avec les *outputs* favorise une meilleure compréhension de la performance globale d'un programme[3].

Enfin, la qualité de l'information produite par les indicateurs d'effets est fondamentale. Obtenir des données robustes et fiables est essentiel pour évaluer correctement l'impact d'un programme sur ses bénéficiaires[4]. Reconnaître les limitations des méthodes de collecte de données est également crucial pour garantir l'intégrité de l'évaluation[5].

Critère 2.3.1. Le pourcentage d'indicateurs d'effets du programme qui sont mis à jour en temps opportun.

Il est essentiel que tous les indicateurs d'effets sélectionnés soient régulièrement mis à jour à chaque étape du cycle de vie du programme. Cela assure la pertinence et l'utilité des données pour la prise de décision[6].

- *Mise à jour régulière* : Une mise à jour en temps opportun signifie l'intégration immédiate de nouvelles données ou de tout changement survenu dans le programme dans les indicateurs de résultats. Cela garantit que les décideurs disposent d'informations précises et actuelles pour leurs prises de décision.
- *Systèmes automatisés* : Les outils modernes de Suivi et Évaluation, dotés de capacités d'automatisation, assurent une mise à jour constante des indicateurs en récupérant et intégrant automatiquement les nouvelles données.

---

[1] Banque Mondiale. (2019). Designing a results framework for achieving results: A how-to guide.
[2] OCDE. (2019). Principes directeurs de l'OCDE pour la qualité des statistiques.
[3] Kusek, J. Z., & Rist, R. C. (2004). Ten steps to a results-based monitoring and evaluation system. The World Bank.
[4] Patton, M. Q. (2008). Utilization-focused evaluation. SAGE Publications.
[5] Scriven, M. (2007). Key evaluation checklist. Evaluation Center, Western Michigan University.
[6] United Nations Development Programme (UNDP) (2009). Handbook on Planning, Monitoring and Evaluating for Development Results.

- *Rétroaction rapide* : Des indicateurs constamment à jour facilitent une rétroaction rapide, essentielle pour ajuster les interventions et accroître l'efficacité du programme[1].

La mise à jour opportune des indicateurs de résultats est fondamentale pour garantir la pertinence et l'utilité des informations pour la prise de décision à chaque étape du cycle de vie d'un programme. Des systèmes de suivi robustes et des méthodologies solides sont nécessaires pour assurer la précision et la pertinence continue des données.

Critère 2.3.2. La qualité de la couverture des indicateurs de résultats intermédiaires du programme par les indicateurs d'effets.

Il est crucial que tous les résultats intermédiaires du programme soient capturés par un ensemble cohérent d'indicateurs. Ces indicateurs doivent être conçus pour éliminer toute possibilité de chevauchement ou d'omission des résultats. Chaque indicateur devrait fournir une mesure claire et précise du résultat intermédiaire, et être facilement intégrable avec des indicateurs de niveau inférieur pour des analyses de performance et d'efficacité.

- *Hiérarchisation des indicateurs* : Les indicateurs d'effets, centrés sur les résultats intermédiaires, établissent un lien entre les activités et initiatives immédiates du programme et ses objectifs à long terme. Ils servent de repères de progression, guidant l'orientation du programme vers ses buts ultimes.
- *Absence de chevauchement* : Éviter les doublons dans les indicateurs est crucial pour prévenir les interprétations erronées. Chaque indicateur doit avoir une définition claire et unique, assurant qu'il mesure un aspect spécifique sans superposition[2].
- *Intégration avec les indicateurs outputs* : Intégration avec les indicateurs outputs : Les indicateurs d'effets offrent une analyse plus complète lorsqu'ils sont combinés avec les indicateurs outputs correspondants. Cette approche aide à comprendre comment les livrables immédiats (produits et services) influencent les changements à moyen terme (effets)[3].

---

[1] Kusek, J. Z., & Rist, R. C. (2004). Ten Steps to a Results-Based Monitoring and Evaluation System. Banque mondiale.

[2] Morra Imas, L. G., & Rist, R. C. (2009). The Road to Results: Designing and Conducting Effective Development Evaluations.

[3] Bamberger, M., Rugh, J., & Mabry, L. (2012). RealWorld Evaluation: Working Under Budget, Time, Data, and Political Constraints.

Définir et mesurer précisément les indicateurs d'effets est essentiel pour suivre et évaluer efficacement les progrès vers les objectifs intermédiaires d'un programme. Une intégration appropriée avec les indicateurs outputs renforce cette analyse, offrant une vision complète de la performance et de l'efficacité du programme.

Critère 2.3.3. La qualité de l'information générée par les indicateurs d'effets sur les changements intermédiaires au niveau des bénéficiaires.

Les informations issues des indicateurs d'effets se doivent d'être robustes et fiables, adaptées pour une utilisation étendue dans la zone d'influence du programme, incluant les communautés ciblées, ainsi que les groupes et bénéficiaires, qu'ils soient directs ou indirects[1]. Il est crucial de minimiser les limitations, tant quantitatives que qualitatives, associées à la collecte et à l'analyse des données, pour garantir l'intégrité des informations.

- *Robustesse des données* : La robustesse des données implique leur cohérence et leur validité, même en présence de variations dans la méthode de collecte ou les sources de données. Des indicateurs d'effets bien conçus devraient produire des données résistantes aux erreurs ou aux biais.
- *Fiabilité* : La fiabilité des données générées par les indicateurs d'effets est primordiale. Des données fiables, lorsqu'elles sont recueillies de nouveau dans les mêmes conditions, devraient produire des résultats cohérents[2].
- *Limitations quantitatives et qualitatives* : Reconnaître et minimiser les limitations inhérentes à toute méthode de collecte de données est essentiel. Les limitations quantitatives, comme la taille de l'échantillon ou l'exactitude des mesures, et les limitations qualitatives, incluant les biais des répondants ou des enquêteurs, doivent être prises en compte et atténuées.

La qualité de l'information produite par les indicateurs d'effets est essentielle pour une évaluation authentique des changements intermédiaires au niveau des bénéficiaires. Adopter une approche équilibrée, considérant à la fois des méthodes quantitatives et

---

[1] Kusek, J. Z., & Rist, R. C. (2004). Ten Steps to a Results-Based Monitoring and Evaluation System. Banque mondiale.

[2] Creswell, J. W., & Creswell, J. D. (2017). Research design: Qualitative, quantitative, and mixed methods approach. Sage publications.

qualitatives, tout en étant conscient des limitations potentielles, est crucial pour assurer la validité et la fiabilité des résultats obtenus.

Standard 2.4. Information sur la performance

Pour analyser l'efficience, il est essentiel de disposer de données financières et techniques de haute qualité. Toutes les ressources, qu'elles soient humaines, techniques ou financières, doivent être rigoureusement prises en compte. Ceci permet d'évaluer le coût par résultat.

Des tableaux de bord actualisés, présentant des indicateurs clairs et mesurables, fournissent un suivi en temps réel de la performance par rapport aux objectifs. Cela permet une analyse approfondie et pertinente de la mise en œuvre du programme[1].

Pour évaluer la durabilité d'un programme, il faut utiliser des indicateurs d'impact et de résultats, complétés par des enquêtes supplémentaires. Cette évaluation se structure autour de plusieurs dimensions de durabilité, incluant les aspects opérationnels, techniques, sociaux et financiers. La théorie du changement et le cadre des résultats guident cette analyse, assurant que les activités et résultats du programme mènent effectivement vers les objectifs à long terme.

Le système de Suivi et Évaluation est crucial pour établir des méthodologies spécifiques afin de capturer, analyser et partager les meilleures pratiques et leçons apprises. Des outils comme les bases de données et des activités telles que les ateliers sont utilisés pour assurer que ces informations précieuses soient accessibles et partagées avec toutes les parties prenantes, contribuant ainsi à l'amélioration continue du programme[2].

En conclusion, le succès d'un programme dépend de la façon dont son efficience est mesurée, de l'évaluation de sa durabilité et de la capitalisation sur ses meilleures pratiques. La qualité et la précision des informations utilisées sont cruciales pour chacun de ces aspects.

Critère 2.4.1. La qualité de l'information est disponible pour l'analyse de l'efficience du programme.

Pour des analyses robustes de l'efficacité du programme à tous les niveaux, il est essentiel de disposer de données financières et techniques

---

[1] Kaplan, R. S., & Norton, D. P. (1992). The Balanced Scorecard – Measures that Drive Performance. Harvard Business Review.

[2] Anderson, A. (2005). The Community Builder's Approach to Theory of Change: A Practical Guide to Theory Development. The Aspen Institute.

de haute qualité. Ces données doivent inclure le coût de toutes les activités et résultats du programme, y compris les ressources humaines, techniques et financières utilisées[1]. Les tableaux de bord des indicateurs de résultats, régulièrement mis à jour, permettent de comparer les résultats prévus aux résultats réels, facilitant ainsi des analyses de performance précises de la mise en œuvre du programme.

- *Données financières et techniques* : Pour réaliser une analyse d'efficience robuste, il est crucial d'avoir un accès complet aux données financières détaillées, incluant le coût de chaque activité, la répartition budgétaire, les dépenses réelles et les écarts budgétaires. De même, les données techniques, telles que les délais de réalisation, la qualité des résultats et la satisfaction des bénéficiaires, sont également essentielles pour une évaluation complète[2].
- *Ressources* : La prise en compte minutieuse des ressources humaines, techniques et financières utilisées pour chaque activité est fondamentale. Elle permet une évaluation précise du coût par résultat ou par bénéficiaire, et est essentielle pour déterminer si les ressources sont utilisées de manière optimale.
- ***Tableaux de bord des indicateurs*** : Les tableaux de bord des indicateurs sont des outils essentiels pour le suivi en temps réel des progrès du programme par rapport aux objectifs fixés. Ils devraient présenter des données actualisées avec des indicateurs clairs et mesurables, permettant ainsi des comparaisons rapides et précises entre les prévisions et la réalité.

L'efficience du programme est un aspect crucial de toute évaluation. Pour cela, il est indispensable de disposer de données financières et techniques de haute qualité, de comprendre l'utilisation des ressources, et de suivre régulièrement les progrès à l'aide de tableaux de bord d'indicateurs actualisés. Une telle approche garantit que les analyses sont à la fois robustes et pertinentes pour les décideurs[3].

---

[1] OECD (2019). DAC Guidelines and Reference Series Quality Standards for Development Evaluation. Organisation for Economic Co-operation and Development.

[2] Rossi, P. H., Lipsey, M. W., & Freeman, H. E. (2018). Evaluation: A systematic approach. Sage publications.

[3] Kusek, J. Z., & Rist, R. C. (2004). Ten Steps to a Results-Based Monitoring and Evaluation System. Banque mondiale.

Critère 2.4.2. Des informations de qualité sont disponibles pour une analyse pertinente de la durabilité du programme.

Des informations et des données de haute qualité, essentielles à l'analyse de la durabilité d'un programme, sont disponibles dans les tableaux de bord des indicateurs d'impact et de résultats, ainsi que dans les résultats d'autres enquêtes. Ces données permettent d'établir des relations causales entre les impacts et les résultats, conformément à la théorie du changement et au cadre de résultats du programme[1]. Cette approche facilite l'évaluation des diverses dimensions de la durabilité opérationnelle, technique, sociale et financière.

- *Tableaux de bord des indicateurs* : Les tableaux de bord des indicateurs offrent une vue synthétisée des progrès réalisés par rapport aux objectifs prédéfinis. Il est essentiel que les indicateurs d'impact et de résultat soient clairement définis, mesurables et pertinents pour fournir une vue claire des performances du programme.
- *Enquêtes complémentaires* : En plus des données régulières, des enquêtes spécifiques peuvent être menées pour approfondir certaines dimensions du programme, notamment l'évaluation de la perception des bénéficiaires ou la durabilité des résultats obtenus.
- *Théorie du changement et cadre de résultats* : Ces outils conceptuels sont fondamentaux pour visualiser comment les activités et résultats du programme contribuent aux objectifs à long terme. Ils identifient les relations causales et les mécanismes sous-jacents[2].
- ***Durabilité opérationnelle, technique, sociale et financière*** : Les dimensions de la durabilité opérationnelle, technique, sociale et financière du programme nécessitent une attention particulière. La durabilité opérationnelle examine si le programme peut continuer à fonctionner efficacement après la fin du financement initial, tandis que la durabilité technique évalue la robustesse et l'adaptation des solutions à long terme. La durabilité sociale examine l'acceptation et l'intégration du

---

[1] Rogers, P. J. (2008). Using programme theory to evaluate complicated and complex aspects of interventions. Evaluation, 14(1), 29-48.
[2] Brousselle, A., & Champagne, F. (2011). Program theory evaluation: logic analysis. Evaluation and program planning, 34(1), 69-78.

programme par les communautés bénéficiaires, et la durabilité financière analyse sa viabilité financière à long terme[1].

L'analyse de la durabilité est cruciale pour évaluer si les bénéfices d'un programme perdureront après la fin de son financement initial. En disposant d'informations et de données de haute qualité, et en utilisant efficacement la théorie du changement et le cadre des résultats, il est possible d'évaluer la durabilité d'un programme sous plusieurs dimensions, offrant ainsi une vision complète de sa viabilité à long terme.

Critère 2.4.3. La capacité du système de Suivi et Évaluation à traduire les meilleures pratiques et les leçons apprises en informations significatives.

Le système de Suivi et Évaluation emploie des méthodologies et des approches bien définies pour capturer et capitaliser sur les meilleures pratiques et les leçons apprises du programme. Ces méthodes comprennent l'élaboration d'outils pertinents et l'organisation d'événements pour partager ces découvertes avec divers acteurs intéressés par les résultats[2].

- *Méthodologies de capitalisation* : Des protocoles standardisés sont nécessaires pour identifier et documenter les meilleures pratiques. Ces protocoles peuvent inclure des études de cas, des entretiens, des enquêtes ou des sessions de brainstorming[3].
- *Capitalisation sur les leçons apprises* : Une fois identifiées, ces leçons doivent être minutieusement analysées pour comprendre leur pertinence, leur applicabilité et comment elles peuvent être intégrées ou adaptées à d'autres contextes ou phases du programme.
- *Outils pertinents* : Des outils tels que des bases de données, des portails en ligne ou des manuels de meilleures pratiques peuvent être développés pour stocker, récupérer et diffuser ces connaissances[4].

---

[1] Meyer, M. (2003). Academic entrepreneurs or entrepreneurial academics? Research–based ventures and public support mechanisms. R&D Management, 33(2), 107-115.

[2] Davies, R., & Dart, J. (2005). The 'Most Significant Change' (MSC) Technique: A Guide to Its Use.

[3] Earl, S., Carden, F., & Smutylo, T. (2001). Outcome mapping: Building learning and reflection into development programs. IDRC, Ottawa, ON, CA.

[4] Bamberger, M., Rugh, J., & Mabry, L. (2012). RealWorld Evaluation: Working Under Budget, Time, Data, and Political Constraints.

- *Occasions organisées pour le partage* : Des ateliers, séminaires, conférences ou webinaires peuvent être organisés régulièrement pour partager les meilleures pratiques et les leçons apprises avec différents acteurs, internes et externes au programme.

Traduire les meilleures pratiques et les leçons apprises en informations significatives est crucial pour l'amélioration continue d'un programme. Le système de Suivi et Évaluation, en mettant en place des mécanismes appropriés pour capturer, analyser et partager ces informations, joue un rôle clé dans l'accroissement de l'efficacité et de l'impact du programme.

Standard 2.5. Information sur les risques et hypothèses

Une gestion efficace des risques est cruciale pour la réussite de tout programme ou projet. Une approche proactive, englobant l'identification, l'évaluation et la mitigation des risques, est indispensable. Les hypothèses et risques identifiés dans le Cadre Logique du programme doivent être traduits en jalons tangibles de mitigation et d'atténuation, assurant ainsi une gestion proactive et éclairée des risques.

Critère 2.5.1. Traduire les hypothèses et risques du Cadre Logique en jalons significatifs de mitigation/atténuation des risques, suivis et informés régulièrement.

Tout programme ou projet d'envergure exige une évaluation minutieuse des risques associés. Ces risques, s'ils ne sont pas correctement identifiés et gérés, peuvent compromettre la réalisation des objectifs du programme[1]. Par conséquent, la conversion des hypothèses et des risques identifiés dans le cadre logique du programme en jalons tangibles de mitigation ou d'atténuation est cruciale pour la réussite du projet.

- *Évaluation* des Risques et des Hypothèses : Le processus commence par une identification complète des risques potentiels et des hypothèses sur lesquelles repose la mise en œuvre du programme. Une fois identifiés, ces risques sont évalués en fonction de leur probabilité d'occurrence et de leur

[1] Project Management Institute (PMI). (2017). A Guide to the Project Management Body of Knowledge (PMBOK® Guide) – Sixth Edition.

impact potentiel sur les résultats du programme, permettant ainsi une gestion proactive des risques[1].

- *Méthodologie de Traduction* : Les risques identifiés sont ensuite convertis en jalons concrets de mitigation ou d'atténuation. Ces jalons servent de points de référence pour surveiller l'évolution des risques et l'efficacité des stratégies d'atténuation mises en œuvre[2].
- *Suivi et Reporting* : Un système efficace de suivi et de *reporting* des risques est mis en place pour évaluer les progrès dans la gestion des risques. Des rapports réguliers sur les risques identifiés et les actions d'atténuation sont élaborés et communiqués aux parties prenantes pertinentes.

Convertir les hypothèses et les risques en jalons de mitigation significatifs assure une gestion proactive des risques. Cela garantit que les parties prenantes sont bien informées des actions entreprises pour assurer le succès du programme, renforçant ainsi leur confiance et augmentant les chances de succès du programme.

Dimension 3. Service de qualité

Un système de Suivi et Évaluation optimal produit des rapports ponctuels et de haute qualité, essentiels pour prendre des décisions stratégiques éclairées. La technologie joue un rôle central en facilitant le partage d'informations, en s'adaptant aux besoins changeants et en garantissant un accès rapide et transparent aux données.

Bien que cruciale, la mise à disposition des données fait face à des défis, notamment la protection des données et le besoin d'une mise à jour constante. Cependant, ces défis peuvent être surmontés par des solutions telles que des formations continues, des partenariats stratégiques et l'utilisation de plateformes technologiques adaptées. Ces approches garantissent la cohérence, l'autonomie des parties prenantes et la pérennité des informations collectées.

Dans un environnement dynamique où les besoins et les priorités changent, la flexibilité et l'adaptabilité des systèmes sont cruciales. Les systèmes doivent être conçus pour être agiles, ce qui garantit une

---

[1] Office of Government Commerce (OGC). (2009). Managing Successful Projects with PRINCE2.

[2] Morris, P.W., & Pinto, J.K. (Eds.). (2007). The Wiley Guide to Project, Program & Portfolio Management.

réponse rapide aux demandes changeantes tout en préservant l'intégrité des données.

En conclusion, la réussite d'un système de Suivi et Évaluation réside dans sa capacité à combiner rapidité, adaptabilité, transparence et qualité, tout en anticipant et répondant efficacement aux défis émergents.

Tableau 4- Standards et critères de qualité pour Dimension 3. Service de qualité

Standards		**Critères de qualité**	
Standard 3.1. Disponibilité de l'information de suivi et évaluation	Un système de Suivi et Évaluation efficace garantit des rapports ponctuels, une communication adaptée et un partage de connaissances, assurant ainsi des décisions éclairées et une amélioration continue des programmes.	Critère 3.1.1. La capacité du système de suivi et évaluation à produire en temps opportun des rapports obligatoires ou contractuels sur les réalisations et les résultats.	Un système de Suivi et Évaluation efficace garantit des rapports opportuns et de qualité, essentiels pour les décisions stratégiques et l'impact d'un programme de développement.
		Critère 3.1.2. L'existence d'un système de partage des connaissances sur les informations de Suivi et Évaluation.	L'intégration d'un système de partage des connaissances en Suivi et Évaluation améliore la prise de décision, l'innovation et l'application des enseignements tirés des programmes.
		Critère 3.1.3. L'existence d'outils de communication pour partager les données de	L'utilisation d'outils de communication adaptés en Suivi et Évaluation garantit une diffusion efficace

Standards		Critères de qualité	
		Suivi et Évaluation.	et accessible des informations à diverses audiences.
Standard 3.2. Accessibilité de l'information de suivi et évaluation	Un accès rapide et intuitif aux données de Suivi et Évaluation, soutenu par une technologie adaptée et une formation adéquate, est essentiel pour une prise de décision éclairée et une mise en œuvre efficace du programme.	Critère 3.2.1. Pourcentage de chefs de programme ayant un accès en temps opportun aux données fondées sur des preuves concernant les réalisations et les résultats du programme.	L'accès rapide à des données fiables est crucial pour la prise de décision éclairée des chefs de programme, nécessitant une infrastructure IT adéquate et des formations régulières.
		Critère 3.2.1. Accès aux données et informations de Suivi et Évaluation du programme pour le grand public, les médias et les chercheurs.	L'ouverture transparente des données de Suivi et Évaluation renforce la confiance publique, favorise la recherche et augmente la visibilité, tout en nécessitant une gestion prudente pour assurer la protection et l'exactitude des données.
		Critère 3.2.2. Convivialité technique des données de Suivi et Évaluation pour	La convivialité technique des données de Suivi et Évaluation est essentielle pour une utilisation optimale,

Standards		Critères de qualité	
		tous les utilisateurs.	requérant une présentation claire et intuitive adaptée à divers utilisateurs.
Standard 3.3. Réactivité du système de suivi et évaluation	La mise à disposition rapide et adaptable des données de Suivi et Évaluation est cruciale pour la transparence et la prise de décision, malgré les défis, nécessitant des solutions innovantes et une collaboration étroite avec les entités gouvernementales.	Critère 3.3.1. Disponibilité rapide des données de Suivi et Évaluation sur demande des parties prenantes du programme.	La mise à disposition rapide des données de Suivi et Évaluation est cruciale pour renforcer la transparence, la prise de décision éclairée et l'engagement des parties prenantes, malgré les défis techniques et de sécurité, nécessitant des solutions telles que les portails de données et l'automatisation.
		Critère 3.3.2. Capacité à réaliser des études de Suivi et Évaluation spécifiques à la demande des gestionnaires de programme en temps voulu.	La flexibilité et la réactivité de l'équipe de Suivi et Évaluation sont cruciales pour répondre efficacement aux besoins changeants des gestionnaires de programme, en fournissant des études spécifiques qui permettent une adaptation rapide et une prise de

Standards		Critères de qualité	
			décision éclairée, tout en surmontant les défis liés aux ressources et à la qualité.
		Critère 3.3.3. Capacité du système de Suivi et Évaluation à répondre aux demandes d'information du ministère sectoriel concernant les réalisations et résultats du programme.	La collaboration entre le système de Suivi et Évaluation et le ministère sectoriel est essentielle pour fournir des informations transparentes et de qualité, malgré les défis, en utilisant des protocoles d'entente et des outils de visualisation.
Standard 3.4. Flexibilité du système de suivi et évaluation	Pour rester adaptable aux changements, les systèmes de Suivi et Évaluation nécessitent une conception modulaire, une formation continue et une collaboration avec les parties prenantes, afin de maintenir la cohérence des données malgré les évolutions des priorités et de préserver	Critère 3.4.1. Capacité du système de Suivi et Évaluation à intégrer efficacement les nouvelles directives nationales et/ou normes internationales sur la gestion axée sur les résultats, le suivi et l'évaluation.	Les systèmes de Suivi et Évaluation doivent être modulaires, soutenus par une formation continue et l'engagement des parties prenantes, afin de s'adapter aux changements constants des directives et normes tout en préservant l'intégrité des données et en minimisant les

Standards		Critères de qualité	
	l'intégrité des données en ajustant les méthodes en temps réel.		perturbations budgétaires et de planification.
		Critère 3.4.2. Capacité du système de Suivi et Évaluation à intégrer rapidement les nouveaux besoins d'information suite à des révisions de programme et des ajustements stratégiques.	Pour suivre les évolutions des programmes de développement, les systèmes de Suivi et Évaluation nécessitent agilité, protocoles de mise à jour et formation continue pour intégrer rapidement de nouvelles exigences tout en maintenant l'intégrité des données.
Standard 3.5. Durabilité du système de Suivi et Évaluation	La robustesse d'un système de Suivi et Évaluation face aux changements d'équipe repose sur une documentation solide, une formation continue et l'accès autonome aux données, tandis que la valeur des données perdure grâce à leur archivage soigné et à leur accessibilité pour	Critère 3.5.1. Capacité du système de Suivi et Évaluation à demeurer pleinement opérationnel lors de changements majeurs au sein de l'équipe de Suivi et Évaluation.	Pour maintenir la qualité des données malgré les changements d'équipe, il est crucial d'avoir une documentation rigoureuse, une formation continue et l'utilisation de systèmes technologiques standardisés pour garantir la robustesse et la continuité du

Standards		Critères de qualité	
	une utilisation ultérieure.		système de Suivi et Évaluation.
		Critère 3.5.2. Capacité des gestionnaires de programme et des autres parties prenantes à accéder aux informations de Suivi et Évaluation avec un minimum de soutien de l'équipe de Suivi et Évaluation.	L'autonomisation des gestionnaires de programme et des parties prenantes pour accéder et utiliser les informations de Suivi et Évaluation permet une prise de décision réactive et efficace, en réduisant la dépendance à l'équipe de Suivi et Évaluation grâce à des plateformes conviviales, des formations régulières et des ressources d'auto-assistance.
		Critère 3.5.3. Capacité à utiliser et valoriser les données de Suivi et Évaluation après la clôture du programme.	Après la clôture d'un programme, les données de Suivi et Évaluation conservent leur valeur en tant que références pour des évaluations post-programme, des projets futurs et des analyses ultérieures, nécessitant leur

Standards		Critères de qualité	
			archivage, leur documentation détaillée et leur partage efficace pour une utilisation continue.

Standard 3.1. Disponibilité de l'information de Suivi et Évaluation

Un système de Suivi et Évaluation efficace génère des rapports opportuns, indispensables aux décisions stratégiques[1]. La ponctualité est essentielle car des retards peuvent entraîner des décisions basées sur des données obsolètes. Ces rapports doivent être de qualité impeccable et accessibles à toutes les parties prenantes.

Intégrer un système de partage dans le Suivi et Évaluation est nécessaire pour encourager un apprentissage constant[2]. Cela facilite l'amélioration continue, basée sur les leçons apprises précédemment. L'utilisation de la technologie, comme les plateformes en ligne, est cruciale pour faciliter ce partage d'informations.

Les outils de communication sont essentiels pour diffuser efficacement les données du Suivi et Évaluation à divers publics. Les données doivent être simplifiées pour être compréhensibles, renforçant ainsi la transparence. Selon l'audience, différents outils, allant des aperçus visuels aux notes techniques, doivent être employés.

Un système de Suivi et Évaluation solide se distingue par sa capacité à fournir rapidement des rapports, partager efficacement les connaissances et communiquer de manière adaptée. Ces composantes sont cruciales pour garantir l'amélioration continue des programmes et la diffusion optimale de l'information.

---

[1] Botton, Carole, Marie-Hélène Jobin, and Nagati Haithem. "Système de gestion de la performance: les conditions du succès." Gestion 2000 29.2 (2012): 37-52.

[2] Gmach, Imen, Abdellatif TAREK, and Lotfi Khrifich. "Le processus de recommandation dans la prise de décisions stratégiques." Revue des Etudes Multidisciplinaires en Sciences Economiques et Sociales 2.2 (2017).

Critère 3.1.1. La capacité du système de Suivi et Évaluation à produire en temps opportun des rapports.

La capacité d'un système de Suivi et Évaluation à générer des rapports obligatoires en temps opportun est un indicateur clé de son efficacité[1]. Ces rapports jouent un rôle vital dans l'évaluation des progrès d'un programme de développement et dans l'orientation des décisions stratégiques. Ils doivent refléter fidèlement l'avancement du programme et permettre une réaction rapide aux changements et aux besoins émergents.

- *Importance de l'opportunité* : Un système efficace de Suivi et Évaluation est conçu pour suivre les progrès en temps réel, ce qui permet une réponse rapide aux changements et aux besoins. Les retards dans la production de rapports peuvent dissimuler des problèmes essentiels, limitant ainsi la capacité à apporter des corrections opportunes. Les décideurs s'appuient sur des informations actualisées pour orienter les actions du programme. Les rapports tardifs risquent de mener à des décisions basées sur des données obsolètes, ce qui peut compromettre l'efficacité des interventions.
- *Qualité des Rapports* : Les rapports doivent être complets, fiables et exempts d'erreurs. Un système de Suivi et Évaluation robuste intègre des mécanismes de vérification pour garantir la qualité des données[2]. Les rapports doivent fournir des informations pertinentes alignées avec les objectifs du programme et les besoins des parties prenantes.
- *Disponibilité et Accessibilité des Rapports* : Un aspect essentiel du Suivi et Évaluation est de garantir que les informations parviennent aux bonnes personnes au bon moment. Les rapports doivent être facilement accessibles aux décideurs, aux bailleurs de fonds et à d'autres parties prenantes clés[3]. Ils doivent être disponibles dans des formats adaptés aux besoins des différents utilisateurs, y compris des résumés pour les décideurs et des versions détaillées pour les techniciens et les analystes[4].

---

[1] Kusek, J. Z., & Rist, R. C. (2004). Ten Steps to a Results-Based Monitoring and Evaluation System. Banque Mondiale.

[2] Scriven, M. (1991). Evaluation thesaurus. SAGE Publications.

[3] Morra Imas, L. G., & Rist, R. C. (2009). The road to results: Designing and conducting effective development evaluations. The World Bank.

[4] United Nations Development Group (UNDG). (2017). Guidance to UN Country Teams on Data and Result Reporting.

En conclusion, la production en temps opportun de rapports de qualité est essentielle pour garantir l'efficacité et l'impact d'un programme de développement. Un système de Suivi et Évaluation bien conçu et solide joue un rôle crucial à cet égard, assurant que les informations nécessaires sont précises, pertinentes et livrées sans retard.

Critère 3.1.2. L'existence d'un système de partage des connaissances sur les informations de Suivi et Évaluation.

L'intégration d'un système de partage des connaissances dans le cadre d'un Suivi et Évaluation est cruciale pour renforcer la capacité des parties prenantes à comprendre, assimiler et appliquer les enseignements tirés des programmes en cours[1]. Ce système facilite un partage continu d'expériences et de connaissances, améliorant ainsi la compréhension et l'efficacité des programmes.

- *Pertinence du Partage de Connaissances* : Ce système favorise une culture d'apprentissage dans laquelle les leçons tirées des cycles précédents du programme sont utilisées pour améliorer les interventions futures[2]. Avec un accès facilité à des informations pertinentes, les décideurs sont mieux informés et peuvent prendre des décisions basées sur des données fiables.
- *Événements d'Apprentissage Organisés* : Les événements d'apprentissage organisés permettent aux parties prenantes de discuter des réalisations, des défis et des opportunités du programme. Ils favorisent une compréhension commune et renforcent la collaboration[3]. Les sessions de brainstorming peuvent conduire à des innovations dans la mise en œuvre du programme, offrant de nouvelles perspectives et approches.
- *Intégration Technologique* : L'évolution technologique permet l'utilisation de plateformes en ligne, telles que les systèmes de gestion de l'apprentissage ou les intranets organisationnels, pour faciliter le partage d'informations et d'enseignements[4]. La conservation d'une archive des enseignements et des résultats

[1] King, W.R. (2009). Knowledge Management and Organizational Learning. Springer Science & Business Media.
[2] Organizational Learning and Knowledge Management, Easterby-Smith, M. & Lyles, M. A., 2011, John Wiley & Sons.
[3] Wenger, E. (1999). Communities of Practice: Learning, Meaning, and Identity. Cambridge University Press.
[4] Ruggiero, D. (2017). Knowledge Management Tools and Techniques. Elsevier

est essentielle pour permettre aux futurs gestionnaires et parties prenantes d'y accéder facilement. Les bases de données centralisées et les systèmes de gestion de documents peuvent être utilisés à cet effet[1].

En conclusion, un système efficace de partage des connaissances en Suivi et Évaluation renforce non seulement la capacité des parties prenantes à tirer des enseignements des programmes, mais aussi à améliorer la prise de décision et à favoriser l'innovation. Ces systèmes doivent être régulièrement mis à jour et adaptés pour répondre aux besoins changeants des programmes et des parties prenantes.

Critère 3.1.3. L'existence d'outils de communication pour partager les données de Suivi et Évaluation.

L'emploi d'outils de communication pour la diffusion des données de Suivi et Évaluation est crucial pour assurer que les informations soient accessibles à un large public, incluant les parties prenantes et le grand public[2]. Ces outils proposent des méthodes épurées et souvent visuelles, facilitant la compréhension de la progression, des impacts et des enseignements tirés d'un programme.

- *Importance des Outils de Communication* : L'importance des Outils de Communication réside dans la capacité à rendre les données de Suivi et Évaluation accessibles à un public non spécialisé, en simplifiant le jargon et en proposant des formats digestes[3]. Ces outils sont cruciaux pour promouvoir une communication ouverte et transparente avec les parties prenantes, ce qui renforce la confiance et l'engagement.
- *Types d'Outils de Communication :*
    - Instantanés (*Snapshots*) : Ils fournissent des aperçus visuels rapides des avancées dans un domaine spécifique du programme, utilisant graphiques, images et citations pour souligner les éléments essentiels.
    - Notes Techniques : Elles offrent des explications approfondies sur les méthodologies, procédures et résultats de certaines activités ou études[4].

---

[1] Dalkir, K. (2013). Knowledge Management in Theory and Practice. MIT Press.
[2] Torres, R. T., Preskill, H., & Piontek, M. (2005). Evaluation strategies for communicating and reporting: Enhancing learning in organizations. Sage.
[3] Nutley, T., & Reynolds, H. (2013). Improving the use of health data for health system strengthening. Global Health Action, 6(1), 2001.
[4] Patton, M. Q. (2014). Qualitative research & evaluation methods. Sage Publications.

- Notes de Synthèse (*Briefs*) : Elles sont des résumés succincts des découvertes ou des mises à jour, ciblant souvent un public spécifique.
- Les Infographies, webinaires, vidéos et podcasts sont d'autres moyens efficaces de partager les données de Suivi et Évaluation.

- *Adaptabilité et Personnalisation* : Il est essentiel que chaque outil de communication soit adapté à son public cible. Par exemple, une note technique s'adresse généralement à des spécialistes, alors qu'un instantané (snapshot) est idéal pour le grand public, grâce à sa présentation simplifiée et visuellement attrayante.

En conclusion, développer et mettre en œuvre des outils de communication adaptés pour la diffusion des données de Suivi et Évaluation est indispensable. Cela garantit une distribution des informations efficace, accessible et compréhensible pour diverses audiences. Le succès repose sur la sélection et la conception d'outils répondant précisément aux besoins et attentes de chaque groupe cible.

Standard 3.2. Accessibilité de l'information de Suivi et Évaluation

Un accès rapide aux données fondées sur des preuves est essentiel pour permettre aux chefs de programme de prendre des décisions éclairées et d'effectuer des ajustements rapides. Une infrastructure IT adéquate et des formations appropriées sont nécessaires pour faciliter des décisions basées sur des informations concrètes plutôt que sur des suppositions. En revanche, une infrastructure IT obsolète et un manque de formation peuvent entraver cet accès.

La disponibilité des données de Suivi et Évaluation renforce la confiance du public, stimule la recherche et augmente la visibilité médiatique. Cependant, il existe des défis tels que la protection des données et le risque d'interprétation incorrecte. Des solutions comme des portails de données ouvertes, des ateliers et des collaborations avec le milieu académique peuvent maximiser l'utilisation des données tout en garantissant leur exactitude.

Il est essentiel que les données soient présentées de manière intuitive pour tous les utilisateurs. Une convivialité accrue favorise une adoption plus large, une prise de décision informée et réduit les erreurs. Cependant, la diversité des compétences des utilisateurs et la complexité de certaines données peuvent être problématiques.

L'utilisation de visualisations claires, de guides d'utilisation, de sessions de feedback et de formations peut aider à surmonter ces défis.

Pour maximiser l'efficacité des programmes de Suivi et Évaluation, il est crucial de garantir un accès rapide et transparent aux données, tout en assurant leur convivialité technique. Cette démarche nécessite des investissements en infrastructure, en formation et en outils adaptés pour permettre à toutes les parties prenantes d'utiliser les données de manière optimale.

Critère 3.2.1. Les chefs de programme ont un accès en temps opportun aux données concernant les réalisations et les résultats du programme.

Un accès en temps opportun à des données fondées sur des preuves est crucial pour assurer une prise de décision éclairée chez les chefs de programme[1]. Ce type d'accès rapide permet de réagir rapidement aux tendances émergentes, de rectifier les problèmes identifiés et d'amplifier les succès.

- *Importance de l'Accès à des Données Fondées sur des Preuves* : L'accès à des informations précises et actualisées aide les gestionnaires à prendre des décisions stratégiques et opérationnelles basées sur des faits, plutôt que sur des suppositions [2]. Avec une vue claire des performances passées et actuelles, les gestionnaires peuvent continuellement ajuster et améliorer le programme.
- *Défis Potentiels* :
    - Infrastructure IT : Une infrastructure informatique inadéquate ou obsolète peut retarder l'accès à des données opportunes.
    - Capacité des Ressources Humaines : Si les équipes ne sont pas formées pour extraire et interpréter correctement les données, cela peut limiter l'efficacité de l'utilisation de ces informations[3].
- *Solutions et Meilleures Pratiques* :
    - Plateformes de gestion de données : L'utilisation de plateformes modernes de gestion de données, telles que

[1] Bickman, L., & Rog, D. J. (Eds.). (2009). The SAGE handbook of applied social research methods. Sage Publications.
[2] Sutcliffe, K. M., & Weber, K. (2003). The high cost of accurate knowledge. Harvard business review, 81(5), 74-82.
[3] Love, A. J. (1991). Internal evaluation: Building organizations from within. Sage.

des tableaux de bord interactifs, facilite l'accès en temps réel aux données[1].

- Formations continues : Offrir des formations régulières aux gestionnaires sur l'utilisation et l'interprétation des données garantit qu'ils peuvent maximiser l'utilité de ces informations[2].

En conclusion, assurer un accès rapide et aisé aux données pour les chefs de programme est crucial pour le succès et la pertinence continue du programme. L'infrastructure informatique, la formation et une culture organisationnelle valorisant les données sont essentielles pour atteindre cet objectif.

Critère 3.2.1. Accès aux données et informations de Suivi et Évaluation du programme pour le grand public, les médias et les chercheurs.

Un accès transparent et ouvert aux données et informations de Suivi et Évaluation du programme est essentiel pour renforcer la confiance du public, stimuler la recherche académique et accroître la visibilité médiatique. Cette transparence assure la responsabilité, la légitimité et ouvre des possibilités de collaboration avec d'autres entités[3].

- *Importance de l'Accès Ouvert* : Fournir un accès transparent aux données démontre l'engagement des organisations envers la responsabilité et la transparence. Cela renforce la confiance du public et valorise leur image en tant qu'entités ouvertes et fiables[4].
- *Renforcement de la recherche* : Les chercheurs, en utilisant ces données, peuvent mener des études approfondies, apportant ainsi des connaissances supplémentaires et contribuant significativement à l'amélioration du programme.
- *Visibilité accrue* : Une couverture médiatique étendue des données peut augmenter substantiellement la visibilité du

---

[1] Few, S. (2013). Information dashboard design: Displaying data for at-a-glance monitoring. Analytics Press.

[2] Bamberger, M., Rugh, J., & Mabry, L. (2012). RealWorld evaluation: Working under budget, time, data, and political constraints. Sage.

[3] Davies, T., & Bawa, Z. A. (2012). The promises and perils of open government data (OGD). The Journal of Community Informatics, 8(2).

[4] Janssen, M., Charalabidis, Y., & Zuiderwijk, A. (2012). Benefits, adoption barriers and myths of open data and open government. Information Systems Management, 29(4), 258-268.

programme, attirant potentiellement plus de partenaires ou de financements[1].

- *Défis Potentiels* :
  - Protection des données : Il est essentiel de veiller à ce que les données partagées respectent la vie privée et les lois sur la protection des données[2].
  - Interprétation incorrecte : Une mauvaise interprétation des données peut mener à des conclusions erronées ou à une utilisation inappropriée.
- ***Solutions et Meilleures Pratiques*** :
  - Portails de données ouvertes : Utiliser des plateformes en ligne où les données sont facilement accessibles, téléchargeables et utilisables par le public, les chercheurs et les médias.
  - Ateliers et séminaires : Organiser des événements pour former les utilisateurs potentiels sur la manière d'accéder et d'interpréter correctement les données.
  - Partenariats avec des institutions académiques : Collaborer avec des universités ou des instituts de recherche pour encourager l'utilisation des données dans les études académiques.

L'ouverture des données de Suivi et Évaluation à un public plus large, bien que bénéfique, exige une planification minutieuse pour assurer la protection des données, ainsi que la pertinence et l'exactitude des informations partagées.

Critère 3.2.2. Convivialité technique des données de Suivi et Évaluation pour tous les utilisateurs.

Il est essentiel que les données et informations du système de Suivi et Évaluation soient techniquement conviviales pour assurer une utilisation optimale par tous les acteurs impliqués, qu'il s'agisse de gestionnaires de programmes, de décideurs, de chercheurs ou du grand

---

[1] Sieber, R. E., & Johnson, P. A. (2015). Civic open data at a crossroads: Dominant models and current challenges. Government Information Quarterly, 32(3), 308-315.

[2] Zuiderwijk, A., & Janssen, M. (2014). Open data policies, their implementation and impact: A framework for comparison. Government Information Quarterly, 31(1), 17-29.

public[1]. La convivialité technique implique que les données soient présentées de manière claire, intuitive et facilement compréhensible.

- *Importance de la Convivialité Technique* :
  - Adoption accrue : Une convivialité améliorée augmente la probabilité que les utilisateurs adoptent et utilisent activement les données[2].
  - Prise de décision informée : Des informations présentées clairement facilitent des décisions basées sur des données probantes.
  - Réduction des erreurs : Les données faciles à comprendre minimisent le risque d'erreurs d'interprétation[3].
- *Défis Potentiels* :
  - Diversité des utilisateurs : La variation des compétences techniques parmi les utilisateurs rend difficile la création d'une solution unique[4].
  - Complexité des données : Certains ensembles de données peuvent être intrinsèquement complexes, et les simplifier sans perdre d'informations essentielles est un défi.
- *Solutions et Meilleures Pratiques* :
  - Visualisations : L'utilisation de graphiques, tableaux de bord et autres outils visuels aide à présenter les données intuitivement.
  - Guides d'utilisation : Fournir des guides ou des tutoriels détaillés pour naviguer et interpréter les données.
  - Feedback des utilisateurs : Organiser des sessions de feedback pour comprendre les besoins des utilisateurs et ajuster la présentation des données.
  - Formation : Proposer des formations régulières pour familiariser les utilisateurs avec les données et les outils de Suivi et Évaluation .

---

[1] Norman, D. A. (2013). Design of Everyday Things: Revised and Expanded. Basic Books.

[2] Nielsen, J. (1993). Usability Engineering. Academic Press.

[3] Few, S. (2009). Now You See It: Simple Visualization Techniques for Quantitative Analysis. Analytics Press.

[4] Redish, J. (2007). Letting Go of the Words: Writing Web Content that Works. Elsevier.

Assurer la convivialité technique des données de Suivi et Évaluation pour tous les utilisateurs est crucial. Cela nécessite une attention particulière à la conception, à la présentation et à la formation des utilisateurs pour maximiser la pertinence et l'efficacité de l'utilisation des données.

Standard 3.3. Réactivité du système de Suivi et Évaluation

La disponibilité rapide des données de Suivi et Évaluation est primordiale pour garantir transparence, responsabilité et prise de décision éclairée parmi les parties prenantes[1]. Cette rapidité favorise la transparence, permet des réponses promptes aux situations urgentes et consolide l'engagement. Néanmoins, elle présente des défis, notamment la protection des données et le besoin d'une mise à jour constante. Des solutions comme les portails de Suivi et Évaluation et l'automatisation ont été mises en œuvre pour surmonter ces obstacles.

L'équipe de Suivi et Évaluation doit faire preuve de flexibilité pour s'adapter aux demandes fluctuantes des gestionnaires de programme. Cette adaptabilité est cruciale pour répondre efficacement aux besoins toujours changeants des programmes et pour s'assurer que les gestionnaires ont accès à des informations actualisées[2]. Cependant, cette rapidité peut parfois compromettre la qualité ou nécessiter des ressources supplémentaires. Par conséquent, la formation continue et la mise en place de partenariats stratégiques sont indispensables pour maintenir une réactivité efficace.

Le système de Suivi et Évaluation joue un rôle crucial en fournissant des informations pertinentes au ministère sectoriel concerné, assurant ainsi la transparence et une prise de décision éclairée au niveau gouvernemental. Malgré les défis liés aux normes divergentes et à la confidentialité, l'adoption de stratégies telles que l'établissement de protocoles d'entente et l'utilisation d'outils de visualisation peut faciliter cette collaboration essentielle.

---

[1] Porter, Stephen. "A framework for improving the responsiveness of policy through development evaluation." Evaluation 22.2 (2016): 245-258.

[2] Kusek, Jody Zall. Making monitoring and evaluation systems work: A capacity development toolkit. World Bank Publications, 2010.

Critère 3.3.1. Disponibilité rapide des données de Suivi et Évaluation sur demande des parties prenantes du programme.

Il est essentiel de mettre rapidement à disposition les données de Suivi et Évaluation pour garantir transparence, responsabilité et prise de décision éclairée parmi les parties prenantes du programme[1]. Lorsque les données sont facilement accessibles et fournies de manière proactive, cela renforce la confiance des parties prenantes et facilite la collaboration et la coordination entre les différents acteurs impliqués.

- *Importance de la Disponibilité Rapide* :
    - Transparence : Assurer que toutes les parties prenantes puissent accéder aux données de Suivi et Évaluation renforce la transparence et l'intégrité du programme[2].
    - Prise de décision éclairée : Une disponibilité rapide des données permet des réactions rapides, surtout dans des situations nécessitant des décisions urgentes.
    - Engagement des parties prenantes : L'accès des parties prenantes aux données en temps réel augmente leur appropriation et engagement envers le programme[3].
- *Défis Potentiels* :
    - Protection des données : Il faut s'assurer que les données sensibles ne soient pas accessibles aux personnes non autorisées[4].
    - Capacité technique : Il est crucial de garantir une infrastructure technique fiable, capable de fournir des données efficacement.
    - Mise à jour des données : Il est important que les données fournies soient toujours à jour et précises .
- *Stratégies et Solutions* :
    - Portails de données de Suivi et Évaluation : Développer des systèmes de gestion des données qui permettent un accès en ligne facile et sécurisé.

---

[1] Davies, T., & Bawa, Z. A. (2012). The promises and perils of open government data (OGD). The Journal of Community Informatics, 8(2).

[2] Bovens, M. (2007). New Forms of Accountability and EU-Governance. European Law Journal, 13(4), accountability and EU-governance.

[3] Heald, D. (2006). Varieties of transparency. In Transparency: The Key to Better Governance? Oxford University Press.

[4] Kallinikos, J. (2013). Form, Function, and Matter: Crossing the Border of Materiality. In Materiality and Organizing, Oxford University Press.

- Automatisation : Utiliser des technologies pour automatiser la collecte, le stockage et la distribution des données.
- Protocoles clairs : Établir des protocoles pour répondre rapidement aux demandes de données des parties prenantes[1].

En conclusion, la disponibilité rapide des données de Suivi et Évaluation est une composante essentielle pour assurer la réussite et l'efficacité d'un programme. Cela requiert une infrastructure solide, des protocoles clairs et une attention continue à la sécurité et à l'actualisation des données.

Critère 3.3.2. Capacité à réaliser des études de Suivi et Évaluation spécifiques à la demande des gestionnaires de programme à temps.

Il est essentiel que l'équipe de Suivi et Évaluation soit flexible et réactive pour répondre aux besoins évolutifs des gestionnaires de programme[2]. Les demandes peuvent varier, allant de l'analyse d'impact à des évaluations détaillées ou des études de cas, exigeant toutes une approche méthodologique précise et adaptée.

- *Importance de la Réactivité* :
  - Adaptabilité : Étant donné le caractère dynamique des programmes de développement, la capacité de mener des études sur demande est cruciale pour s'adapter efficacement aux changements et aux besoins des parties prenantes[3].
  - Décision Éclairée : Les gestionnaires de programme se basent sur des données fiables pour leurs décisions. Une réponse rapide de l'équipe de Suivi et Évaluation leur donne accès à des informations actualisées et pertinentes.
- *Défis Potentiels* :
  - Ressources : Répondre rapidement à des demandes spécifiques peut exiger des ressources supplémentaires,

[1] Janssen, M., et al. (2012). Benefits, Adoption Barriers and Myths of Open Data and Open Government. Information Systems Management, 29(4).
[2] Rossi, P. H., Lipsey, M. W., & Freeman, H. E. (2018). Evaluation: A Systematic Approach. SAGE Publications.
[3] Patton, M. Q. (2011). Developmental Evaluation: Applying Complexity Concepts to Enhance Innovation and Use. Guilford Press.

notamment en termes de temps, d'expertise et de finances.
  - Qualité : Assurer que la rapidité ne compromet pas la qualité de l'étude réalisée.
- ***Stratégies et Solutions*** :
  - Équipe dédiée : Constituer une sous-équipe ou désigner des individus spécifiquement dédiés aux demandes ad hoc ou urgentes peut améliorer la capacité de réponse de l'équipe[1].
  - Formation continue : S'assurer que l'équipe de Suivi et Évaluation est constamment formée aux dernières méthodologies et outils, afin de pouvoir s'adapter rapidement à différentes demandes[2].
  - Partenariats : Collaborer avec des institutions académiques ou des consultants externes pour augmenter la capacité de réponse en cas de demandes spécifiques.

En conclusion, la capacité de l'équipe de Suivi et Évaluation à répondre rapidement aux demandes d'études spécifiques est cruciale pour le succès d'un programme. Cela requiert une planification minutieuse, une formation continue et, le cas échéant, l'établissement de partenariats stratégiques pour assurer à la fois la qualité et la rapidité de réponse aux besoins des gestionnaires.

Critère 3.3.3. Capacité du système de Suivi et Évaluation à répondre aux demandes d'information du ministère sectoriel.

Le système de Suivi et Évaluation est crucial dans la fourniture d'informations pertinentes aux entités gouvernementales, notamment au ministère sectoriel concerné. Cette collaboration assure non seulement la transparence, mais aussi une prise de décision éclairée au niveau gouvernemental[3].

- *Importance de la Collaboration* :
  - Transparence : Un flux régulier d'informations garantit la transparence des activités du programme, renforçant la confiance entre toutes les parties prenantes.

---

[1] Scriven, M. (1991). Evaluation Thesaurus. SAGE Publications.

[2] Bamberger, M., Rugh, J., & Mabry, L. (2012). RealWorld Evaluation: Working Under Budget, Time, Data, and Political Constraints. SAGE Publications.

[3] Guijt, I. (2010). Real World Programme Monitoring: A toolkit to support start-up and quality assurance. Learning by Design.

    - Renforcement des capacités : Une collaboration étroite aide à renforcer les capacités des deux parties, grâce au partage des meilleures pratiques et à l'amélioration de la qualité des informations fournies[1].
- *Défis Potentiels* :
    - Normes Divergentes : Les normes et attentes quant à la qualité, au format et à la fréquence des informations peuvent différer entre le programme et le ministère[2].
    - Confidentialité : Il est crucial de protéger les informations sensibles tout en garantissant la transparence.
- *Stratégies et Solutions* :
    - Protocoles d'entente : Mettre en place des protocoles d'entente précisant les modalités de partage d'informations, incluant la fréquence, le format et les types de données à partager[3].
    - Ateliers conjoints : Organiser des ateliers pour discuter des besoins informationnels, des défis et des solutions envisageables.
    - Outils de visualisation : Employer des outils de visualisation pour rendre les données plus accessibles et compréhensibles au ministère.

En conclusion, une collaboration efficace entre le système de Suivi et Évaluation et le ministère sectoriel est indispensable pour assurer la pertinence et la qualité des informations partagées. Cette collaboration nécessite une communication ouverte, l'établissement de protocoles d'entente et l'usage d'outils innovants pour faciliter la compréhension et l'exploitation des données.

Standard 3.4. Flexibilité du système de Suivi et Évaluation

Le domaine du Suivi et Évaluation, ainsi que de la gestion axée sur les résultats, est caractérisé par son dynamisme. Les systèmes de Suivi et

[1] Morra Imas, L. G., & Rist, R. C. (2009). The Road to Results: Designing and Conducting Effective Development Evaluations. The World Bank.
[2] Preskill, H., & Catsambas, T. T. (2006). Reframing Evaluation Through Appreciative Inquiry. SAGE Publications.
[3] Kusek, J. Z., & Rist, R. C. (2004). Ten Steps to a Results-Based Monitoring and Evaluation System. The World Bank.

Évaluation doivent s'adapter aux directives en constante évolution[1]. Parmi les défis majeurs, on note la fréquence des changements et la nécessité de maintenir la cohérence des données. Pour surmonter ces défis, une approche efficace consiste à adopter une conception modulaire du système de Suivi et Évaluation, assurer une formation continue et engager activement les parties prenantes. En résumé, pour être résilient face aux changements, le système de Suivi et Évaluation exige une flexibilité structurelle et opérationnelle, appuyée par une formation régulière et une collaboration soutenue.

Les programmes de développement, caractérisés par leur fluidité, exigent que les systèmes de Suivi et Évaluation intègrent rapidement de nouvelles exigences. Les défis consistent à s'adapter aux évolutions des priorités tout en préservant l'intégrité des données. Pour relever ces défis, l'infrastructure de Suivi et Évaluation doit être agile, dotée de protocoles de mise à jour robustes et d'une équipe en formation continue[2]. En somme, un système de Suivi et Évaluation réactif se distingue par sa capacité à ajuster ses outils et méthodes en temps réel, tout en garantissant la continuité et la cohérence des données.

Critère 3.4.1. Capacité du système de Suivi et Évaluation à intégrer efficacement les nouvelles directives nationales et/ou normes internationales.

Le domaine de la gestion axée sur les résultats ainsi que du Suivi et Évaluation évolue constamment[3]. Par conséquent, il est crucial que les systèmes de Suivi et Évaluation puissent s'adapter rapidement et efficacement aux nouvelles directives ou normes.

- *Défis de l'Intégration* :
  - Changements fréquents : La fréquence des changements dans les directives nationales et les normes internationales requiert une flexibilité constante.
  - Cohérence des données : Il est essentiel de maintenir la cohérence et la comparabilité des données, même après l'intégration de nouvelles directives.

[1] Braa, Jørn, et al. "Developing health information systems in developing countries: the flexible standards strategy." Mis Quarterly (2007): 381-402.

[2] Baptista, Renato, et al. "Flexible feedback system for posture monitoring and correction." 2017 Fourth International Conference on Image Information Processing (ICIIP). IEEE, 2017.

[3] United Nations Development Group (UNDG). (2011). Results-Based Management Handbook. UNDG.

- *Facteurs clés pour une intégration efficace* :
    - Modularité : Un design modulaire est impératif pour le système de Suivi et Évaluation, permettant l'intégration de nouvelles composantes sans perturbation majeure [1].
    - Formation continue : Il est crucial de fournir une formation régulière aux responsables et utilisateurs du système pour qu'ils puissent s'adapter aux changements.
    - Engagement des parties prenantes : Il est nécessaire d'engager régulièrement les parties prenantes afin de s'assurer que le système continue de répondre à leurs besoins.

Pour s'adapter aux directives nationales et normes internationales en constante évolution, le système de Suivi et Évaluation doit être flexible et modulaire. Cela implique une formation continue, un engagement actif des parties prenantes, et une conception systémique facilitant l'intégration de changements, tout en préservant l'intégrité et la cohérence des données. Il est également important de minimiser l'impact sur le budget et le plan de Suivi et Évaluation existants lors de l'intégration de nouvelles directives.

Critère 3.4.2. Capacité du système de Suivi et Évaluation à intégrer rapidement les nouveaux besoins d'information.

Dans un contexte où les programmes de développement sont en perpétuelle évolution, les systèmes de Suivi et Évaluation se doivent d'être réactifs[2]. Ils doivent être en mesure d'intégrer rapidement les nouvelles exigences d'information suite à des ajustements qu'ils soient tactiques ou stratégiques[3].

- *Défis de l'Intégration Rapide* :
    - Évolution des Priorités : L'évolution des priorités d'information peut être déclenchée par des changements tactiques ou stratégiques.
    - Maintenance de l'Intégrité des Données : Il est crucial d'assurer que les nouvelles données restent cohérentes

---

[1] Bamberger, M., Vaessen, J., & Raimondo, E. (2016). Dealing with complexity in development evaluation: A practical approach. SAGE Publications.

[2] Morra Imas, L. G., & Rist, R. C. (2009). The Road to Results: Designing and Conducting Effective Development Evaluations. The World Bank.

[3] Patton, M. Q. (2011). Developmental evaluation: Applying complexity concepts to enhance innovation and use. Guilford Press.

avec les données historiques, permettant ainsi des analyses comparatives[1].

- *Facteurs clés pour une intégration efficace* :
  - Infrastructure Agile : L'infrastructure technologique du système de Suivi et Évaluation doit être conçue pour être flexible et adaptable[2].
  - Protocoles de Mise à Jour : Il est essentiel de disposer de protocoles clairs pour intégrer rapidement de nouveaux besoins d'information, tout en assurant la qualité des données.
  - Formation Continue : Le personnel de Suivi et Évaluation doit bénéficier d'une formation régulière pour rester à jour avec les dernières méthodologies et outils d'intégration.

En résumé, pour intégrer rapidement et efficacement les nouveaux besoins d'information, le système de Suivi et Évaluation exige une infrastructure agile, des protocoles de mise à jour robustes et une équipe en formation continue. La flexibilité est cruciale, autant d'un point de vue technologique que méthodologique et en termes de gestion des ressources. Cela permet au système de s'adapter aux évolutions du programme, tout en réduisant au minimum les perturbations affectant les activités, les ressources et les délais.

Standard 3.5. Durabilité du système de Suivi et Évaluation

La robustesse d'un système de Suivi et Évaluation est mise à l'épreuve lors de changements au sein de l'équipe. Les défis majeurs incluent la continuité de la collecte de données et la préservation du savoir institutionnel. Pour garantir une transition en douceur et le maintien de la qualité des données, une documentation rigoureuse, une formation continue et l'utilisation de systèmes technologiques standardisés sont indispensables[3].

Un accès autonome aux données de Suivi et Évaluation pour les gestionnaires de programme et les parties prenantes est crucial pour une

[1] UNICEF. (2010). Monitoring and Evaluation Training Guide. UNICEF.

[2] Popp, J., Milward, H. B., MacKean, G., Casebeer, A., & Lindstrom, R. (2014). Inter-organizational networks: A review of the literature to inform practice. IBM Center for The Business of Government.

[3] Kusek, Jody Zall. Making monitoring and evaluation systems work: A capacity development toolkit. World Bank Publications, 2010.

prise de décision rapide et efficace. Cette autonomie permet d'accélérer la prise de décision et de réduire la dépendance à l'égard de l'équipe de Suivi et Évaluation. L'adoption de plateformes intuitives, une formation régulière des utilisateurs et la disponibilité de ressources telles que les guides d'utilisation sont des éléments clés pour favoriser cette indépendance[1].

Les données de Suivi et Évaluation conservent leur valeur bien après la conclusion d'un programme. Elles sont importantes pour des évaluations à long terme, la planification de nouveaux programmes et le partage des leçons apprises. Ainsi, il est crucial de bien archiver ces données, de maintenir une documentation exhaustive et de faciliter leur accès pour les utilisations futures.

Un système de Suivi et Évaluation efficace ne se limite pas au suivi et à l'évaluation des activités en cours. Il anticipe également les changements d'équipe, encourage l'autonomie des gestionnaires dans l'accès aux données et valorise ces dernières au-delà de la durée de vie du programme. Pour atteindre cette efficacité, il est nécessaire d'harmoniser l'infrastructure, la formation, la documentation et la technologie afin de répondre aux besoins évolutifs et de relever les défis imprévus.

Critère 3.5.1. Capacité du système de Suivi et Évaluation à demeurer pleinement opérationnel lors de changements majeurs au sein de l'équipe de Suivi et Évaluation.

La robustesse et la continuité d'un système de Suivi et Évaluation sont essentielles pour assurer la qualité et la fiabilité des données, surtout face à des changements imprévus au sein de l'équipe de Suivi et Évaluation[2].

- *Enjeux de la Continuité du Système de Suivi et Évaluation* :
  - Continuité de la Collecte de Données : Il est crucial de maintenir la continuité de la collecte, de l'analyse et du reporting des données, malgré les changements au sein de l'équipe[3].

[1] Chai, Nan. Sustainability performance evaluation system in government: A balanced scorecard approach towards sustainable development. Springer Science & Business Media, 2009.

[2] Preskill, H., & Boyle, S. (2008). A Multidisciplinary Model of Evaluation Capacity Building. American Journal of Evaluation, 29(4), 443-459.

[3] IFAD. (2002). Managing for Impact in Rural Development: A Guide for Project M&E. International Fund for Agricultural Development.

    - Préservation des Connaissances : Les départs imprévus risquent de provoquer une perte significative de connaissances institutionnelles.
- *Stratégies pour renforcer la résilience du système de Suivi et Évaluation* :
    - Documentation Rigoureuse : Il est impératif de documenter minutieusement les processus, méthodes et protocoles pour garantir une transition fluide entre les membres de l'équipe[1].
    - Formation et Renforcement des Capacités : Il est important de fournir une formation continue aux membres de l'équipe, y compris la formation croisée, pour minimiser la dépendance aux compétences individuelles[2].
    - Utilisation de Systèmes Technologiques Standardisés : L'adoption de plateformes technologiques standardisées et reconnues aide à faciliter la transition et la cohérence entre les membres de l'équipe[3].

En conclusion, un système de Suivi et Évaluation robuste et résilient est conçu pour faire face aux changements imprévus au sein de l'équipe, en garantissant que la collecte et l'analyse des données restent intactes. Une documentation approfondie, une formation continue et l'utilisation de systèmes technologiques standardisés sont cruciaux pour maintenir la continuité et l'efficacité du système de Suivi et Évaluation, indépendamment des circonstances.

Critère 3.5.2. Capacité des gestionnaires de programme et des autres parties prenantes à accéder aux informations de Suivi et Évaluation.

Il est essentiel d'autonomiser les gestionnaires de programme et les parties prenantes, leur permettant d'accéder, de comprendre et d'utiliser les informations de Suivi et Évaluation pour une prise de décision

[1] Kusek, J. Z., & Rist, R. C. (2004). Ten Steps to a Results-Based Monitoring and Evaluation System. The World Bank.
[2] Bamberger, M., Vaessen, J., & Raimondo, E. (2016). Dealing with complexity in development evaluation: A practical approach. SAGE Publications.
[3] Segone, M. (Ed.). (2010). From Policies to Results: Developing capacities for country monitoring and evaluation systems. UNICEF.

éclairée[1]. Cette indépendance dans l'accès à l'information peut mener à une mise en œuvre de programme plus réactive et plus efficace.

- *Importance de l'Accès Autonome aux Informations de Suivi et Évaluation* :
    - Prise de Décision Rapide : Un accès rapide aux informations facilite pour les gestionnaires la prise de décisions éclairées en temps réel, basées sur des données actualisées[2].
    - Réduction de la Dépendance : La réduction de la dépendance vis-à-vis de l'équipe de Suivi et Évaluation pour les besoins d'information de routine permet à cette équipe de se concentrer sur des tâches plus techniques ou spécialisées.
- *Stratégies pour Renforcer l'Autonomie dans l'Accès aux Informations de Suivi et Évaluation* :
    - Plateformes de Données Utilisateur Facilement Accessibles : Mettre en place des systèmes et plateformes intuitifs qui ne requièrent pas une expertise technique approfondie pour la navigation[3].
    - Formations et Ateliers : Organiser de manière régulière des formations et des ateliers pour les gestionnaires de programme et les parties prenantes, portant sur l'utilisation des outils de Suivi et Évaluation ainsi que sur l'interprétation des données[4].
    - Guides et Tutoriels : Fournir des guides d'utilisation, des tutoriels vidéo ou des foires aux questions (FAQ) pour faciliter l'utilisation autonome des systèmes de Suivi et Évaluation[5].

En conclusion, pour une utilisation efficace des informations de Suivi et Évaluation, il est essentiel que les gestionnaires de programme et les parties prenantes bénéficient d'un accès facile et autonome à ces

---

[1] Patton, M. Q. (2011). Developmental Evaluation: Applying Complexity Concepts to Enhance Innovation and Use. Guilford Press.

[2] Kusek, J. Z., & Rist, R. C. (2004). Ten Steps to a Results-Based Monitoring and Evaluation System. The World Bank.

[3] Peersman, G., & Guijt, I. (2014). Clarifying the different roles of M&E in accountability-oriented impact evaluations. IDS Bulletin, 45(6), 11-28.

[4] Hatry, H. P. (2013). Performance Measurement: Getting Results. Urban Institute Press.

[5] Bamberger, M., & Mabry, L. (2010). RealWorld Evaluation: Working Under Budget, Time, Data, and Political Constraints. SAGE Publications.

données. Cela implique non seulement la mise à disposition de plateformes de données conviviales, mais également la fourniture d'une formation régulière et de ressources adéquates pour permettre à ces utilisateurs de naviguer et d'interpréter les informations de manière autonome, sans dépendre constamment de l'équipe de Suivi et Évaluation.

Critère 3.5.3. Capacité à utiliser et valoriser les données de Suivi et Évaluation après la clôture du programme.

Même après la clôture d'un programme, les données et informations de Suivi et Évaluation conservent une valeur significative pour divers objectifs[1]. Il est crucial de veiller à ce que ces données restent préservées, accessibles et exploitables pour des analyses futures, des évaluations post-programme et comme références pour les projets à venir[2].

- *L'Importance de la Conservation des Données de Suivi et Évaluation après la Clôture du Programme :*
    - Évaluations Post-programme : Les évaluations post-programme sont essentielles pour évaluer les effets à long terme d'un programme et identifier les leçons apprises, qui peuvent être bénéfiques pour de futures initiatives[3].
    - Bases de Données pour les Futurs Programmes : Les données de Suivi et Évaluation constituent une référence précieuse pour la conception, la mise en œuvre et l'évaluation de futurs projets similaires[4].
- *Stratégies pour Valoriser les Données de Suivi et Évaluation Après la Clôture du Programme* :
    - Archivage des Données : Il est important de garantir que les données soient stockées dans un format accessible et durable. Des options telles que le stockage cloud ou les bases de données institutionnelles sont recommandées.

---

[1] Kusek, J. Z., & Rist, R. C. (2004). Ten Steps to a Results-Based Monitoring and Evaluation System. The World Bank.

[2] Morra-Imas, L. G., & Rist, R. C. (2009). The Road to Results: Designing and Conducting Effective Development Evaluations. The World Bank.

[3] Rossi, P. H., Lipsey, M. W., & Freeman, H. E. (2004). Evaluation: A Systematic Approach. Sage publications

[4] Bamberger, M., Rugh, J., & Mabry, L. (2012). Real World Evaluation: Working Under Budget, Time, Data, and Political Constraints. Sage.

- Documentation Complète : Il est essentiel de conserver une documentation détaillée sur la méthodologie, les outils et les processus employés durant le programme, afin de faciliter l'utilisation future des données[1].
- Diffusion et Partage : La création de plateformes ou de forums permettant aux parties prenantes d'accéder aux données, rapports et analyses post-programme est une stratégie efficace.

En résumé, les données de Suivi et Évaluation conservent leur pertinence bien après la clôture d'un programme. Leur utilisation post-programme peut fournir des insights précieux pour les évaluations à long terme et la planification future. Par conséquent, il est crucial de mettre en place des stratégies efficaces pour conserver, documenter et partager ces données.

[1] Scriven, M. (2008). A Summative Evaluation of RCT Methodology: & An Alternative Approach to Causal Research. Journal of Multidisciplinaire Evaluation, 5(9), 11-24.

IV
L'ÉVALUATION DES PROGRAMMES ET PROJETS DE DÉVELOPPEMENT

L'évaluation et l'audit sont des instruments cruciaux que les organisations emploient pour assurer la qualité et l'efficacité de leurs opérations[1]. Tandis que l'audit focalise sur l'intégrité et la performance, l'évaluation se concentre sur la pertinence et l'efficacité des politiques et des programmes. L'évaluation des résultats peut être divisée en évaluations formatives, de mise en œuvre et sommatives, répondant chacune à des besoins distincts du cycle politique. Les évaluations de performance et d'impact constituent les principales catégories d'évaluation des résultats, la première portant sur l'exécution d'un programme et la seconde sur les changements à long terme induits par le programme[2]. L'Analyse de Contribution, fondée sur une 'théorie du changement', détaille les étapes grâce auxquelles une intervention produit un changement souhaité, en reliant les intrants d'un programme à ses impacts.

4.1. Différences entre Évaluation et Audit

L'évaluation et l'audit sont deux outils fondamentaux que les organisations mobilisent pour garantir l'efficacité, l'intégrité et la qualité de leurs opérations. Bien que ces instruments se concentrent tous deux sur l'analyse et l'assurance de la performance, ils divergent nettement en termes d'approches, d'objectifs et de portée.

L'audit se focalise principalement sur l'examen des transactions, des opérations ou des systèmes afin de vérifier leur conformité avec des normes ou réglementations spécifiques. Cela peut inclure l'audit des états financiers, le respect des politiques internes, ou la conformité réglementaire. Le but est de garantir que les informations présentées sont fiables, précises et authentiques. La méthodologie d'audit est

[1] Safae, Ed-Douadi, and Chafik Bakour. "L'efficacité de l'audit des programmes INDH: Balise d'une évaluation pertinente des programmes sociaux." International Journal of Accounting, Finance, Auditing, Management and Economics 3, no. 3-2 (2022): 477-501.

[2] Ridde, Valéry. "«Bonnes», «vraies» et «quelques meilleures» pratiques d'évaluation de programme de développement en Afrique." (2016).

habituellement standardisée, se basant sur des listes de contrôle détaillées et des critères explicites pour évaluer la conformité. Les résultats sont souvent exprimés en termes de conformité ou de non-conformité. Les audits adoptent généralement une perspective rétrospective, se concentrant sur l'analyse des actions et transactions antérieures.

L'évaluation, quant à elle, est un processus plus global visant à comprendre la pertinence, l'efficacité, l'efficience et l'impact d'une action, d'un programme ou d'une politique. Elle est destinée à fournir des informations utiles pour améliorer les performances futures et pour évaluer les réalisations par rapport aux objectifs initiaux[1]. Contrairement à l'audit, l'évaluation dépasse la simple vérification de conformité. Elle aspire à offrir une analyse en profondeur, souvent qualitative, des performances, des résultats et des impacts. La méthodologie d'évaluation peut être flexible, combinant des approches qualitatives et quantitatives pour fournir une image complète. Les évaluations peuvent regarder à la fois en arrière, pour comprendre les performances passées, et en avant, pour informer les actions futures[2].

Les professionnels œuvrant dans ces deux domaines possèdent des formations et des compétences distinctes. Les auditeurs sont généralement formés en comptabilité ou en finance, alors que les évaluateurs ont souvent un parcours en sciences sociales, en gestion de projets ou en politique publique.

La portée de ces outils est également différente. L'audit se concentre sur la vérification de la conformité aux normes établies, tandis que l'évaluation aborde la validité, la pertinence et l'efficacité globale d'une initiative. Les résultats d'un audit servent principalement à identifier les écarts et à proposer des correctifs, avec des conséquences potentiellement légales ou réglementaires. Les résultats d'une évaluation sont plutôt utilisés pour orienter les décisions stratégiques et politiques, contribuant ainsi à la responsabilité et à l'amélioration continue.

En somme, bien que l'évaluation et l'audit partagent certaines similarités en matière d'évaluation de la qualité, leurs approches, objectifs et implications sont nettement distincts. Chacun joue un rôle

---

[1] McMillan, D. E., & Willard, A. (2013). Preparing for the Evaluation - Guidelines and Tools for Pre-Evaluation Planning. Monitoring and Evaluation - Catholic Relief Services and American Red Cross.

[2] Laporte, Camille. "L'évaluation, un objet politique: le cas d'étude de l'aide au développement." PhD diss., Institut d'études politiques de Paris-Sciences Po, 2015.

crucial dans la gestion, la gouvernance et l'amélioration continue des organisations.

Les audits, reconnus pour leur rigueur et objectivité, jouent un rôle crucial dans la garantie de la qualité et de la conformité des organisations. Ils se divisent principalement en deux catégories.

- *L'audit de qualité* se focalise sur les systèmes de gestion de l'entreprise. L'objectif de cet audit est d'évaluer l'efficacité d'un système, c'est-à-dire sa capacité à atteindre les performances ciblées. Il examine également l'aptitude du système à identifier, aborder et résoudre les problèmes ou obstacles rencontrés. L'objectif ultime est de formuler des recommandations visant à optimiser le système. Ces audits, souvent réalisés dans le cadre d'une démarche de certification, s'assurent que l'organisation respecte certaines normes de qualité indispensables.
- *L'audit de conformité*, quant à lui, évalue dans quelle mesure les individus, sociétés, institutions et autres entités se conforment à un ensemble spécifique de normes ou de conventions. Cela peut concerner le respect des réglementations gouvernementales, des normes industrielles, ou même des règles internes à une entreprise. Ici, l'accent est mis sur l'adhésion aux règles plutôt que sur l'efficacité du système.

En conclusion, tandis que les audits mettent en exergue la conformité et la qualité des systèmes, les évaluations procurent une analyse approfondie de l'efficacité et des performances. L'association des deux est indispensable pour une gestion efficace et une prise de décision éclairée au sein des organisations.

4.2. Les différents types d'évaluation des résultats

L'évaluation joue un rôle fondamental dans le cycle de la politique de développement, servant de baromètre pour la pertinence, l'efficacité et l'efficience des politiques et programmes en place[1]. À chaque étape du cycle, des évaluations spécifiques sont requises pour répondre à des besoins précis[2].

- *Les évaluations formatives,* par exemple, se concentrent sur les étapes initiales du cycle de la politique. Couramment employées

[1] Bourgeois, Isabelle, David Buetti, and Stéphanie Maltais. "Introduction à l'évaluation de programmes." Fondements et pratiques contemporaines en évaluation de programmes (2023).

[2] Brousselle, Astrid, et al. L'évaluation: concepts et méthodes: Deuxième édition. Les presses de l'Université de Montréal, 2011.

lors de la conception de nouvelles politiques ou programmes, leur objectif premier est de fournir une compréhension claire du contexte organisationnel, d'évaluer la pertinence des interventions envisagées, d'identifier les meilleures approches pour traiter une problématique spécifique, et d'offrir des éclairages sur l'environnement où la politique ou le programme sera exécuté. Elles sont essentiellement axées sur le processus, examinant comment les choses sont faites et cherchant des moyens d'amélioration en temps réel.

- *L'évaluation de mise en œuvre* s'inscrit dans la phase d'exécution des politiques et programmes. Elle vise à analyser l'efficience avec laquelle une politique ou un programme est mis en œuvre, s'assurant que les ressources sont optimisées. Plus encore, elle révèle les défis ou contraintes rencontrés en cours de route, offrant ainsi aux gestionnaires de programme la chance de recalibrer et d'ajuster leurs stratégies pour assurer un succès optimal.
- *Les évaluations sommatives*, en revanche, se déroulent après l'achèvement complet d'un programme ou d'une politique. Elles évaluent les résultats, les effets et l'impact global de l'intervention. Ces évaluations s'interrogent sur l'atteinte des objectifs fixés, l'impact généré par le programme et l'efficacité des fonds dépensés. Elles fournissent ainsi des informations cruciales aux décideurs, les orientant sur la possibilité de continuer, de modifier ou d'abandonner un programme.

En somme, les évaluations, qu'elles soient formatives, de mise en œuvre ou sommatives, sont des outils essentiels du cycle de politique de développement[1]. Elles garantissent que chaque intervention est alignée avec les besoins du public et les objectifs des décideurs, assurant ainsi une réalisation efficace et efficiente des politiques et programmes[2].

4.2.1. L'évaluation formative

L'évaluation formative occupe une place centrale dans le processus de développement d'un programme, qu'il s'agisse de lancer une nouvelle initiative ou de modifier une approche existante. Cette évaluation est

---

[1] Fouquet, Annie. "L'évaluation des politiques publiques: état (s) de l'art et controverses." Revue française d'administration publique 4 (2013): 835-847.

[2] Ridde, Valéry, and Christian Dagenais. Approches et pratiques en évaluation de programmes. Les Presses de l'Université de Montréal, 2013.

essentielle tant dans la phase de développement d'un nouveau programme que lors de l'ajustement d'un programme existant, adapté à un contexte opérationnel ou à un public cible différent[1].

Un élément clé de l'évaluation formative est *l'évaluation de l'évaluabilité*. Celle-ci examine la possibilité d'évaluer un programme en fonction de ses buts et objectifs définis. Elle évalue la faisabilité d'une future évaluation, identifiant les éventuels obstacles méthodologiques ou contextuels[2]. Cet exercice préliminaire jette les bases pour des évaluations ultérieures, en s'assurant que le programme est conçu de manière à être évalué efficacement à l'avenir.

En parallèle, *l'évaluation des besoins* joue un rôle tout aussi crucial. Elle détermine si les éléments envisagés du programme répondent effectivement aux besoins de la population cible. Cela comprend la compréhension, l'acceptation et la pertinence de ces éléments pour les bénéficiaires. Prenons l'exemple d'un programme de formation destiné aux agriculteurs pour introduire une nouvelle technique de culture durable. La première étape serait une évaluation des besoins pour vérifier si cette technique est adaptée à la région, au type de sol, aux cultures courantes, et si elle répond aux défis spécifiques rencontrés par les agriculteurs.

L'objectif principal de l'évaluation formative est de guider le développement du programme en fournissant des informations précieuses avant son déploiement à grande échelle. Elle met en évidence les domaines d'amélioration, les ajustements nécessaires et les opportunités à exploiter pour maximiser l'efficacité du programme. En évaluant en amont, les concepteurs ont l'occasion d'apporter des modifications au plan initial avant la mise en œuvre complète, augmentant ainsi les chances de succès du programme.

En conclusion, l'évaluation formative, incluant l'évaluation de l'évaluabilité et l'évaluation des besoins, agit comme une boussole pour les développeurs de programmes. Elle garantit non seulement que le programme est pertinent et bien accueilli par les bénéficiaires, mais

---

[1] Dias, Paula, Marlous de Milliano, Yasmina Haddad, Varsha Ranjit, Hannah Ring AIR, and Holimalala Randriamanampisoa. "Évaluation formative du Programme de protection sociale intégrée dans le sud de Madagascar (Fonds conjoint pour les ODD des Nations Unies)." (2022).

[2] Soura, Biessé Diakaridja, Christian Dagenais, Robert Bastien, Jean-Sébastien Fallu, and Michel Janosz. "L'étude d'évaluabilité: Utilité et pertinence pour l'évaluation de programme." Canadian Journal of Program Evaluation 31, no. 1 (2016): 18-33.

aussi qu'il est structuré de manière à permettre une évaluation rigoureuse dans le futur.

4.2.2. L'évaluation de processus

L'évaluation de processus, souvent associée au suivi de programme, se concentre sur le *comment* d'un programme, plutôt que sur ses résultats finaux ou ses impacts[1]. Cette évaluation, effectuée en temps réel, examine les éléments internes et externes d'un programme afin de déterminer si sa mise en œuvre est conforme à ce qui a été prévu et si le programme fonctionne comme attendu[2].

Dès le début de la mise en œuvre, l'évaluation de processus joue un rôle crucial. Elle analyse la fidélité du programme, c'est-à-dire dans quelle mesure le programme est déployé conformément à sa conception initiale. Cette fidélité est essentielle car même les programmes les mieux conçus peuvent échouer à produire les résultats escomptés si leur mise en œuvre s'écarte de la conception originale. Par exemple, si un programme prévoit des sessions de formation mensuelles mais que, dans la pratique, elles n'ont lieu que tous les trois mois, cela pourrait compromettre l'efficacité globale du programme.

L'accessibilité est un autre élément clé de l'évaluation de processus. Les bénéficiaires cibles peuvent-ils facilement accéder au programme ? Prenons l'exemple d'une initiative agricole proposant une formation dans un centre éloigné des zones rurales où vivent la plupart des agriculteurs, ou à un moment de la journée où ils sont très occupés. Dans ce cas, le programme pourrait ne pas être accessible pour la majorité d'entre eux. De même, *l'acceptabilité* du programme est cruciale. La population cible perçoit-elle le programme comme pertinent et utile ? Si un programme est perçu comme étant imposé ou s'il ne répond pas aux besoins perçus de la population, il risque d'être moins accepté et donc moins efficace.

Un des avantages majeurs de l'évaluation de processus est qu'elle fournit un aperçu en temps réel des éventuels problèmes ou défis auxquels le programme pourrait être confronté[3]. Cela permet aux

---

[1] Hulscher, M. E. J. L., M. G. H. Laurant, and R. P. T. M. Grol. "Process evaluation on quality improvement interventions." BMJ Quality & Safety 12.1 (2003): 40-46.

[2] Murray, E., Treweek, S., Pope, C., MacFarlane, A., Ballini, L., Dowrick, C., ... & May, C. (2010). Normalisation process theory: a framework for developing, evaluating and implementing complex interventions. BMC medicine, 8, 1-11.

[3] Bozio, Antoine. "L'évaluation des politiques publiques: enjeux, méthodes et institutions." Revue française d'économie 29.4 (2014): 59-85.

gestionnaires de programme d'apporter des ajustements en temps opportun. Par exemple, si une certaine composante du programme ne fonctionne pas comme prévu, ou si les participants ont des difficultés à accéder aux ressources, ces problèmes peuvent être identifiés et résolus avant qu'ils ne compromettent les résultats à long terme du programme[1].

En résumé, l'évaluation de processus est une démarche proactive visant à garantir que les programmes sont mis en œuvre comme prévu, à assurer leur accessibilité et leur acceptabilité, et à maintenir une qualité constante tout au long de la mise en œuvre. Elle offre aux gestionnaires de programme une perspective dynamique qui peut aider à maximiser l'efficacité d'un programme en cours d'exécution.

4.2.3. L'évaluation des effets

L'évaluation des effets est une démarche analytique axée sur l'appréciation de l'impact d'un programme sur sa population cible. Contrairement à certaines évaluations qui se concentrent sur le processus ou l'efficience, l'évaluation des effets se focalise spécifiquement sur les changements induits par le programme[2].

Une fois qu'un programme a été mis en œuvre et a touché au moins un bénéficiaire ou un groupe spécifique, il devient essentiel de comprendre l'ampleur de son influence. L'évaluation des effets vise donc à examiner les changements - qu'ils soient attendus ou inattendus, positifs ou négatifs - que le programme a générés. L'objectif est de déterminer dans quelle mesure le programme a modifié, amélioré ou influencé les comportements, attitudes, connaissances, compétences ou conditions de vie de la population cible[3].

Prenons l'exemple d'un programme destiné à améliorer les pratiques agricoles par la promotion de l'utilisation d'engrais organiques. L'évaluation des effets chercherait à savoir si les agriculteurs adoptent effectivement ces engrais et, le cas échéant, dans quelle mesure cela améliore la qualité et la quantité des récoltes. Les méthodes de collecte de données pour cette évaluation pourraient inclure des enquêtes, des

---

[1] Moore, G., Audrey, S., Barker, M., Bond, L., Bonell, C., Hardeman, W., Moore, L., O'Cathain, A., Tinati, T., Wight, D. and Baird, J., 2014. Process evaluation of complex interventions. UK medical Research Council (MRC) guidance, pp.1-133.

[2] Chen, Huey T. Theory-driven evaluation: Conceptual framework, application and advancement. Springer Fachmedien Wiesbaden, 2012.

[3] Naudet, Jean-David, Jocelyne Delarue, and Tanguy Bernard. "Évaluations d'impact: un outil de redevabilité? Les leçons tirées de l'expérience de l'AFD: Revue d'économie du développement 4 (2012): 27-48.

entretiens, des groupes de discussion et l'analyse des données de récolte[1].

L'évaluation basée sur les objectifs est une sous-catégorie de l'évaluation des effets. Elle se focalise spécifiquement sur les objectifs prédéfinis d'un programme. Par exemple, si l'objectif était d'augmenter de 20 % l'adoption d'engrais organiques parmi les agriculteurs d'une région donnée, l'évaluation basée sur les objectifs mesurerait le succès du programme en fonction de cet indicateur spécifique.

Comprendre si un programme atteint ses objectifs est crucial pour plusieurs raisons. D'abord, cela indique aux gestionnaires de programmes et aux décideurs si les ressources investies dans le programme ont produit le rendement escompté. Ensuite, cela peut informer sur la nécessité d'apporter des modifications ou des ajustements au programme pour en améliorer l'efficacité. Enfin, cette évaluation fournit une base de preuves pour justifier la continuation, l'expansion, la révision ou la conclusion d'un programme.

En conclusion, l'évaluation des effets offre une perspective précieuse sur l'impact réel d'un programme, garantissant ainsi que les interventions ne sont pas seulement bien intentionnées, mais qu'elles produisent également les résultats souhaités.

4.2.4. L'évaluation économique

L'évaluation économique est une démarche cruciale qui permet aux décideurs de mesurer la valeur et l'efficacité d'un programme par rapport à son coût[2]. Dans un contexte de ressources limitées, cette analyse est indispensable pour s'assurer que chaque investissement contribue significativement à la réalisation des objectifs du programme[3].

- *L'analyse des coûts* représente souvent la première étape de cette évaluation. Elle nécessite l'identification et la quantification des ressources indispensables à la mise en œuvre du programme, ainsi que la détermination de leurs coûts[4]. Ce

---

[1] Phillips, Jack J., and Patricia Pulliam Phillips. Handbook of training evaluation and measurement methods. Routledge, 2016.

[2] Hausman, Daniel, Michael McPherson, and Debra Satz. Economic analysis, moral philosophy, and public policy. Cambridge University Press, 2016.

[3] Givord, Pauline. "Méthodes économétriques pour l'évaluation de politiques publiques." Économie et prévision 1-2 (2014): 1-28.

[4] Weimer, David, and Aidan Vining. Policy analysis: Concepts and practice. Routledge, 2017.

processus englobe non seulement les coûts directs liés à l'exécution du programme, comme les matériaux, la main-d'œuvre et les équipements, mais également les coûts indirects, qui peuvent inclure l'administration, la formation ou les frais généraux. Cette analyse est généralement effectuée au début d'un programme pour estimer les investissements nécessaires, mais elle peut aussi être réévaluée en cours d'exécution pour garantir le respect du budget.

- *L'évaluation coûts-bénéfices* approfondit cette analyse en comparant les avantages monétaires générés par le programme à ses coûts[1]. Elle traduit tous les effets, positifs ou négatifs, en termes monétaires pour permettre une comparaison directe. Par exemple, si un programme agricole augmente les rendements des cultures, la valeur monétaire de ces récoltes supplémentaires serait mise en balance avec les coûts du programme afin d'évaluer sa rentabilité.
- *L'analyse coût-efficacité*, quant à elle, compare les coûts d'un programme à ses résultats non monétaires. Par exemple, combien coûte l'augmentation du rendement d'une culture de 10 % ? Ou dans le domaine de la santé, quel est le coût pour réduire l'incidence d'une maladie dans une population donnée ? Cette méthode est particulièrement utile lorsque les avantages ne peuvent pas être facilement convertis en valeurs monétaires[2].
- *L'analyse coût-utilité*, une variante de l'analyse coût-efficacité, évalue les coûts par rapport à un indicateur d'utilité, comme les années de vie ajustées pour la qualité (AVAQ). Elle est particulièrement pertinente dans des secteurs où les résultats sont complexes et multidimensionnels, tels que la santé.

En résumé, ces évaluations économiques fournissent un cadre essentiel pour comparer les coûts aux avantages, qu'ils soient exprimés en termes monétaires, en efficacité ou en utilité[3]. Pour les gestionnaires de programmes et les bailleurs de fonds, comprendre ces rapports est vital pour prendre des décisions éclairées sur l'allocation des ressources,

---

[1] LeBel, Phillip. "Cost-effectiveness analysis." Center for Economic Research on Africa. Monclair University, Upper Montclair: NJ (2011).

[2] Mertens, Donna M., and Amy T. Wilson. Program evaluation theory and practice. Guilford Publications, 2018.

[3] Fischer, Frank, and Gerald J. Miller, eds. Handbook of public policy analysis: theory, politics, and methods. Routledge, 2017.

optimiser les investissements et garantir que les programmes délivrent une valeur maximale pour chaque dollar investi.

4.2.5. L'Évaluation développementale (ED)

L'Évaluation développementale (ED) est une méthodologie souple, conçue pour accompagner les innovateurs sociaux dans des environnements complexes et incertains[1]. À la différence des méthodes d'évaluation traditionnelles, l'ED s'intègre comme une fonction interne au sein des équipes de projet, fournissant des retours d'information en temps réel ou quasi réel qui alimentent un cycle de développement continu. Cette approche, centrée sur les valeurs des innovateurs, vise à élaborer rapidement des mécanismes de mesure et de suivi adaptés à l'évolution des résultats du projet. Michael Quinn Patton, l'un des fondateurs de cette approche, met en garde contre l'idée que l'ED soit une panacée universelle ; elle est en effet mieux adaptée à des contextes spécifiques[2].

L'ED se révèle particulièrement utile dans des situations où l'innovation, la refonte de programmes, la réplication, les défis complexes et les crises prédominent, notamment dans les environnements non permissifs ou insécurisés[3]. Elle permet de structurer des concepts, de tester rapidement des itérations, de suivre les développements en cours et d'identifier les problèmes émergents. L'ED excelle dans des environnements marqués par une multitude d'éléments interactifs et interdépendants, où il n'y a pas de contrôle centralisé et où les changements peuvent survenir rapidement.

Les principes directeurs de l'ED incluent une grande flexibilité méthodologique, une pensée systémique, ainsi qu'un équilibre entre la créativité et la critique[4]. Elle nécessite aussi une forte tolérance à l'ambiguïté et une capacité à s'adapter à l'absence de contrôle, tout en restant connecté aux évolutions en cours. L'approche mise sur l'utilité et l'adaptabilité, offrant différents types de retours qui sont conviviaux pour l'utilisateur et qui favorisent un apprentissage continu.

---

[1] Bamberger, Michael, Jos Vaessen, and Estelle Raimondo, eds. Dealing with complexity in development evaluation: A practical approach. Sage Publications, 2015.
[2] Patton, Michael Quinn. Developmental evaluation: Applying complexity concepts to enhance innovation and use. Guilford press, 2010.
[3] Mowles, Chris. "Complex, but not quite complex enough: The turn to the complexity sciences in evaluation scholarship." Evaluation 20.2 (2014): 160-175.
[4] May, Carl R., Mark Johnson, and Tracy Finch. "Implementation, context and complexity." Implementation Science 11.1 (2016): 1-12.

4.2.6. Évaluation de performance et évaluation d'impact

L'évaluation des programmes se subdivise en deux catégories principales : *l'évaluation de la performance* et *l'évaluation des effets et impacts*. D'une part, l'évaluation de la performance se focalise sur l'exécution du programme, en analysant l'efficacité, l'efficience et la pertinence. Cette évaluation mesure des indicateurs quantitatifs et qualitatifs pour déterminer si les objectifs sont atteints, si les ressources sont judicieusement allouées et si les besoins des bénéficiaires sont comblés. D'autre part, l'évaluation des effets et impacts s'intéresse aux changements à long terme engendrés par le programme, en allant au-delà des résultats immédiats pour évaluer des conséquences plus durables et significatives. Cette démarche, souvent fondée sur des techniques comme les études contrôlées randomisées ou les méthodes d'appariement, vise à établir une causalité claire entre les actions du programme et leurs effets.

L'évaluation d'impact, quant à elle, est une forme approfondie de l'évaluation des effets et impacts. Réalisée à divers stades d'un programme – avant le lancement pour définir des indicateurs spécifiques et une ligne de base, pendant la mise en œuvre pour ajuster les activités et surveiller les effets secondaires, et à la fin pour mesurer l'ampleur et la pérennité des changements – cette démarche systématique ne se contente pas de mesurer l'efficacité d'un programme, mais vise également à fournir des preuves tangibles de son succès ou de son échec[1].

Ces méthodes d'évaluation, bien que distinctes, sont complémentaires et offrent une vision intégrale de la performance et de l'impact d'un programme. L'évaluation de la performance, fournissant des données opérationnelles, peut conduire à des ajustements immédiats, tandis que l'évaluation des effets et impacts, en offrant une perspective à long terme, aide à prendre des décisions stratégiques concernant la viabilité et l'expansion du programme[2]. La combinaison de ces approches permet aux décideurs d'obtenir une vue d'ensemble précise et nuancée de l'efficacité d'un programme, ce qui est essentiel pour prendre des décisions éclairées sur la poursuite, l'adaptation ou l'arrêt d'un projet.

---

[1] Duflo, Esther. "Évaluer l'impact des programmes d'aide au développement: le rôle des évaluations par assignation aléatoire." Revue d'économie du développement 2 (2005): 185-226.

[2] Gertler, Paul J., et al. Impact evaluation in practice. World Bank Publications, 2016.

Il est crucial de reconnaître que chaque type d'évaluation présente ses avantages et ses limites. L'évaluation de la performance, généralement plus rapide et moins onéreuse, peut néanmoins manquer de perspective sur les effets à long terme. En revanche, l'évaluation des effets et impacts, bien qu'exigeante en termes de temps et de ressources, offre une compréhension approfondie de l'impact réel d'un programme. L'utilisation combinée de ces méthodologies permet une évaluation holistique, favorisant ainsi une prise de décision éclairée et responsable. Ces deux formes d'évaluation, d'une importance capitale, seront développées plus en détail dans la section suivante.

4.3. L'évaluation de la performance des programmes

L'évaluation de la performance, pierre angulaire de la planification et de la gestion des programmes, scrute méticuleusement la conception et l'exécution des stratégies, programmes, projets et activités[1]. Cette démarche analytique repose sur une collecte d'informations rigoureuse et systématique, portant sur la réalisation des actions planifiées ainsi que sur les résultats qui en découlent[2]. Allant au-delà d'une simple observation, elle vise à décrypter les forces et les faiblesses du programme afin d'orienter les décisions futures.

Les informations collectées et analysées constituent une ressource précieuse pour plusieurs raisons. Premièrement, elles offrent un fondement solide pour évaluer l'efficacité d'une action ou d'une initiative. Les évaluateurs peuvent ainsi déterminer si un programme a atteint ses objectifs, s'il a été réalisé dans les délais impartis et s'il a respecté le budget alloué. Cette analyse dépasse une simple vérification, capturant la valeur ajoutée du programme et mettant en lumière les domaines nécessitant des améliorations[3].

En outre, les informations recueillies durant l'évaluation de la performance jouent un rôle central dans la prise de décisions liées à la programmation actuelle et future[4]. En identifiant les réussites et les

---

[1] Mertens, Donna M., and Amy T. Wilson. Program evaluation theory and practice. Guilford Publications, 2018.

[2] John, Lizy Kurian, and Lieven Eeckhout, eds. Performance evaluation and benchmarking. CRC Press, 2018.

[3] Newcomer, Kathryn E., Harry P. Hatry, and Joseph S. Wholey, eds. Handbook of practical program evaluation. San Francisco, CA: Jossey-Bass & Pfeiffer Imprints, Wiley, 2015.

[4] Anantatmula, Vittal S. "Project manager leadership role in improving project performance." Engineering management journal 22.1 (2010): 13-22.

besoins d'ajustement, les décideurs peuvent allouer les ressources plus judicieusement, réviser les priorités ou redéfinir les objectifs si nécessaire.

L'évaluation de la performance n'est pas confinée à une perspective interne, elle englobe aussi une dimension externe cruciale. Les parties prenantes, qu'il s'agisse de donateurs, de bénéficiaires ou d'autres acteurs concernés, exigent de comprendre comment leurs investissements ou leurs efforts se matérialisent sur le terrain. Dans ce cadre, l'évaluation incarne un gage de responsabilité envers ces parties, assurant que les engagements pris sont honorés et que chaque action entreprise est transparente et en adéquation avec les objectifs établis[1].

Enfin, l'apprentissage est l'essence même de cette démarche. L'évaluation de la performance transcende une simple analyse rétrospective pour devenir une opportunité d'apprentissage, permettant d'exploiter les erreurs et les succès pour innover. En cernant les racines des réussites et des échecs, les organisations peuvent affiner leurs méthodes, former leurs équipes et, ultimement, optimiser les résultats du développement. Cette orientation vers l'apprentissage promeut une culture d'amélioration continue, cruciale pour relever les défis évolutifs du développement.

4.3.1. Caractéristiques d'une bonne évaluation de performance

Pour garantir une évaluation de performance robuste, il est crucial d'incorporer plusieurs caractéristiques déterminantes pour sa validité, sa pertinence et son impact.

L'intégration à la conception est primordiale. Dès le début, la planification de l'évaluation et la définition des questions clés sont essentielles. Ces éléments orientent non seulement la direction stratégique, mais aussi la conception globale du programme. En intégrant l'évaluation dès la phase initiale, on assure une collecte de données systématique et alignée avec les objectifs, facilitant ainsi l'analyse ultérieure et la déduction des conclusions. Le cadre logique détermine les indicateurs de performance, souvent classifiés en indicateurs d'input, d'output, d'effets, d'impact et de résultat. En les définissant dès le départ, les équipes peuvent établir des systèmes de collecte de données efficaces, comme des bases de données, des

[1] Stufflebeam, Daniel L., and Chris LS Coryn. Evaluation theory, models, and applications. Vol. 50. John Wiley & Sons, 2014.

sondages ou des outils d'observation, utilisés tout au long de la mise en œuvre du programme.

L'impartialité est le pilier de la crédibilité de toute évaluation. Pour que les résultats soient acceptés et reconnus, l'évaluation doit être perçue comme étant libre de tout parti pris[1]. Cela signifie qu'elle ne devrait pas être influencée par des rapports biaisés ou des conflits d'intérêts, garantissant ainsi une analyse objective des performances. L'impartialité nécessite des protocoles stricts pour éviter les biais, tels que l'échantillonnage aléatoire pour les enquêtes, l'utilisation de groupes de contrôle dans les études d'impact, et la séparation des équipes d'évaluation et de mise en œuvre pour éviter tout conflit d'intérêts[2].

La pertinence est ce qui confère de la valeur à une évaluation. Au lieu de se perdre dans des détails superflus, l'évaluation doit se concentrer sur les questions les plus pertinentes pour les stratégies, projets ou activités concernés. Cela garantit que les ressources, le temps et les efforts sont dirigés là où ils auront le plus d'impact. La pertinence s'assure que l'évaluation se concentre sur ce qui est vraiment important. Techniquement, cela implique une revue de la littérature pour comprendre les meilleures pratiques, des sessions de brainstorming avec les parties prenantes pour définir les questions d'évaluation clés et l'utilisation d'outils analytiques pour identifier les domaines de performance nécessitant une attention particulière.

Une évaluation basée sur les meilleures méthodes privilégie la qualité et la fiabilité des données. Les méthodes choisies doivent permettre de produire des preuves solides tout en étant adaptées aux questions posées. Ces méthodologies doivent également être flexibles, tenant compte des contraintes pratiques telles que le budget ou le temps disponible. Être basé sur les meilleures méthodes signifie utiliser des techniques de recherche éprouvées. Par exemple, si une évaluation nécessite une compréhension des causes profondes d'un problème, des méthodes qualitatives comme les entretiens ou les groupes de discussion pourraient être utilisés. Si l'évaluation vise à mesurer l'impact global d'un programme, des approches quantitatives, peut-être

---

[1] Uitto, Juha I. "Credibility and independence of evaluation in UNDP: A response to David Lempert." Journal of MultiDisciplinary Evaluation 6.14 (2010): 153-158.

[2] Mapitsa, Caitlin Blaser, and Takunda J. Chirau. "Institutionalising the evaluation function: A South African study of impartiality, use and cost." Evaluation and Program Planning 75 (2019): 38-42.

une étude quasi-expérimentale avec des méthodes d'appariement, pourraient être appropriées.

Le renforcement de l'appropriation locale est un élément crucial pour assurer que l'évaluation ait un impact réel et durable. Ce processus dépasse le cadre d'une simple évaluation pour garantir que les résultats soient pertinents et bénéfiques pour les parties prenantes locales. Cela implique un engagement actif des bénéficiaires et des acteurs locaux, tout en développant leurs compétences en matière d'évaluation pour assurer une appropriation effective et une mise en œuvre efficiente des recommandations. L'accent mis sur le renforcement de l'appropriation locale se traduit spécifiquement par l'implication des parties prenantes locales dans le processus d'évaluation. Dans la pratique, cela peut signifier la formation des acteurs locaux à l'utilisation d'outils d'évaluation, la co-conception ou la co-création d'instruments de collecte avec eux, ou encore l'emploi de méthodes de recherche participative où les bénéficiaires jouent un rôle actif dans la collecte et l'analyse des données.

La transparence est la clé de la responsabilité et de la confiance. En divulguant activement et complètement les conclusions des évaluations, on garantit que les parties prenantes sont pleinement informées[1]. Cette pratique favorise non seulement une meilleure compréhension et acceptation des résultats, mais aussi une utilisation optimale des recommandations pour améliorer les performances futures. La transparence se manifeste à travers des pratiques telles que la publication des méthodologies, des instruments de collecte de données, et des données brutes (tout en respectant les préoccupations relatives à la confidentialité). Des plateformes en ligne peuvent servir à partager des rapports intermédiaires et finaux, et des forums publics peuvent être organisés pour discuter des résultats et des recommandations de l'évaluation.

En définitive, une évaluation de performance efficace se distingue par son intégration précoce dans la conception, assurant ainsi que chaque étape du processus est évaluée systématiquement. Elle se caractérise également par son impartialité, garantissant que les résultats ne sont pas influencés par des biais extérieurs, et par sa pertinence, se focalisant sur les domaines essentiels à la mise en œuvre. En utilisant

[1] Bol, Jasmijn C., Stephan Kramer, and Victor S. Maas. "How control system design affects performance evaluation compression: The role of information accuracy and outcome transparency." Accounting, Organizations and Society 51 (2016): 64-73.

des méthodes éprouvées, en promouvant l'appropriation locale, et en adoptant une démarche transparente, l'évaluation s'assure de sa complétude et de sa pertinence pour toutes les parties prenantes, renforçant ainsi la confiance dans son processus et ses résultats.

4.3.2. Les domaines de l'évaluation de performance

L'évaluation de performance est un processus multidimensionnel qui explore une série de questions pour mieux comprendre la mise en œuvre et l'efficacité d'une initiative, qu'il s'agisse d'une stratégie, d'un projet ou d'une activité[1]. En abordant ces questions, les évaluateurs peuvent fournir des informations précieuses pour améliorer la conception, la gestion, et l'efficacité générale des interventions[2].

- *Ce qui a été réalisé* : Ce domaine explore les *outputs* et *outcomes* directs d'une initiative. Techniquement, cela implique une analyse des indicateurs de performance préalablement définis. Par exemple, si un projet visait à former des agriculteurs à des techniques agricoles durables, combien ont réellement été formés et ont adopté ces techniques ? Des techniques quantitatives telles que les enquêtes et les observations peuvent être utilisées pour recueillir des données sur ces réalisations.
- *Mise en œuvre du programme* : Ici, l'accent est mis sur le "comment" du projet. Cela couvre tout, de la conformité du programme (dans quelle mesure le projet a-t-il été mis en œuvre comme prévu ?) à l'efficacité des mécanismes de mise en œuvre[3]. Des méthodes telles que les études de cas, les entretiens, et les groupes de discussion peuvent être particulièrement utiles pour explorer ces aspects.
- *Perception et valorisation des résultats* : Au-delà des réalisations tangibles, comment les bénéficiaires et autres parties prenantes perçoivent-ils les impacts du projet ? Cette

[1] Picciotto, Robert. "Development cooperation and performance evaluation: the Monterrey challenge." document de la Banque mondiale présenté lors de la table ronde portant sur une gestion et une évaluation plus efficaces des retombées du développement, parrainée par les banques multilatérales de développement avec l'aide du CAD de l'OCDE, Washington, DC (2002): 5-6.

[2] Modeste, Awe Baina, Manu Ibrahim Nformi, Esso Ondoa Angeline Martine, Tiwan Gildas, Daiwe Baina Seraphin, and Mai Godne Baina Hippolyte. "Evaluation des performances des projets et programmes de développement rural au Cameroun." International Journal of Innovation and Applied Studies 31, no. 2 (2020): 199-211.

[3] Guerra-López, Ingrid J. Performance evaluation: Proven approaches for improving program and organizational performance. Vol. 21. John Wiley & Sons, 2008.

question cherche à comprendre la valeur subjective accordée aux résultats. Les outils qualitatifs tels que les sondages d'opinion et les groupes de discussion peuvent être employés pour sonder ces perceptions.

- *Contribution aux résultats* : Cette dimension analyse la part des réalisations attribuable à l'intervention en question. Dans le monde de l'évaluation, cela s'appelle la "théorie du changement" - comment et dans quelle mesure notre intervention a-t-elle conduit aux résultats observés ? Cela nécessite parfois des méthodes d'évaluation plus complexes comme les études contrôlées randomisées ou les méthodes quasi-expérimentales pour isoler l'effet de l'intervention des autres facteurs.
- *Résultats inattendus* : Tout projet ou programme peut avoir des conséquences imprévues. L'identification de ces effets secondaires, qu'ils soient positifs ou négatifs, est essentielle pour une compréhension complète de l'impact. Ceci peut être exploré à l'aide d'entretiens ouverts, d'études de cas, et d'enquêtes.
- *Questions de conception, de gestion, et de décision opérationnelle* : Ici, l'évaluation se plonge dans les aspects plus techniques et administratifs de l'intervention. Comment les décisions ont-elles été prises ? Les ressources ont-elles été allouées efficacement ? Les mécanismes de Suivi et Évaluation étaient-ils adéquats ? Ces questions nécessitent souvent une combinaison d'approches qualitatives et quantitatives, allant de l'analyse documentaire à l'interrogation des membres de l'équipe de projet.

En somme, l'évaluation de performance est un outil holistique qui englobe une multitude de questions, toutes cruciales pour comprendre et améliorer l'efficacité des interventions. En utilisant une combinaison appropriée de méthodes et d'outils pour aborder ces questions, les évaluateurs peuvent fournir des insights précieux pour guider les futurs efforts de développement[1].

4.3.3. Les critères d'évaluation de la performance

L'évaluation de la performance est un élément essentiel pour assurer la transparence, l'efficacité et l'efficience des efforts de développement.

---

[1] McDavid, James C., Irene Huse, and Laura RL Hawthorn. Program evaluation and performance measurement: An introduction to practice. Sage Publications, 2018.

Les six critères d'évaluation du Comité d'Aide au Développement (CAD) de l'Organisation de Coopération et de Développement Économiques (OCDE) fournissent une structure robuste pour évaluer la qualité et l'impact des interventions de développement. Ces critères, largement reconnus et utilisés par les agences d'aide internationale, guident leurs évaluations[1].

4.3.3.1. Le critère de Pertinence

La pertinence est un critère clé pour évaluer la performance d'une initiative d'aide au développement. Elle examine dans quelle mesure une activité de développement aligne ses objectifs et ses actions avec les besoins, les priorités et les politiques des bénéficiaires, ainsi qu'avec ceux du groupe cible et du donateur. En essence, elle évalue l'adéquation entre les plans et les besoins ou désirs réels de toutes les parties concernées.

Quand on aborde la question de la pertinence, il est primordial d'examiner la validité des objectifs du programme. Les objectifs initiaux peuvent devenir non pertinents en raison d'évolutions socio-économiques, politiques ou environnementales. Une évaluation efficace cherchera des preuves, telles que des études récentes, des rapports de terrain et des retours de la communauté bénéficiaire, pour déterminer si ces objectifs correspondent toujours à la réalité actuelle.

Il est également crucial d'examiner la cohérence entre les activités menées, les produits générés par le programme et son objectif global. Par exemple, si un programme vise à améliorer la santé maternelle, mais que la majorité de ses activités se concentre sur la construction d'infrastructures sans aborder les besoins spécifiques en matière de soins de santé maternelle, il pourrait y avoir un décalage en termes de pertinence. Des techniques telles que l'analyse de la chaîne de résultats ou la modélisation logique peuvent être utilisées pour établir ces liens entre les activités, les produits et les objectifs[2].

La pertinence est évaluée aussi en termes d'alignement entre les activités et les produits du programme avec les impacts et les effets attendus. Cette évaluation est cruciale car elle détermine si les actions du programme mèneront probablement aux changements souhaités à long terme. Pour y parvenir, une combinaison d'analyses quantitatives et qualitatives, y compris des études de cas, des témoignages et des

---

[1] https://www.oecd.org/fr/cad/evaluation/criteres-cad-evaluation.htm

[2] Ridde, Valéry, and Christian Dagenais. Approches et pratiques en évaluation de programmes. Les Presses de l'Université de Montréal, 2013.

analyses de tendances, peut être utilisée pour évaluer si les activités et les produits sont susceptibles d'entraîner les effets et les impacts escomptés.

Évaluer la pertinence nécessite une approche holistique qui prend en compte à la fois les objectifs initiaux et les actions concrètes mises en œuvre sur le terrain. Cela garantit que le programme est non seulement bien intentionné mais qu'il est aussi aligné sur les besoins réels et les aspirations des bénéficiaires tout en respectant les directives du décideurs[1].

Pour examiner la pertinence d'une initiative ou d'un programme, il est essentiel de se poser plusieurs questions clés. Ces questions offrent une base solide pour évaluer la pertinence d'un programme ou d'une intervention et pour comprendre comment elle s'aligne sur les besoins et les priorités des bénéficiaires, tout en restant conforme aux directives des décideurs et au contexte plus large.

- *Alignement avec les besoins locaux* : Les objectifs du programme correspondent-ils aux besoins réels et aux priorités identifiées par la communauté ou le groupe cible ? Des consultations ou des études de base ont-elles été réalisées pour valider ces besoins ?
- *Adéquation avec les politiques et stratégies*[2] : Le programme ou le projet est-il en phase avec les politiques nationales, régionales ou locales existantes ? Est-il compatible avec les directives stratégiques et les plans de développement à long terme du pays ou de la région concernée ?
- *Cohérence avec les objectifs du bailleur de fonds* : Les activités et les résultats attendus du programme sont-ils conformes aux objectifs et aux priorités du bailleur de fonds ? Y a-t-il une synergie entre les souhaits du bailleur de fonds et ce qui est mis en œuvre sur le terrain ?
- *Flexibilité et adaptabilité* : Comment le programme s'adapte-t-il aux changements de contexte ou aux retours d'information des bénéficiaires ? Dispose-t-il de mécanismes pour ajuster ses activités ou ses objectifs en fonction des retours d'expérience ou des évolutions sur le terrain ?

---

[1] Patton, Michael Quinn, and Francine LaBossière. "L'évaluation axée sur l'utilisation." Approches et pratiques en évaluation de programme 143 (2009): 158.

[2] Loubet, France, Jean-Christophe Dissart, and Benoit Lallau. "Contribution de l'approche par les capacités à l'évaluation du développement territorial." Revue d'économie Régionale et Urbaine 4 (2011): 681-703.

- *Comparaison avec des interventions similaires* : Comment ce programme ou projet se compare-t-il en termes de pertinence à d'autres interventions similaires dans la même région ou ayant des objectifs similaires ? Apporte-t-il une valeur ajoutée distincte par rapport à d'autres initiatives existantes ?

4.3.3.2. Le critère de Cohérence

La cohérence est un élément crucial pour juger du bien-fondé d'une intervention, particulièrement dans un environnement où divers projets et programmes sont menés simultanément par différents acteurs[1]. L'analyse de la cohérence permet de vérifier si une intervention s'aligne et se complète avec d'autres initiatives au sein d'un pays, d'un secteur ou d'une institution, plutôt que d'agir en contradiction ou en redondance avec elles.

La cohérence interne se penche essentiellement sur l'harmonie et la complémentarité des interventions au sein d'une même entité[2]. Cette dimension est primordiale car, même au sein d'une seule institution, des projets parallèles peuvent parfois entrer en conflit ou faire double emploi si la coordination est insuffisante. Ainsi, un examen minutieux de la manière dont une intervention s'accorde avec les standards internationaux pertinents et les initiatives de la même institution est vital. Par exemple, si une institution financière adhère à des normes globales sur le développement durable, tous ses projets d'infrastructure devraient être alignés sur ces standards.

D'autre part, *la cohérence externe* va au-delà des frontières d'une seule entité pour explorer comment une intervention s'articule avec les actions d'autres acteurs dans le même domaine ou contexte géographique. Ici, l'objectif est triple : d'abord, s'assurer que différentes interventions sont complémentaires et ne se contredisent pas ; ensuite, garantir que ces initiatives sont harmonisées, c'est-à-dire qu'elles suivent des lignes directrices ou des normes similaires pour maximiser l'impact ; enfin, promouvoir une coordination efficace, ce qui peut signifier la mise en commun des ressources, la collaboration sur les meilleures pratiques ou simplement la communication régulière pour

---

[1] https://www.oecd.org/dac/evaluation/.

[2] de la Concha, Joaquin. "A review of the DAC evaluation criteria: Upgrading efficiency." Journal of MultiDisciplinary Evaluation 16.34 (2020): 44-55.

éviter les doublons[1]. Dans un contexte où les ressources sont souvent limitées, il est indispensable que chaque intervention apporte une valeur distinctive sans gaspiller d'efforts sur des activités déjà couvertes ailleurs[2].

Quelques types de questions qui peuvent être posées lors de l'évaluation de la cohérence d'un programme ou d'un projet :

- *Alignement avec les politiques, stratégies et activités d'autres programmes ou projets* : Comment l'intervention s'aligne-t-elle sur les politiques, stratégies et activités d'autres programmes ou projets menés dans le même secteur ou région ?
- *Conflits ou contradictions* : Y a-t-il des éléments de l'intervention qui contredisent ou entrent en conflit avec d'autres initiatives menées par la même institution ou d'autres acteurs dans le domaine concerné ?
- *Harmonisation avec les normes internationales* : Quelles mesures ont été prises pour assurer l'harmonisation des activités de l'intervention avec les normes, directives et standards internationaux pertinents ?
- *Gestion des redondances* : Comment l'intervention a-t-elle identifié et géré les potentielles redondances ou chevauchements avec les activités d'autres intervenants dans le même contexte ?
- *Collaboration et coordination* : Dans quelle mesure l'intervention a-t-elle collaboré ou coordonné avec d'autres acteurs ou entités pour maximiser la complémentarité et renforcer les synergies dans la réalisation de ses objectifs ?

4.3.3.3. Le critère d'Efficacité

L'efficacité est un pilier fondamental de l'évaluation de performance, essentielle pour déterminer la capacité d'une initiative à réaliser ses objectifs. Évaluer l'efficacité exige une compréhension approfondie des buts visés et une analyse minutieuse de leur réalisation[3]. Cela passe

---

[1] Isgida, Y. "How does the newly added DAC evaluation criterion "coherence" contribute to achieving the SDG target 4c for teachers." J Int Coop Educ 22.2 (2020): 23.

[2] Noltze, Martin, and Sven Harten. "Better Criteria for Better Evaluation? Reforming the International Evaluation Criteria." (2021): 4.

3 Morra-Imas, Linda G., Linda G. Morra, and Ray C. Rist. The road to results: Designing and conducting effective development evaluations. World Bank Publications, 2009.

souvent par l'utilisation d'indicateurs de performance clairement définis, qui permettent de mesurer les progrès vers les résultats souhaités[1].

Lorsqu'il s'agit d'évaluer dans quelle mesure les objectifs ont été atteints, il est crucial de s'appuyer sur des données à la fois quantitatives et qualitatives. Les approches quantitatives, comme les enquêtes, les analyses statistiques, ou les comparaisons avec des groupes de contrôle ou des benchmarks, sont utiles. Par exemple, pour un programme d'éducation visant à améliorer l'alphabétisation dans une région spécifique, la comparaison des taux d'alphabétisation avant et après l'implémentation du programme fournira des informations pertinentes sur son efficacité.

D'un autre côté, les méthodes qualitatives, incluant les entretiens, les études de cas et les groupes de discussion, offrent un aperçu des expériences et perceptions des bénéficiaires[2]. Ces approches révèlent des aspects qui ne sont pas capturés par des méthodes purement quantitatives. Par exemple, même si les taux d'alphabétisation augmentent, des entretiens pourraient dévoiler des défis persistants tels que le manque de matériel pédagogique ou la persistance de barrières culturelles.

L'évaluation des facteurs influençant la réalisation ou non des objectifs demande une analyse complète de tous les éléments internes et externes ayant un impact. Les facteurs internes pourraient inclure la qualité de gestion du programme, la disponibilité des ressources ou la pertinence des méthodes utilisées. Les facteurs externes, quant à eux, pourraient englober des événements imprévus, des changements politiques, des facteurs économiques ou des crises naturelles.

En conclusion, évaluer l'efficacité nécessite une démarche multi-facettes qui combine des méthodes quantitatives et qualitatives, tout en prenant en compte une multitude de facteurs pouvant influencer les résultats[3]. C'est une approche visant non seulement à juger la performance d'une initiative mais aussi à en tirer des enseignements pour améliorer les interventions futures.

---

[1] Teasdale, Rebecca M. "Evaluative criteria: An integrated model of domains and sources." American Journal of Evaluation 42.3 (2021): 354-376.

[2] Patton, Michael Quinn. "Impact-driven qualitative research and evaluation." The SAGE handbook of qualitative research design 2 (2022): 1165-1180.

[3] Maximova, Anastasia. "Measure What You Treasure: Evaluating the Effectiveness of Development Assistance." International Organisations Research Journal 10.1 (2015).

Questions clés pour examiner l'efficacité d'un programme .

- *Réalisation des objectifs* : Dans quelle mesure les objectifs spécifiques du programme ou de l'initiative ont-ils été atteints par rapport aux attentes initiales ?
- *Comparaison avec les benchmarks* : Comment la performance du programme se compare-t-elle aux standards ou benchmarks existants, ou à d'autres initiatives similaires dans d'autres contextes ou régions ?
- *Facteurs de réussite et d'obstacles* : Quels sont les facteurs clés ayant contribué à la réussite du programme et quels obstacles ont empêché ou entravé l'atteinte des objectifs ?
- *Relation entre ressources et résultats* : Y a-t-il eu une correspondance proportionnelle entre les ressources (financières, humaines, matérielles) investies et les résultats obtenus ? Les ressources ont-elles été utilisées de manière optimale pour atteindre les résultats souhaités ?
- *Adaptabilité et flexibilité* : Comment le programme ou l'initiative a-t-il réagi face aux imprévus ou aux changements de contexte ? L'adaptabilité a-t-elle influencé l'efficacité des résultats obtenus ?

4.3.3.4. Le critère d'Efficience

L'évaluation de l'efficience est une démarche d'analyse méticuleuse des coûts et des avantages, visant à déterminer si un programme produit des résultats avec un bon rapport coût-efficacité[1]. Cette analyse implique souvent une comparaison détaillée des dépenses par rapport aux résultats obtenus, ainsi qu'une évaluation des ressources affectées à diverses activités et des résultats qui en découlent.

Un aspect essentiel de l'évaluation de l'efficience est *la mesure des coûts*. Cela exige une collecte et une analyse approfondies des données financières pour établir le coût total d'une initiative et le comparer aux avantages qu'elle génère[2].

Il est crucial de prendre en compte les coûts cachés ou indirects, qui peuvent inclure la maintenance de l'équipement, le temps consacré à la formation ou aux réunions, ou encore le coût d'opportunité lié à la réaffectation des ressources.

---

[1] Galdemar, V., Gilles, L., & Simon, M. (2012). efficience : les critères d ' évaluation des politiques sociales sont-ils pertinents ? Cahier de Recherche (Vol. 229).

[2] de la Concha, Joaquin. "A review of the DAC evaluation criteria: Upgrading efficiency." Journal of MultiDisciplinary Evaluation 16.34 (2020): 44-55.

La temporalité est également un facteur clé de l'efficience. Si un projet est achevé dans les délais ou en avance, tout en respectant le budget, cela peut indiquer une bonne efficience. Toutefois, si le programme prend plus de temps que prévu mais produit des résultats de meilleure qualité ou plus durables, l'évaluation de son efficience peut différer.

L'analyse de l'efficience ne se limite pas à une évaluation quantitative. *La qualité des résultats* est tout aussi importante. Un programme produisant des résultats de haute qualité à un coût légèrement supérieur peut toujours être considéré comme efficient si la valeur ajoutée est significativement plus élevée[1].

Enfin, *l'examen des alternatives* est crucial. Si un projet est mené de manière efficiente par rapport aux standards de l'industrie, mais qu'il existait d'autres méthodes ou technologies qui auraient pu obtenir des résultats similaires ou meilleurs à moindre coût, alors l'efficience du projet pourrait être remise en question. Il est donc essentiel de toujours considérer les solutions alternatives lors de l'évaluation de l'efficience d'une initiative.

Questions clés pour l'évaluation de l'efficience d'un programme ou d'un projet d'un programme ou d'un projet :

- Quel a été le coût total du programme ou du projet, et comment se compare-t-il aux bénéfices ou aux résultats obtenus ?
- Comment les coûts du programme ou du projet se comparent-ils à ceux d'approches ou de méthodes alternatives qui auraient pu être utilisées pour atteindre les mêmes objectifs ?
- Y a-t-il eu des dépenses inattendues ou des surcoûts durant la mise en œuvre, et quelle en a été la cause ?
- Dans quelle mesure les ressources (telles que le temps, l'argent et le personnel) ont-elles été utilisées de manière optimale pour produire les résultats souhaités ?
- Comment la qualité et la quantité des résultats du programme ou du projet se comparent-elles aux ressources utilisées pour les produire ?

4.3.3.5. Le critère d'Impact

L'évaluation de l'impact est essentielle pour saisir le changement le plus profond et durable découlant d'une intervention. Cette démarche

[1] Clements, Paul. "Improving learning and accountability in foreign aid." World Development 125 (2020): 104670.

rigoureuse vise à identifier non seulement les changements escomptés, mais aussi les effets secondaires inattendus. Pour isoler ces effets, il est crucial d'utiliser des méthodologies robustes, telles que l'utilisation de groupes de contrôle, d'études longitudinales et de méthodes d'appariement, afin de comparer les groupes traités et non traités[1].

Comprendre le chemin de causalité - le lien entre les intrants, les activités, les outputs, les outcomes et finalement l'impact - est vital. Cette analyse aide à établir une "théorie du changement" expliquant comment et pourquoi une intervention est censée produire les impacts attendus[2]. Les évaluateurs pourraient également envisager l'utilisation d'analyses de modélisation ou de simulations pour estimer les impacts potentiels dans divers scénarios.

Les méthodes qualitatives, comme les entretiens approfondis et les études de cas, peuvent fournir des insights sur la perception des bénéficiaires des effets du programme sur leur vie[3]. Elles sont également utiles pour détecter des impacts inattendus qui pourraient échapper aux enquêtes ou méthodes quantitatives.

Il est également crucial d'examiner la durabilité de l'impact. Les effets bénéfiques d'un programme se maintiendront-ils après sa conclusion ? Les bénéficiaires ont-ils acquis des compétences, des connaissances ou des ressources qui continueront de leur profiter sur le long terme ? Ou bien les bénéfices disparaîtront-ils rapidement sans soutien continu ?

Enfin, compte tenu de l'importance croissante des considérations environnementales, l'impact environnemental d'une intervention constitue également une dimension clé à évaluer. Cela peut inclure des conséquences directes, comme la réduction de la pollution grâce à un projet de développement durable, ou des effets indirects, comme les impacts environnementaux résultant de la croissance économique stimulée par un programme de développement[4].

---

[1] O'Flynn, Peter, and Chris Barnett. "Evaluation and impact investing: A review of methodologies to assess social impact." (2017).

[2] Picciotto, Robert. "Is impact evaluation evaluation?" The European Journal of Development Research 26 (2014): 31-38.

[3] Morra-Imas, Linda G., Linda G. Morra, and Ray C. Rist. The road to results: Designing and conducting effective development evaluations. World Bank Publications, 2009.

[4] Perrin, Burt. "Linking monitoring and evaluation to impact evaluation." Impact Evaluation Notes 2 (2012): 1-22.

Questions clés pour l'évaluation de l'impact d'un programme ou d'un projet :

- Quels changements significatifs, qu'ils soient prévus ou non, ont été observés dans la vie des bénéficiaires suite à l'intervention du programme ?
- Y a-t-il eu des conséquences négatives imprévues ou des effets secondaires résultant du programme et, si oui, dans quelle mesure ont-ils affecté les bénéficiaires ou la communauté ?
- Comment les changements induits par le programme se comparent-ils aux tendances observées dans des régions ou groupes similaires sans l'intervention ?
- Dans quelle mesure les effets observés sont-ils durables ? Existe-t-il des mécanismes en place pour garantir la pérennité de ces impacts après la fin de l'intervention ?
- Comment l'impact environnemental de l'intervention a-t-il été pris en compte et quels ont été les effets réels ou potentiels sur l'environnement local et plus large ?

4.3.3.6. Le critère de durabilité ou de viabilité

La durabilité, en tant que critère d'évaluation, met en exergue l'importance de la pérennité des bénéfices d'un programme après la conclusion des interventions initiales. Un programme peut être efficace et efficient, mais si ses résultats ne sont pas durables, son impact global pourrait être considérablement réduit. La durabilité englobe la continuation des bénéfices ainsi que la capacité des bénéficiaires à maintenir et adapter les acquis du programme sur le long terme[1].

Il est essentiel de reconnaître que la durabilité ne se mesure pas uniquement par la continuité des avantages post-financement, mais aussi par la capacité des systèmes locaux à reprendre le flambeau et à innover. Par exemple, un programme de formation professionnelle peut être considéré comme durable si les participants continuent d'utiliser leurs compétences et si les institutions locales offrent des formations similaires ou améliorées après la fin du projet.

Un autre aspect fondamental de la durabilité est la résilience face aux chocs externes. Un projet agricole qui a augmenté la productivité pourrait voir ses avantages diminuer en cas de sécheresse ou de maladie des cultures, à moins que des mesures de durabilité, telles que la

---

[1] Martinuzzi, André, and Wolfgang Meyer. "Evaluating sustainable development in a global society." The future of evaluation: Global trends, new challenges, shared perspectives. London: Palgrave Macmillan UK, 2016. 81-94.

formation à des techniques agricoles résistantes au climat ou l'introduction de cultures plus robustes, n'aient été intégrées.

La durabilité financière est également cruciale, en particulier pour les programmes nécessitant un financement continu. Cela peut impliquer la recherche de sources de financement alternatives, l'autofinancement du programme, ou l'assurance que les gouvernements locaux ou nationaux reprennent le financement.

En somme, la durabilité d'un programme ne se limite pas à ce qui se passe immédiatement après la fin du financement. Elle doit être envisagée dans une perspective à long terme, tenant compte des capacités locales, des défis futurs et des besoins évolutifs de la population cible[1].

Questions clés pour évaluer la capacité d'un programme à créer un héritage durable, indépendamment des ressources initiales ou du soutien externe.

- Les bénéfices obtenus pendant la phase active du programme ont-ils persisté après la fin des interventions et du financement direct ?
- Existe-t-il des mécanismes ou structures locaux en place pour soutenir et prolonger les avantages du programme ou projet à long terme ?
- Les bénéficiaires ont-ils acquis les compétences, connaissances et capacités nécessaires pour poursuivre les activités du programme sans aide extérieure ?
- Quelle est la capacité des institutions ou des communautés locales à réagir et s'adapter aux changements ou aux défis futurs qui pourraient affecter la durabilité des résultats du programme ou projet ?
- Comment les sources de financement futures sont-elles envisagées pour assurer la continuité des activités et des bénéfices, en particulier dans les cas où des coûts continus sont anticipés ?

4.4. L'évaluation des impacts et effets des programmes

Les concepts et critères d'évaluation des effets et impacts sont essentiels pour saisir en profondeur l'influence qu'une intervention peut avoir sur

[1] Rowe, Andy. "Evaluation at the endgame: Evaluating sustainability and the SDGs by moving past dominion and institutional capture." Transformational Change for People and the Planet: Evaluating Environment and Development. Cham: Springer International Publishing, 2022. 207-221.

sa cible[1]. Cette analyse repose sur une distinction fondamentale entre deux approches majeures : l'attribution et la contribution.

- *L'approche de l'attribution* consiste à lier un résultat spécifique directement à une intervention[2]. Dans ce cadre, les évaluations tentent de mesurer l'impact d'une intervention en identifiant un scénario contrefactuel, c'est-à-dire ce qui se serait passé en l'absence de l'intervention[3]. Pour être crédible, cette méthode nécessite un contrôle rigoureux des variables externes susceptibles d'influencer également le résultat. En somme, elle vise à établir un lien de cause à effet direct entre l'intervention et le changement observé, en éliminant autant que possible les autres explications potentielles.
- *L'approche de contribution*, en revanche, reconnaît que plusieurs interventions peuvent contribuer à un résultat donné. Plutôt que de tenter de quantifier précisément l'impact d'une intervention, cette approche examine comment une intervention a aidé à provoquer un changement observé[4]. Elle s'appuie souvent sur une évaluation approfondie des théories du changement et fournit des exemples concrets pour illustrer cette contribution. L'« Analyse de la Contribution » est une méthode efficace dans ce contexte, offrant un cadre pour examiner comment et pourquoi une intervention a contribué à un résultat spécifique[5].

Ces évaluations, qu'elles se basent sur l'attribution ou la contribution, s'appuient sur des modèles de causalité. Ces modèles, souvent désignés sous le terme d'« évaluations basées sur la théorie », visent à comprendre et expliciter les relations sous-jacentes entre une

---

[1] Khandker, Shahidur R., Gayatri B. Koolwal, and Hussain A. Samad. Handbook on impact evaluation: quantitative methods and practices. World Bank Publications, 2009.

[2] Dossett, Dennis L., and Carl I. Greenberg. "Goal setting and performance evaluation: An attributional analysis." Academy of Management Journal 24.4 (1981): 767-779.

[3] Rao, Sukrut, Moritz Böhle, and Bernt Schiele. "Better Understanding Differences in Attribution Methods via Systematic Evaluations." IEEE Transactions on Pattern Analysis and Machine Intelligence (2024).

[4] Mayne, John. "Contribution analysis: Coming of age?" Evaluation 18.3 (2012): 270-280.

[5] Mayne, John. "Contribution analysis: An approach to exploring cause and effect." (2008).

intervention et ses résultats[1]. Les théories du changement décrivent généralement la séquence logique d'événements anticipés menant à un changement désiré.

Les objectifs des Évaluations d'Impact (EI) sont doubles.

- Premièrement, elles visent *la responsabilité*, cherchant à garantir que les interventions conduisent effectivement aux changements escomptés. C'est un élément crucial pour assurer une utilisation appropriée et efficace des ressources.
- Deuxièmement, elles visent *l'apprentissage*. En comprenant ce qui fonctionne et ce qui ne fonctionne pas, les organisations peuvent améliorer leurs interventions en cours et mieux planifier leurs futures initiatives.

Cette double focalisation sur la responsabilité et l'apprentissage est essentielle pour garantir que les programmes de développement soient à la fois efficaces et continuellement améliorés.

4.5. Évaluation d'impacts avec approche de l'attribution

L'évaluation des impacts et des effets d'une intervention est fondamentale pour déterminer son efficacité réelle. La méthode d'attribution est largement utilisée pour évaluer l'impact, grâce à sa capacité à identifier directement les changements résultant d'une intervention spécifique[2]. Cette méthode repose sur la création d'un *scénario contrefactuel*, qui est essentiellement une représentation hypothétique de ce qui se serait passé en l'absence de l'intervention[3].

- *Les approches expérimentales* sont considérées comme la référence en matière d'évaluation d'impact. Ces méthodes utilisent généralement des *Essais randomisés contrôlés (ERC)* pour créer un groupe de traitement et un groupe témoin. L'affectation aléatoire des participants à ces groupes garantit que toute différence observée dans les résultats peut être attribuée à l'intervention elle-même, plutôt qu'à d'autres facteurs. C'est une manière directe et fiable d'établir une causalité.

---

[1] Forss, Kim, Mita Marra, and Robert Schwartz, eds. Evaluating the complex: Attribution, contribution, and beyond. Vol. 1. Transaction Publishers, 2011.

[2] Kelley, Harold H., and John L. Michela. "Attribution theory and research." Annual review of psychology 31.1 (1980): 457-501.

[3] Johnson, I. M., Williams, D. a., Wavell, C., & Baxter, G. (2004). Impact evaluation, professional practice, and policy making. New Library World, 105, 33–46. http://doi.org/10.1108/03074800410515255

- *Les méthodes quasi-expérimentales*, bien qu'elles ne se fondent pas sur la randomisation, tentent de simuler un essai contrôlé par d'autres moyens. Des techniques populaires incluent *l'appariement par score de propension*, où les participants du groupe de traitement sont *appariés* à des participants similaires n'ayant pas reçu l'intervention. Une autre méthode est *l'analyse de l'interruption temporelle*, où les résultats avant et après l'intervention sont comparés.
- *Les approches basées sur la régression* utilisent des techniques statistiques pour estimer l'impact d'une intervention tout en contrôlant d'autres facteurs susceptibles d'influencer le résultat. Cependant, ces méthodes supposent que toutes les variables pertinentes sont incluses dans le modèle, ce qui peut être un défi en pratique.

Toutes ces méthodes impliquent la comparaison des résultats observés entre les populations affectées (ceux qui ont reçu l'intervention) et non affectées. Un problème majeur de ces méthodes est le biais de sélection. Si, par exemple, une intervention est offerte principalement à ceux qui sont déjà les plus susceptibles de réussir, cela pourrait exagérer son impact apparent. C'est pourquoi les ERC, avec leur processus de randomisation, sont essentiels pour éliminer ce biais.

Figure 5- Approche d'évaluation d'impact par la méthode d'attribution

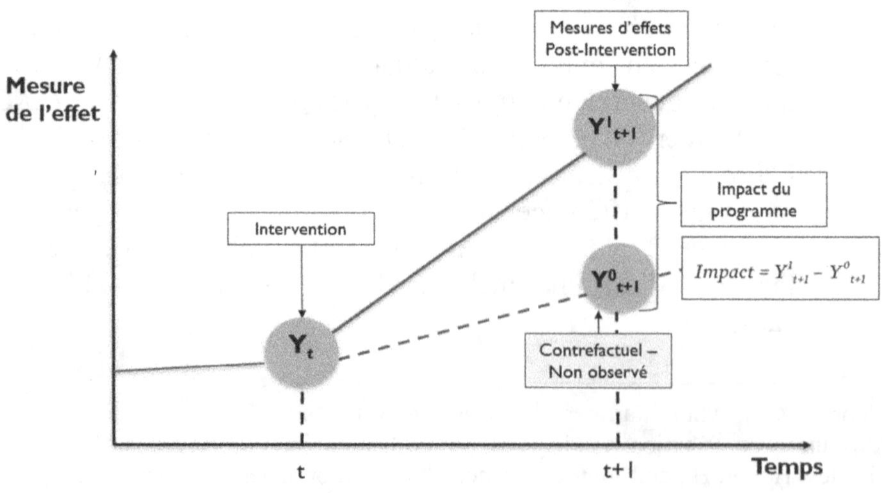

Il est également crucial de reconnaître que différentes techniques peuvent produire des estimations valables pour différentes populations.

Par exemple, une étude pourrait estimer l'effet moyen de l'intervention sur tous les participants (effet moyen sur les traités), tandis qu'une autre pourrait se concentrer uniquement sur l'effet parmi ceux qui ont effectivement reçu l'intervention (effet local moyen des traitements). Comprendre pour quel groupe cible un effet est estimé est essentiel pour interpréter correctement les résultats d'une évaluation d'impact.

L'évaluation de l'impact à travers l'approche d'attribution est essentielle pour déterminer l'effet réel d'une intervention en isolant son influence des autres facteurs potentiels[1]. Néanmoins, dans de nombreuses situations, des méthodes plus simples, telles que les comparaisons réflexives ou transversales, sont utilisées. Bien qu'elles puissent offrir un aperçu rapide, ces méthodes comportent des pièges techniques qui peuvent fausser les résultats.

- *La comparaison réflexive* s'appuie sur l'idée de mesurer l'effet d'une intervention en observant un groupe avant et après sa mise en œuvre. Prenons, par exemple, un programme d'éducation introduit pour augmenter le taux d'alphabétisation. On pourrait mesurer le taux d'alphabétisation avant le début du programme et le comparer à celui mesuré après sa conclusion. Si une amélioration est constatée, il peut être tentant d'attribuer cette amélioration au programme. Toutefois, cette méthode présente un inconvénient majeur : entre le début et la fin du programme, de nombreux facteurs autres que l'intervention elle-même, tels que les changements économiques, politiques ou sociaux, peuvent influencer les résultats. Ces facteurs externes peuvent brouiller les données, rendant la comparaison réflexive insuffisante pour établir un lien causal solide
- *La comparaison transversale*, quant à elle, compare les résultats des bénéficiaires d'un programme à ceux d'un groupe qui n'a pas participé à l'intervention. Cette méthode pourrait sembler plus solide à première vue car elle offre une base de comparaison directe. Cependant, elle est confrontée à un problème majeur : l'auto-sélection. Les participants à un programme peuvent avoir des caractéristiques intrinsèques différentes de celles des non-participants. Par exemple, ceux qui choisissent de participer à un programme de formation professionnelle pourraient déjà être plus motivés ou posséder certaines compétences préalables par

[1] Iverson, Alex. "Attribution and aid evaluation in international development: A literature review." (2003).

rapport à ceux qui ne s'inscrivent pas. Si ces participants réussissent mieux par la suite, est-ce le résultat du programme ou de leurs caractéristiques préexistantes ? Cette méthode ne permet pas de trancher clairement.

Pour garantir la validité de l'évaluation d'impact, il est donc essentiel d'adopter des techniques plus rigoureuses. Ces techniques, telles que les essais contrôlés randomisés ou les méthodes d'appariement sur score de propension, cherchent à isoler l'effet de l'intervention des autres facteurs. En procédant ainsi, elles offrent une estimation plus précise de l'impact réel d'une intervention.

4.5.1. Les approches expérimentales

L'évaluation des impacts et des effets d'une intervention par le biais de la conception expérimentale est souvent considérée comme la "norme d'or" en raison de sa robustesse dans l'établissement de liens causaux[1]. Cette méthode utilise des groupes de contrôle ou de comparaison pour établir une comparaison valide entre ceux qui ont bénéficié de l'intervention (groupe de traitement) et ceux qui ne l'ont pas reçue (groupe de contrôle).

- *Définition des groupes de contrôle ou de comparaison* : La mise en place d'un groupe de contrôle ou de comparaison est essentielle pour isoler l'effet de l'intervention. Elle permet de comparer les résultats du groupe ayant reçu l'intervention à ceux d'un groupe similaire qui ne l'a pas reçue, éliminant ainsi d'autres facteurs susceptibles d'influencer le résultat.

La particularité de la conception expérimentale réside dans son recours à *l'assignation aléatoire*. Cette assignation garantit que les différences observées entre les groupes traités et non traités sont uniquement dues à l'intervention et non à d'autres facteurs.

Les Essais Contrôlés Randomisés (ECR) représentent la quintessence de cette conception. Dans un ECR, les participants ou les unités (qui peuvent être des individus, des écoles, des villages, etc.) sont assignés de manière aléatoire soit au groupe de traitement, qui recevra l'intervention, soit au groupe de contrôle, qui ne la recevra pas. Cette randomisation garantit que, avant le début de l'intervention, les deux groupes sont essentiellement identiques, en moyenne, en termes de caractéristiques observables et non observables. Cette similitude

---

[1] Gertler, Paul J., et al. Impact evaluation in practice. World Bank Publications, 2016.

garantit que les résultats post-intervention peuvent être attribués avec confiance à l'intervention elle-même[1].

Il est crucial de comprendre que cette randomisation ne signifie pas simplement de prendre des échantillons aléatoires de ceux qui sont déjà dans le groupe de traitement ou de non-traitement. C'est un processus exogène où la décision d'appartenir à l'un ou l'autre groupe est prise de manière aléatoire.

En résumé, la puissance des ECR réside dans leur capacité à établir un lien causal clair entre une intervention et ses effets. En assignant aléatoirement les participants aux groupes de traitement et de contrôle, cette méthode élimine efficacement les biais qui pourraient autrement confondre les résultats, garantissant ainsi que tout écart observé est directement attribuable à l'intervention[2].

4.5.2. Les conceptions non expérimentales

Bien que la méthode idéale pour mener une évaluation d'impact soit à travers une conception expérimentale, il arrive souvent que cette approche ne soit pas réalisable. Dans de tels cas, les évaluateurs se tournent vers des conceptions non expérimentales qui, malgré leurs défis, offrent une avenue solide pour évaluer les impacts de manière rigoureuse[3].

Une véritable conception expérimentale, telle que les ECR, implique une assignation aléatoire des participants aux groupes de traitement et de contrôle. Cette randomisation assure que, en moyenne, les deux groupes sont identiques sur toutes les caractéristiques, tant observées que non observées. Cependant, réaliser une telle randomisation peut se heurter à des obstacles. Des contraintes budgétaires, éthiques ou logistiques peuvent rendre la mise en œuvre d'ECR difficile, voire impossible. Par exemple, les coûts associés à la randomisation, surtout dans de grands projets, peuvent être prohibitifs. De plus, il peut exister des préoccupations éthiques, comme dans les situations où il n'est pas juste de priver un groupe d'un traitement potentiellement bénéfique.

---

[1] Lord, Sarah J., Les Irwig, and Patrick MM Bossuyt. "Using the principles of randomized controlled trial design to guide test evaluation." Medical Decision Making 29.5 (2009): E1-E12.

[2] Styles, Ben. "The future is random–why the RCT should often be the method of evaluation." Education Science. Brill, 2009. 83-99.

[3] Fougère*, Denis. "Les méthodes économétriques d'évaluation." Revue française des affaires sociales 1 (2010): 105-128.

Lorsque la mise en place d'une conception expérimentale n'est pas réalisable, les évaluateurs optent pour des méthodes non expérimentales, souvent surnommées « non-expériences »[1]. Ces méthodes sont particulièrement pertinentes lorsque la décision d'évaluation est prise *post-hoc*, c'est-à-dire après le début de l'intervention. Dans ces situations, l'assignation aléatoire des participants n'a généralement pas eu lieu et les évaluateurs sont confrontés à la tâche ardue de déterminer l'impact de l'intervention en l'absence de groupes de comparaison clairement définis[2].

Il est fréquent que la nécessité d'une évaluation ne soit reconnue qu'après le début d'une intervention. Cela peut résulter d'un intérêt accru des parties prenantes, de la nécessité de justifier le financement, ou de l'émergence de nouvelles questions concernant l'efficacité de l'intervention. Dans de tels cas, l'évaluation ex-post devient la seule option. Cependant, sans la structure prédéfinie d'une assignation aléatoire, l'évaluation est confrontée à des défis considérables en matière de biais et de confondants.

En conclusion, les conceptions non expérimentales, bien que moins idéales que les méthodes expérimentales en termes de rigueur causale, restent un outil crucial dans l'arsenal de l'évaluateur. Avec une mise en œuvre soignée, une attention méticuleuse aux biais potentiels, et une utilisation judicieuse des techniques statistiques, ces conceptions peuvent fournir des insights précieux sur l'impact et l'efficacité des interventions.

3.2.3. Les expériences naturelles dans les conceptions non expérimentales

Lorsqu'il s'agit d'évaluation d'impact, les expériences naturelles représentent une catégorie particulière de conceptions non expérimentales. Ces scénarios offrent des opportunités uniques pour analyser les effets d'une intervention, bien que n'étant pas originellement planifiés comme des études d'évaluation.

Les expériences naturelles se produisent lorsque des facteurs extérieurs, souvent indépendants de la volonté des chercheurs, créent une division ou une variation dans l'exposition à une intervention

---

[1] Taouil, Rédouane. "The validity of randomized controlled trials applied to poverty in questions." Revue d'histoire de la pensée économique 2023.15 (2023): 261-286.

[2] Blundell, Richard, and Monica Costa Dias. "Evaluation methods for non-experimental data." Fiscal studies 21.4 (2000): 427-468.

spécifique[1]. Ces facteurs peuvent être géographiques, comme la présence d'une rivière ou d'une montagne, ou ils peuvent résulter de décisions politiques ou d'événements imprévus.

Imaginez une localité divisée par une rivière ou une nouvelle autoroute. Si une clinique de santé est construite d'un côté de cette division, cela crée naturellement deux groupes : ceux qui vivent à proximité de la clinique et ont un accès facile aux soins, et ceux qui sont éloignés et peuvent avoir des difficultés d'accès. Cette situation offre une opportunité unique d'évaluer l'impact de l'accès facilité aux soins de santé sur divers résultats, tels que le taux de vaccination, la fréquence des visites médicales ou même des mesures plus générales comme la mortalité infantile ou la qualité de vie.

Bien que les expériences naturelles semblent offrir un cadre clair pour l'évaluation, elles ne sont pas exemptes de défis. L'un des principaux problèmes est la potentielle non-homogénéité des groupes[2]. Malgré la division naturelle, il peut y avoir des différences préexistantes entre les groupes qui peuvent biaiser les résultats.

Pour aborder ce problème, les chercheurs se tournent souvent vers des conceptions quasi expérimentales ou des approches basées sur la régression. Par exemple :

- *Apparemment par score de propension* : Cette technique tente d'équilibrer les groupes en fonction de leurs caractéristiques observées, en jumelant des individus ayant des probabilités similaires d'être traités, basées sur ces caractéristiques.
- *Modèles à différences-de-différences* : Ces modèles exploitent les variations temporelles avant et après l'intervention pour les groupes traités et non traités, afin d'isoler l'effet de l'intervention.
- *Modèles de régression discontinus* : Si la division (comme la rivière ou l'autoroute) crée un seuil clair, cette approche peut être utilisée pour comparer les individus juste de chaque côté de la division.

Les expériences naturelles, bien qu'imprévues, offrent des occasions inestimables pour l'évaluation d'impact. Avec des techniques appropriées, les chercheurs peuvent tirer des conclusions solides sur les

---

[1] Dunning, Thad. Natural experiments in the social sciences: A design-based approach. Cambridge University Press, 2012.

[2] Heath, Davidson, et al. "Reusing natural experiments." The Journal of Finance 78.4 (2023): 2329-2364.

effets causaux d'une intervention, même dans des contextes non expérimentaux.

3.5.2.1. Les approches quasi expérimentales

Dans la recherche sur les politiques et interventions, il est souvent ardu, voire impossible, de réaliser des expériences randomisées. Face à ces contraintes, les chercheurs optent pour des approches quasi-expérimentales, tentant ainsi de simuler les conditions d'une expérience contrôlée sans recourir à la randomisation. Ces méthodes ont prouvé leur inestimable valeur pour l'évaluation des effets causaux des interventions[1].

Les approches quasi-expérimentales reposent sur des techniques statistiques afin de former un groupe de comparaison le plus similaire possible au groupe traité, à l'exception de l'exposition à l'intervention[2]. L'objectif est d'assurer que toute différence notée entre les groupes soit imputable à l'intervention elle-même, plutôt qu'à d'autres variables.

La méthode de différence de différences analyse l'évolution temporelle du groupe traité par rapport au groupe non traité. L'hypothèse sous-jacente est qu'en l'absence d'intervention, les trajectoires des deux groupes auraient été comparables.

Techniquement, cette méthode exige que les tendances communes soient satisfaites. Si les groupes avaient suivi des trajectoires similaires avant l'intervention, le chercheur pourrait attribuer avec plus de confiance les divergences post-intervention à l'intervention elle-même.

- *Apparemment du score de propension* : L'appariement du score de propension vise à équilibrer les groupes traités et non traités en fonction de caractéristiques observées spécifiques. Cette méthode estime la probabilité d'appartenance à un groupe pour chaque individu, basée sur ces caractéristiques. Une fois les scores calculés, les individus traités sont appariés avec des individus non traités présentant des scores similaires, permettant ainsi une comparaison rigoureuse pour établir l'effet causal en isolant les variables. Techniquement, une fois les scores calculés, les individus sont appariés selon leur probabilité

[1] Chabé-Ferret, Sylvain, Laura Dupont-Courtade, and Nicolas Treich. "Évaluation des Politiques Publiques: expérimentation randomisée et méthodes quasi-expérimentales." Économie et prévision 2-3 (2017): 1-34.

[2] White, Howard, and Shagun Sabarwal. "Quasi-experimental design and methods." Methodological briefs: impact evaluation 8.2014 (2014): 1-16.

d'être traités, permettant ainsi une comparaison plus précise des résultats entre les groupes[1].

- *Régression de discontinuité* : La régression de discontinuité exploite des seuils définis (tels qu'une note minimale pour obtenir une bourse) pour comparer des individus se situant de part et d'autre de ce seuil[2]. Elle repose sur l'hypothèse que ceux-ci sont comparables sous plusieurs aspects. Techniquement, elle se sert de la variable seuil comme instrument dans une analyse de régression, ce qui permet d'isoler l'effet causal de l'intervention sur l'issue étudiée[3].

Ces techniques quasi-expérimentales ont été largement adoptées dans les études d'impact pour évaluer les programmes sociaux, les interventions économiques, les politiques de santé, et plus encore[4]. Grâce à la robustesse de ces méthodes, les chercheurs peuvent formuler des recommandations politiques basées sur des preuves, même en l'absence d'expériences randomisées.

En conclusion, bien que les essais randomisés soient considérés comme le standard de référence pour établir la causalité, les approches quasi-expérimentales représentent des outils précieux pour analyser les effets causaux en l'absence de randomisation[5]. Leur application exige une maîtrise approfondie des méthodes statistiques et une attention rigoureuse portée à la validité et à la fiabilité des résultats obtenus.

3.5.2.2. Les approches basées sur la régression

Face à la nécessité d'évaluer les effets et les impacts de diverses interventions sans recourir à des expérimentations, les chercheurs se tournent fréquemment vers des méthodes d'analyse statistique robustes. Parmi celles-ci, les approches basées sur la régression sont

---

[1] Caliendo, Marco, and Sabine Kopeinig. "Some practical guidance for the implementation of propensity score matching." Journal of economic surveys 22.1 (2008): 31-72.

[2] Hahn, Jinyong, Petra Todd, and Wilbert Van der Klaauw. "Identification and estimation of treatment effects with a regression-discontinuity design." Econometrica 69.1 (2001): 201-209.

[3] Miller, Christopher J., Shawna N. Smith, and Marianne Pugatch. "Experimental and quasi-experimental designs in implementation research." Psychiatry research 283 (2020): 112452.

[4] Revillard, Anne. "Quelle place pour les méthodes qualitatives dans l'évaluation des politiques publiques?" (2018).

[5] Benmarhnia, Tarik, and Daniel Fuller. "Les méthodes quasi-expérimentales." Évaluation des interventions de santé mondiale (2019).

prédominantes. Elles utilisent des techniques avancées pour estimer l'effet causal d'une intervention, tout en tenant compte de multiples facteurs confondants.

Le modèle de régression, un outil qui définit une relation entre une ou plusieurs variables indépendantes et une variable dépendante, est au cœur de ces approches. Dans le cadre de l'évaluation des impacts, l'intervention (ou traitement) est généralement la variable indépendante principale.

- *Traitement en tant que variable nominale* : Le traitement est fréquemment représenté comme une variable nominale, prenant la forme d'une variable indicatrice avec des valeurs de 1 pour les individus traités et 0 pour les autres. Cela constitue une représentation dichotomique classique.
- *Traitement en tant que variable continue* : Dans certains cas, le traitement peut être une variable continue, reflétant des variations dans l'intensité ou la magnitude de l'intervention, comme la taille d'un prêt ou la durée d'une formation.
- *Modèles de traitement endogène* : Les modèles de traitement endogène considèrent la possibilité que le traitement soit potentiellement endogène, c'est-à-dire corrélé avec des erreurs non observées dans le modèle, risquant ainsi de biaiser les estimations. Ces modèles emploient couramment des techniques de variables instrumentales (VI) pour corriger cette endogénéité. Une VI, corrélée avec le traitement mais pas directement avec le résultat sauf par son association avec le traitement, permet de gérer cette endogénéité.
- *Régressions à commutation* : Les régressions à commutation tirent parti des variations temporelles ou intergroupes de la participation au traitement, s'avérant précieuses avec des données de panel qui suivent les mêmes sujets sur plusieurs périodes.
- *Double régression robuste* : La double régression robuste, quant à elle, est employée pour des estimations causales fiables en présence d'instruments valides et d'un modèle de contrôle de la participation au traitement. Cette approche combine l'usage de variables instrumentales et de régressions contrôlées, garantissant ainsi des estimations résistantes à diverses spécifications.

Pour conclure, les méthodes basées sur la régression proposent un éventail de techniques adaptées à l'évaluation des effets causaux, malgré des obstacles tels que l'endogénéité, les variables omises, et la sélection sur les observables. Bien qu'efficaces, ces techniques exigent une compréhension approfondie des présupposés et des méthodes statistiques pour assurer la validité et la fiabilité des conclusions.

4.5.3. Les biais et les défis de l'inférence causale

L'inférence causale, visant à identifier les effets réels d'une intervention ou d'un programme, est fréquemment entravée par divers biais[1]. Parmi eux, le biais de sélection est particulièrement problématique, car il apparaît lorsque la composition des groupes étudiés diffère de manière significative en relation avec la variable d'intérêt, comme c'est le cas dans les situations d'auto-sélection ou de biais de placement. Ces biais sont susceptibles de fausser considérablement les estimations de l'impact d'un programme.

De plus, la contamination ou contagion représente un autre obstacle significatif dans les évaluations. Ce phénomène se produit quand des interventions extérieures affectent le groupe de comparaison, compliquant ainsi la distinction des effets véritables de l'intervention analysée. Enfin, les effets d'entraînement ou externalités, qui sont des retombées indirectes d'une intervention sur des individus ou groupes non visés directement par le programme, peuvent également brouiller l'évaluation de l'impact réel[2].

Ces phénomènes peuvent altérer significativement l'évaluation de l'impact réel d'un programme. Dans tous ces scénarios, il est crucial d'adopter une approche méticuleuse dans la conception de l'évaluation, de choisir des techniques statistiques adéquates, et de posséder une compréhension profonde du contexte local. Ces éléments sont essentiels pour parvenir à des conclusions à la fois fiables et valides.

3.5.3.1. Le biais de sélection

L'inférence causale, démarche cruciale pour identifier les effets authentiques d'une intervention ou d'un programme, est fréquemment entravée par divers biais. Parmi ceux-ci, le biais de sélection se distingue par sa capacité à compromettre la validité des conclusions causales, induisant ainsi les chercheurs en erreur.

---

[1] Schustack, Miriam W., and Robert J. Sternberg. "Evaluation of evidence in causal inference." Journal of Experimental Psychology: General 110.1 (1981): 101.

[2] Belloni, Alexandre, et al. "Program evaluation and causal inference with high-dimensional data." Econometrica 85.1 (2017): 233-298.

Le biais de sélection se manifeste quand la composition des groupes traités et non traités diverge de manière significative en lien avec la variable d'intérêt. Une telle divergence, si elle n'est pas correctement prise en compte, peut fausser l'estimation de l'effet du traitement.

- *Biais de placement* : Ce biais émerge lorsque les responsables du programme ou les fournisseurs de services sélectionnent certains individus ou groupes pour recevoir un traitement sur la base de caractéristiques pouvant influencer les résultats. Par exemple, cibler délibérément les élèves les plus performants peut induire un biais si la performance académique est corrélée à la variable d'intérêt.
- *Auto-sélection* : Ce biais se produit lorsque les individus ou les entités eux-mêmes décident de participer ou non à un programme sur la base de caractéristiques personnelles ou de circonstances qui pourraient également affecter les résultats. Par exemple, les individus intrinsèquement motivés pourraient être plus susceptibles de participer à une formation, et cette motivation pourrait également influencer leurs résultats post-formation.

Si les déterminants de la sélection dans un programme sont corrélés aux résultats d'intérêt, une comparaison directe des groupes traités et non traités donnera une vision erronée de l'impact réel du programme.

- *Le défi de ciblage* : Un programme qui vise délibérément une population spécifique (par exemple, les pauvres) présente un défi supplémentaire en matière d'évaluation. En ciblant avec succès, le programme peut créer une différence inhérente entre les participants et les non-participants. Cette différence doit être prise en compte lors de l'évaluation de l'efficacité du programme.
- *Stratégie d'identification* : Face au biais de sélection, une stratégie d'identification est adoptée. Elle vise à utiliser des techniques statistiques, telles que le score de propension ou la régression de discontinuité, pour créer des groupes comparables ou pour contrôler les différences observées et non observées entre les groupes traités et non traités.

En conclusion, il est crucial de reconnaître et de traiter le biais de sélection pour assurer l'intégrité de l'inférence causale. Les chercheurs doivent être vigilants face aux diverses manifestations de ce biais et adopter des méthodes rigoureuses pour y faire face. Ce n'est qu'ainsi que les conclusions tirées des données pourront être considérées à la fois valides et fiables.

3.5.3.2. La contamination ou contagion

Dans le cadre d'évaluations de programmes, l'objectif principal est généralement de comparer un groupe de traitement, bénéficiant d'une intervention spécifique, à un groupe de comparaison, non exposé à cette intervention. Cependant, en pratique, il est souvent complexe d'assurer une séparation nette entre ces deux groupes, en raison de phénomènes tels que la contamination ou la contagion[1].

La contamination fait référence à la situation où le groupe de comparaison, initialement non exposé au programme, est finalement touché par des interventions similaires ou d'autres événements extérieurs qui peuvent influencer les résultats d'intérêt. Par conséquent, la différence observée entre le groupe de traitement et le groupe de comparaison peut ne pas être attribuable exclusivement à l'intervention étudiée. Parmi les sources de contamination, on peut identifier.

- *Les interventions parallèles* : Il est fréquent que d'autres organisations ou institutions mettent en œuvre des programmes similaires ou complémentaires dans la même zone géographique. Ces interventions parallèles peuvent affecter le groupe de comparaison et fausser les résultats.
- *La propagation autonome des interventions* : Certaines interventions, en particulier celles liées à la diffusion d'informations ou à la sensibilisation, peuvent se propager spontanément au-delà des frontières prévues, affectant ainsi le groupe de comparaison.

Afin de réduire le risque de contamination, les évaluateurs peuvent adopter diverses approches statistiquement valides, telles que la collecte minutieuse de données et des considérations d'échantillonnage soigneusement pensées :

- *Collecte de données approfondie* : Pour comprendre et contrôler la contamination, il est crucial de collecter des données sur toutes les interventions passées et en cours dans la région d'étude. Ces informations peuvent aider les évaluateurs à ajuster leurs analyses en tenant compte des effets potentiels de ces interventions.

[1] Dachet, Dylan. "Comment envisager l'évaluation dans une perspective de réussite ?" Journée de lutte contre l'échec scolaire du CECP. 2023.

- *Considérations d'échantillonnage* : Lors de la sélection des zones d'étude, il est essentiel d'évaluer la probabilité de contagion. Si la propagation est probable, il pourrait être judicieux de sélectionner des régions plus éloignées ou distinctes comme groupes de comparaison.

La contamination ou contagion pose un défi majeur à l'inférence causale car elle rend difficile la détermination de l'effet réel de l'intervention étudiée. Une évaluation qui ne tient pas compte de la contamination risque de sous-estimer ou de surestimer l'impact du programme.

En conclusion, la contamination représente un défi intrinsèque aux évaluations dans des contextes réels. Il est crucial que les chercheurs soient conscients de ce biais et adoptent des mesures proactives pour le minimiser, garantissant ainsi des conclusions robustes et fiables sur les effets d'une intervention spécifique.

3.5.3.3. Les effets d'entraînement

Les effets d'entraînement, également connus sous le nom d'effets de débordement ou d'externalités, représentent un défi majeur dans la conception et l'analyse des évaluations de programmes. Ces effets impliquent que l'intervention étudiée puisse avoir des conséquences, positives ou négatives, sur des individus ou des groupes qui ne sont pas directement ciblés par le programme[1].

D'après l'hypothèse de la Valeur de traitement unitaire stable (VTUS), proposée par Rubin en 1980, les groupes sous traitement et sous contrôle devraient être clairement distincts, sans effets d'interaction non identifiés de l'intervention. Toutefois, cette supposition est souvent difficile à maintenir en réalité, surtout lorsque les interventions ont une portée ou un impact large.

Un programme d'éducation sur la nutrition dans un village, par exemple, peut non seulement bénéficier aux participants directs mais aussi à leurs voisins qui apprennent par interaction sociale. De tels débordements peuvent être bénéfiques (effets d'entraînement positifs) ou nuisibles (effets d'entraînement négatifs).

Pour aborder correctement cette problématique, l'évaluation peut être conçue pour inclure divers groupes :

- Population traitée : Ceux qui ont reçu l'intervention.

---

[1] Brouwer, Werner BF. "The inclusion of spillover effects in economic evaluations: not an optional extra." Pharmacoeconomics 37.4 (2019): 451-456.

- Population non traitée mais exposée aux débordements : Ceux qui n'ont pas reçu l'intervention directement mais qui pourraient être affectés indirectement par elle.
- Population non traitée et non exposée aux débordements : Ceux qui n'ont pas été affectés directement ou indirectement par l'intervention.

La manière dont ces groupes géographiques sont identifiés et sélectionnés dépend fortement de la portée géographique des effets d'entraînement. Si l'effet de débordement affecte le groupe de comparaison, cela peut mener à une auto-contamination, faussant l'estimation de l'impact. Une solution pourrait être de séparer géographiquement les zones de traitement et les zones de contrôle. Toutefois, cette séparation ne devrait pas être si grande au point de rendre les deux groupes non comparables.

Les effets d'entraînement peuvent rendre l'estimation de l'impact réel d'une intervention complexe. Si non pris en compte, ils peuvent conduire à une surestimation ou une sous-estimation des effets d'un programme.

En conclusion, il est essentiel pour les évaluateurs de reconnaître le potentiel d'effets d'entraînement et de les aborder systématiquement lors de la conception et de l'analyse des évaluations. Une compréhension profonde de la dynamique locale et une conception d'évaluation soignée peuvent aider à surmonter ces défis.

4.5.4. La conceptualisation et la mesure d'impact

La conception d'une évaluation d'impact exige une distinction nette entre les unités d'assignation de traitement et d'analyse. Par exemple, dans le domaine de la microfinance, l'institution financière pourrait définir les bénéficiaires directs comme unité de traitement, tandis que les employés, dont l'impact sur l'emploi est analysé, constitueraient l'unité d'analyse[1]. Ces distinctions sont cruciales, car elles orientent la collecte et l'analyse des données.

L'efficacité d'une intervention est capturée par différentes mesures d'impact. L'Effet Moyen du Traitement (ATE) mesure l'impact global, tandis que l'Effet Intention de Traiter (ITT) et l'Effet Moyen du Traitement sur les Traités (ATT) fournissent des analyses pour des

---

[1] Hitsch, Günter J., and Sanjog Misra. "Heterogeneous treatment effects and optimal targeting policy evaluation." Available at SSRN 3111957 (2018).

segments particuliers de la population cible[1]. La mesure sélectionnée doit non seulement aligner avec la question d'évaluation mais aussi prendre en compte les contraintes méthodologiques et de données.

3.5.4.1. Unité d'assignation, de traitement et d'analyse

Lors de la conception d'une évaluation d'impact, il est essentiel de définir clairement et de distinguer les unités d'assignation de traitement et d'analyse. Bien que ces concepts soient interdépendants, ils sont distincts et doivent être traités comme tels pour assurer une évaluation rigoureuse.

- *Unité d'assignation* : L'unité d'assignation constitue le fondement, déterminant l'échelle la plus élémentaire où une décision d'intervention est mise en œuvre. Elle est souvent choisie en fonction des besoins logistiques, administratifs et opérationnels de l'intervention. Par exemple, dans la mise en œuvre d'un programme éducatif, un district ou une municipalité pourrait être l'unité d'assignation si les décisions sont prises à ce niveau.
- *Unité de traitement* : L'unité de traitement fait référence à l'entité ou au groupe spécifique bénéficiant directement de l'intervention. Souvent, l'unité de traitement est plus détaillée que l'unité d'assignation. Dans un programme de microfinance, par exemple, même si la décision d'octroi de fonds peut être prise au niveau institutionnel, les bénéficiaires finaux – entreprises ou individus recevant les prêts – constituent les unités de traitement.
- *Unité d'analyse* : L'unité d'analyse est celle sur laquelle les résultats sont mesurés. Elle peut être différente des unités d'assignation et de traitement. Reprenant l'exemple de la microfinance, si l'objectif est d'évaluer l'impact sur l'emploi, les employés des entreprises ayant bénéficié des prêts seraient l'unité d'analyse, puisque des indicateurs tels que les salaires ou le taux d'emploi sont mesurés à ce niveau.

Quand ces trois unités diffèrent, une approche d'échantillonnage en grappes devient nécessaire. Cette méthode facilite la collecte de données en groupes plutôt qu'individuellement, simplifiant le processus

---

[1] Imai, Kosuke, and Marc Ratkovic. "Estimating treatment effect heterogeneity in randomized program evaluation." (2013): 443-470.

tout en s'assurant que les informations essentielles pour l'analyse sont disponibles.

La sélection des unités d'assignation de traitement et d'analyse influe directement sur la collecte de données, les niveaux d'agrégation nécessaires et les méthodes statistiques employées lors de l'analyse des résultats. Les chercheurs doivent être conscients de ces distinctions et planifier la collecte de données en conséquence[1].

En définitive, la détermination précise des unités d'assignation de traitement et d'analyse est cruciale pour garantir la rigueur et la validité d'une évaluation d'impact. Un soin particulier porté à ces aspects lors de la phase de conception peut grandement faciliter l'analyse et l'interprétation ultérieures des résultats.

3.5.4.1. Les mesures de l'impact

L'évaluation d'impact a pour objectif de mesurer les effets réels d'une intervention ou d'un programme sur une population cible. Il est essentiel de considérer diverses mesures d'impact, chacune offrant des informations spécifiques selon les groupes au sein de la population cible, pour une compréhension complète des effets du programme.

- *Effet moyen du traitement (ATE)* : L'ATE mesure l'impact moyen d'une intervention sur l'ensemble de la population éligible, qu'ils aient participé au programme ou non. Techniquement, cela représente la différence entre les résultats moyens observés pour la population traitée et ce qui aurait été observé si elle n'avait pas été traitée[2].
- *Effet Intention de traiter (ITT)* : L'ITT est particulièrement pertinent dans les études randomisées où tous les individus d'un groupe spécifique sont susceptibles de recevoir le traitement, bien que tous ne le reçoivent pas forcément. Il mesure l'effet moyen de l'exposition à l'intervention, même sans participation active, et est utile pour éliminer le biais de non-conformité. C'est un indicateur particulièrement utile lorsque la non-conformité est une préoccupation, car il élimine le biais de ceux qui choisissent de ne pas suivre le programme.

---

[1] Heckman, James, Justin L. Tobias, and Edward Vytlacil. "Four parameters of interest in the evaluation of social programs." Southern Economic Journal 68.2 (2001): 210-223.

[2] Heckman, James J., and Edward Vytlacil. "Structural equations, treatment effects, and econometric policy evaluation 1." Econometrica 73.3 (2005): 669-738.

- *Effet moyen du traitement sur les personnes traitées (ATT)* : L'ATT se concentre spécifiquement sur les individus qui ont effectivement reçu le traitement ou ont choisi de participer à l'intervention. Cette mesure est cruciale pour comprendre l'efficacité réelle du programme pour ceux qui y adhèrent.
- *Effet moyen du traitement sur les personnes non traitées (UTA)* : L'UTA est une mesure hypothétique qui tente d'estimer l'impact que le programme aurait eu sur ceux qui n'ont pas été traités s'ils l'avaient été. C'est un outil utile pour comprendre les effets potentiels du programme sur une population plus large et peut être particulièrement pertinent pour estimer les effets d'entraînement.
- *Effet de traitement moyen local (LATE)* : Le LATE se concentre sur un sous-ensemble spécifique de la population, généralement ceux qui sont juste au seuil d'éligibilité pour le programme. Dans certaines conceptions d'évaluation d'impact, comme les régressions de discontinuité, le LATE est souvent le paramètre d'intérêt car il mesure l'impact pour ceux qui sont à la marge d'être éligibles. C'est particulièrement pertinent lorsque l'éligibilité est déterminée par une variable continue, comme le revenu.

Chaque mesure d'impact offre une perspective différente sur l'efficacité et la portée d'un programme. Lors de la conception d'une évaluation d'impact, il est crucial de choisir la mesure la plus appropriée pour répondre à la question d'évaluation, en tenant compte de la méthodologie et des limites des données disponibles.

4.6. Évaluation d'impact avec approche de la contribution

L'Analyse de Contribution (CA) ou *Contribution Analysis* est une méthode employée en évaluation pour déterminer l'apport d'une intervention spécifique à un résultat constaté. Cette technique fait partie intégrante d'un ensemble plus vaste d'évaluations basées sur la théorie.

4.6.1. Origines de l'Analyse de Contribution

À l'origine, l'expression « analyse de contribution » était associée au domaine de la gestion financière et de l'analyse commerciale. Cependant, au fil du temps, elle a été adaptée et réinventée dans le domaine de l'évaluation d'impact, notamment grâce à l'apport de chercheurs et d'évaluateurs tels que John Mayne. Celui-ci a joué un rôle crucial en redéfinissant et en promouvant l'AC comme une méthode d'évaluation centrée sur l'étude de l'apport d'un programme ou d'une intervention aux résultats escomptés[1].

Selon Mayne (1999, p. 6), l'Analyse de Contribution est « une étude spécifique menée pour fournir des informations sur la contribution d'un programme aux résultats qu'il cherche à influencer. » Son objectif n'est pas uniquement de déterminer si un changement s'est produit, mais surtout de comprendre comment et pourquoi ce changement est survenu en lien avec une intervention spécifique.

L'apport de John Mayne à cette méthodologie a suscité un intérêt croissant au sein de la communauté internationale de l'évaluation. De nombreux chercheurs et praticiens tels que Hofmann, Roberts, Shoham et Harvey (2004) ; Lipski & Ignagni (2001) ; Mackay, Horton, Dupleich et Anderson (2002) ; ainsi que Newcomer & Schreirer (2001) ont contribué à enrichir et approfondir le débat autour de cette approche.

L'Analyse de Contribution propose une approche pragmatique pour appréhender et démontrer de quelle manière et dans quelle mesure une intervention influence un résultat spécifique. Sa principale force réside dans sa capacité à transcender la simple observation des changements en analysant minutieusement les différentes phases de causalité.

4.6.2. Fondements techniques de l'Analyse de Contribution

L'Analyse de Contribution s'appuie fortement sur la "théorie du changement". Cette théorie représente de manière systématique et explicite les étapes qu'une intervention doit franchir pour atteindre un changement désiré, identifiant ainsi les étapes intermédiaires ou les jalons nécessaires. Elle établit un cadre reliant les intrants d'un programme à ses extrants, ses résultats, et ultimement à ses impacts, guidant la compréhension des mécanismes et des raisons de l'efficacité d'une initiative. Elle intègre également des hypothèses sous-jacentes, c'est-à-dire des suppositions explicites sur les relations entre les activités d'un programme et les résultats souhaités.

- *Test et Validation* : La clé de l'AC réside dans l'examen de la validité de la théorie du changement, confrontée aux données et résultats observés. Ce processus implique la collecte et l'analyse de preuves pour tester la logique de la théorie et ses hypothèses. Les données peuvent être issues de diverses sources, telles que

[1] Mayne, John. "Contribution analysis: Addressing cause and effect." Evaluating the complex (2011): 53-96.

des enquêtes, des études de cas, des observations, ou des entretiens. Des analyses techniques, telles que les analyses de régression, sont employées pour examiner les relations postulées dans la théorie. Il est également crucial de prendre en compte les facteurs externes ou contextuels pouvant influencer les résultats, incluant les changements politiques, économiques, ou sociaux.

- *Révision et Amélioration* : Un aspect crucial de l'AC est la capacité à ajuster et réviser la théorie du changement en fonction des preuves. Si les résultats observés ne correspondent pas aux prédictions, la théorie doit être réexaminée. Cette flexibilité est essentielle pour assurer que l'intervention demeure pertinente et efficace dans un environnement changeant.
- *Objectif de Réduction de l'Incertitud*e : L'AC vise à améliorer la compréhension des facteurs ayant contribué ou non aux résultats observés. En analysant et en testant la théorie du changement, elle aspire à diminuer l'incertitude quant au rôle de l'intervention. Cette compréhension est primordiale dans des contextes complexes, tels que les programmes multisectoriels, où il est difficile d'attribuer les résultats à une seule intervention en raison de la multiplicité des intervenants et des facteurs. L'AC reconnaît cette complexité et offre une méthode pour isoler et comprendre la contribution spécifique d'une intervention, même lorsque l'attribution directe est ardue[1].

4.6.3. L'approche Analyse de la Contribution

L'Analyse de la Contribution (AC) est une méthode qui vise à évaluer la contribution d'une intervention, comme un programme ou une stratégie, dans l'atteinte des résultats, effets, et impacts observés. Plutôt que d'attribuer ces résultats directement à l'intervention, l'AC examine en profondeur comment et dans quelle mesure l'intervention a influencé ces changements, en prenant en compte les autres facteurs influents. Elle s'appuie sur la théorie du changement, un cadre structuré qui détaille comment une intervention prévoit d'atteindre ses objectifs en identifiant les étapes et les mécanismes à travers lesquels le changement est supposé se produire[2].

---

[1] Delahais, Thomas, and Jacques Toulemonde. "Applying contribution analysis: Lessons from five years of practice." Evaluation 18.3 (2012): 281-293.

[2] Patton, Michael Quinn. "A utilization-focused approach to contribution analysis." Evaluation 18.3 (2012): 364-377.

- *Application de la Théorie de Changement* : Au cœur de l'AC se trouve l'application rigoureuse de la théorie du changement. Elle est utilisée pour établir une corrélation claire entre les actions entreprises par un programme et les changements attendus. Cela requiert une compréhension approfondie des intrants, activités, extrants, résultats, et impacts, ainsi que des relations causales et des hypothèses qui relient ces différents éléments. Les évaluateurs, sur cette base, formulent des hypothèses sur les relations causales et les mécanismes par lesquels l'intervention génère des effets et des impacts.
- *Développement de Cas de Contribution* : L'un des principaux atouts de l'AC est sa capacité à élaborer des "cas de contribution". Au lieu de se limiter à démontrer une corrélation entre une intervention et un résultat, l'AC se concentre sur l'élaboration d'un argumentaire solide et étayé pour prouver la contribution[1]. Cela implique la collecte et l'analyse de données, tant quantitatives que qualitatives, pour appuyer les affirmations de contribution. Les évaluateurs s'appuient sur des données empiriques, des études de cas, des témoignages, et d'autres sources pour renforcer leur argumentation.
- *Reconnaissance de la Complexité* : L'AC prend en compte la complexité inhérente à de nombreux programmes, notamment ceux qui sont multi-projets. Dans ces contextes, il est difficile d'isoler les effets d'une seule intervention, car de nombreux facteurs externes peuvent influencer les résultats. L'AC, plutôt que de tenter d'attribuer des résultats spécifiquement à l'intervention, évalue la contribution relative du programme par rapport à d'autres facteurs influents. Elle cherche à répondre à la question : "Dans quelle mesure le programme a-t-il contribué à ces résultats, compte tenu des autres facteurs en jeu?"

La pertinence de l'AC a été mise en exergue par John Mayne, son principal promoteur, dans sa publication de 2015. Mayne a souligné l'importance de l'AC comme outil pour les évaluateurs opérant dans des contextes complexes où l'attribution directe est difficile, voire impossible. Grâce à l'AC, les évaluateurs peuvent fournir des évaluations robustes et crédibles de la contribution des interventions

[1] Mayne, John. "Revisiting contribution analysis." Canadian Journal of Program Evaluation 34.2 (2019): 171-191.

aux changements observés, tout en reconnaissant la multiplicité des facteurs en jeu.

4.6.4. Les différentes étapes de l'Analyse de la Contribution (AC)

L'Analyse de la Contribution est un processus structuré qui débute par la définition du problème causal, la création d'une théorie du changement, et la collecte rigoureuse de données pour étayer cette théorie. Cette base est ensuite consolidée à travers l'assemblage et l'évaluation critique des données, ainsi que par la recherche de preuves supplémentaires pour adresser d'éventuelles lacunes. En dernière étape, l'analyse est affinée et renforcée en validant les preuves, en assurant une structure logique, et en intégrant les perspectives des parties prenantes, garantissant une conclusion robuste et crédible.

Étape 1 : Définir le problème de cause à effet à traiter

L'Analyse de la Contribution est un processus méthodique qui débute avec la définition précise du problème causal, la création d'une théorie du changement bien fondée et la collecte méticuleuse de données pour soutenir cette théorie[1]. Cette base solide est ensuite renforcée par l'assemblage minutieux et l'évaluation critique des données, ainsi que par la recherche de preuves supplémentaires pour combler les éventuelles lacunes. Enfin, l'analyse est peaufinée et consolidée en validant les preuves, en assurant une logique structurée et en intégrant les perspectives des parties prenantes, garantissant ainsi une conclusion solide et crédible.

- *Validation du Problème Causal* : L'Analyse de la Contribution débute par la validation du problème causal, s'assurant ainsi que les résultats observés découlent réellement de l'intervention spécifique et non d'autres facteurs externes. Cette étape implique de poser des questions de causalité précises pour guider l'analyse, de déterminer le niveau de confiance nécessaire pour ces questions, d'identifier les facteurs externes potentiels influençant les résultats, et d'évaluer la plausibilité de la contribution attendue par rapport à l'ampleur réelle de l'intervention et aux résultats observés.
- *Définition des Questions de Causalité* : Après avoir validé le problème, il est essentiel de préciser les questions spécifiques de causalité à traiter. Ces questions doivent être détaillées et

[1] Mayne, John. "Contribution analysis: Addressing cause and effect." Evaluating the complex (2011): 53-96.

spécifiques pour orienter l'ensemble de l'analyse. Elles peuvent inclure des interrogations telles que "Dans quelle mesure l'intervention a-t-elle contribué à l'amélioration de l'accès à l'éducation dans une région donnée ?" ou "Quelle part de la réduction de la malnutrition peut être attribuée au programme alimentaire mis en place ? Ces questions doivent être détaillées et spécifiques pour orienter l'ensemble de l'analyse.

- *Niveau de Confiance Requis* : Il est primordial de déterminer le niveau de confiance nécessaire pour répondre aux questions de l'AC. Selon la nature de l'intervention, le niveau de preuve requis varie. Par exemple, l'évaluation de l'impact d'un médicament exige un niveau de preuve extrêmement élevé, tandis que pour évaluer l'efficacité d'une campagne de sensibilisation, un niveau de preuve plus modéré peut suffire. Déterminer le niveau de confiance à l'avance structure la collecte et l'analyse des données.
- *Exploration de la Contribution Attendue* : Comprendre la nature et l'étendue de la contribution attendue de l'intervention est crucial. Cela implique une analyse approfondie des objectifs de l'intervention, des mécanismes prévus pour sa mise en œuvre et de l'ampleur des changements attendus[1]. Des outils comme la cartographie des processus et les diagrammes logiques peuvent être utiles pour visualiser le cheminement de l'intervention vers les résultats escomptés.
- *Identification des Facteurs Déterminants* : L'environnement d'une intervention est souvent complexe, peuplé de facteurs internes et externes pouvant influencer les résultats. Ces facteurs peuvent inclure des politiques gouvernementales, des conditions économiques, des tendances sociales ou même des événements climatiques. Une analyse détaillée de ces facteurs est essentielle pour isoler la contribution spécifique de l'intervention et affiner l'analyse en conséquence.
- *Évaluation de la Plausibilité* : L'évaluation de la plausibilité de la contribution attendue est une étape cruciale. Si l'intervention est de petite envergure mais que les résultats observés sont vastes et significatifs, cela peut remettre en question la plausibilité de la contribution. L'évaluation de la plausibilité

[1] Delahais, Thomas, and Jacques Toulemonde. "Applying contribution analysis: Lessons from five years of practice." Evaluation 18.3 (2012): 281-293.

vise à s'assurer que les conclusions de l'AC sont réalistes, fondées et bien alignées sur le contexte et la capacité de l'intervention.

Étape 2 : Développer la théorie du changement postulée et les risques qui s'y rapportent

L'Analyse de la Contribution (AC) repose sur une théorie du changement élaborée, traçant le chemin de l'intervention vers les résultats attendus. Habituellement illustrée par des diagrammes, cette théorie définit clairement les activités spécifiques et les résultats envisagés. Toutefois, chaque étape, fondée sur des hypothèses comme l'adoption de nouvelles pratiques par des agriculteurs formés, peut se heurter à divers obstacles, notamment culturels. De surcroît, il est crucial d'intégrer dans cette théorie des facteurs externes influents tels que les changements climatiques et les politiques publiques. La robustesse de cette théorie est donc régulièrement éprouvée, exigeant des ajustements pour s'adapter au mieux au contexte spécifique de l'intervention[1].

- *Explication de la théorie du changement postulée* : La théorie du changement constitue une pierre angulaire de l'Analyse de la Contribution (AC), décrivant les mécanismes par lesquels une intervention est censée générer des résultats déterminés. Pour la clarifier, il est impératif de saisir les actions propres à l'intervention et de préciser les résultats attendus, qu'ils soient immédiats, intermédiaires ou finaux. Ces liens de causalité sont habituellement visualisés à travers des diagrammes ou des cartes, illustrant la progression de chaque activité vers des résultats spécifiques et la manière dont ces derniers s'entrelacent.
- *Identification des risques et hypothèses* : L'ossature de chaque étape de la théorie du changement repose sur des hypothèses clés. Prenons l'exemple d'une intervention visant à instruire des agriculteurs sur des pratiques agricoles durables ; il est présumé que ces derniers, une fois formés, intégreront ces techniques dans leur travail. Néanmoins, cette transition peut se heurter à des obstacles, tels que le déficit en outils adéquats ou une résistance culturelle face à l'innovation. D'où l'importance

[1] Dybdal, Line, Steffen Bohni Nielsen, and Sebastian Lemire. "Contribution analysis applied: Reflections on scope and methodology." Canadian Journal of Program Evaluation 25.2 (2010): 29-57.

cruciale de déceler, clarifier et consigner méticuleusement ces risques et suppositions à chaque phase du processus.

- *Rôles des autres facteurs d'influence et explications alternatives* : Au-delà des actions directes de l'intervention, divers facteurs externes, tels que les variations climatiques, les décisions politiques ou les fluctuations des prix du marché, peuvent impacter les résultats, notamment dans les projets agricoles. Reconnaître et incorporer ces éléments influents dans la théorie du changement est essentiel. Cela permet d'analyser leurs interactions avec l'intervention et de mesurer leur influence sur les résultats finaux, offrant ainsi une perspective holistique et réaliste.
- *Contestation de la théorie du changement postulée* : Même les théories du changement les mieux élaborées ne sont pas à l'abri de critiques. Les remises en question peuvent porter sur la validité des hypothèses, la proposition de connexions causales alternatives, ou l'omission de considérer certains facteurs externes. Face à ces critiques, il est primordial de les anticiper, d'en évaluer la pertinence, et le cas échéant, de procéder à des ajustements dans la théorie. Cette démarche de révision et de validation confère à la théorie une solidité, une réflexion approfondie et une adaptation sur mesure au contexte particulier de l'intervention.

Étape 3 : Collecte, assemblage et analyse des données et informations

L'étape 3 de l'Analyse de la Contribution (AC) est dédiée à la collecte, l'organisation et l'analyse minutieuse des données probantes, visant à corroborer la théorie du changement. Cette phase initie par une évaluation critique des liens de causalité préétablis, basée sur des données extraites de recherches et évaluations antérieures. L'examen précis des données concernant les résultats observés à chaque niveau de la chaîne de résultats est crucial pour confirmer l'efficacité de l'intervention. Par ailleurs, l'intégration des facteurs externes d'influence et des explications concurrentes assure une compréhension exhaustive des résultats. Cette approche méthodique garantit une analyse solide, fiable, et rigoureusement basée sur des preuves tangibles.

- *Évaluation des relations causales* : Avant de commencer la collecte de données, il est essentiel d'évaluer minutieusement la solidité des liens causaux définis dans la théorie du changement. Cette évaluation consiste à scruter chaque relation pour s'assurer de sa logique, de sa solidité conceptuelle et de son étayage par des preuves préexistantes. Les vulnérabilités découvertes dans ces liens peuvent signaler des domaines nécessitant une attention accrue durant la collecte de données ou indiquer des éléments de la théorie qui pourraient requérir une réévaluation.

- *Utilisation de sources existantes* : L'un des atouts majeurs de l'Analyse de la Contribution (AC) réside dans sa capacité à capitaliser sur des données préexistantes, évitant ainsi souvent la nécessité de nouvelles collectes. Il est primordial d'explorer ces ressources afin d'extraire les informations pertinentes pour étayer la théorie du changement. Cet examen approfondi peut englober l'analyse d'évaluations d'impact, l'étude de cas concrets, le dépouillement d'enquêtes et l'examen d'autres recherches significatives.
- *Données pour les résultats observés* : L'analyse des données liées aux résultats observés est cruciale pour évaluer l'efficacité de l'intervention par rapport aux objectifs fixés. Ces informations peuvent être recueillies à travers des sources primaires, telles que des enquêtes menées après l'intervention, ou via des sources secondaires, incluant des rapports et publications préexistants.
- *Données pour chaque maillon de la chaîne de résultats* : Il est indispensable de recueillir des informations non seulement sur les résultats finaux mais également sur chaque palier intermédiaire de la théorie du changement. Ces données intermédiaires offrent des insights précieux quant aux points forts de l'intervention, aux défis potentiels rencontrés, et aux zones nécessitant éventuellement des ajustements.
- *Données sur d'autres facteurs d'influence* : Il est capital de prendre en compte et de collecter des données sur les facteurs externes pouvant influencer les résultats, afin de cerner leur impact et leur interaction avec l'intervention. Ces informations peuvent être extraites d'études existantes ou obtenues via de nouvelles recherches dédiées à l'Analyse de la Contribution.
- *Recherche d'explications rivales* : Pour parachever une analyse exhaustive, l'examen d'explications alternatives aux résultats observés est impératif. Lorsque ces hypothèses alternatives se révèlent plausibles et étayées par des données, il est crucial de

les intégrer dans l'analyse finale, enrichissant ainsi la compréhension de la contribution de l'intervention aux résultats obtenus.

En définitive, cette phase est déterminante pour asseoir la pertinence et la crédibilité de l'Analyse de la Contribution. Une collecte rigoureuse et une analyse approfondie des données consolident la fiabilité des déductions finales, assurant ainsi la précision et la robustesse optimales de l'AC.

Étape 4 : Assembler et évaluer la réclamation de contribution

L'étape 4 de l'Analyse de la Contribution est axée sur la consolidation et l'évaluation des prétentions de contribution. Elle débute par une synthèse des analyses antérieures, articulant clairement les connexions causales entre l'intervention et les résultats observés. Cette articulation est rigoureusement évaluée à l'aune de la solidité de la théorie du changement, confrontant chaque lien causal avec les données probantes disponibles, tout en intégrant les facteurs externes influents. Simultanément, des explications alternatives sont envisagées et mises en parallèle avec la théorie existante. Ces évaluations permettent un raffinement ou une actualisation de la théorie du changement, assurant ainsi la validité et la pertinence de l'analyse finale.

- *Présentation de l'exposé de l'exigence de contribution* : L'exposé de l'exigence de contribution condense l'ensemble des analyses réalisées jusqu'alors. Il présente une articulation limpide de la relation causale présumée entre l'intervention et les résultats observés, fondée sur l'ensemble des preuves accumulées et scrutées dans les phases antérieures. Du point de vue technique, cet exposé se doit de démontrer une séquence logique, en retraçant le parcours depuis l'intervention initiale, à travers les étapes intermédiaires de la chaîne de résultats, jusqu'aux effets finaux.
- *Évaluation des forces et des faiblesses de la théorie du changement postulée* : Munis des données et preuves pertinentes, il convient d'analyser la robustesse de la théorie du changement avancée. Cette analyse consiste à scruter et à confronter chaque lien causal avec les preuves existantes. Ainsi, si une recherche antérieure révèle une déviation dans un élément de la chaîne de résultats par rapport aux prévisions, cette découverte doit être intégrée à l'analyse. Il en va de même pour les facteurs externes significatifs mis en évidence

précédemment, dont l'impact potentiel sur les relations causales établies doit être minutieusement évalué.

- *Données pour étayer les explications alternatives* : Il est également impératif de peser toute affirmation de contribution contre des explications alternatives potentielles. En se basant sur les données et preuves collectées, il est crucial d'examiner la crédibilité de toute autre interprétation plausible des résultats observés. Si des preuves tangibles appuient une explication alternative, cela pourrait ébranler la solidité de la théorie du changement initialement proposée.
- *Affinement ou mise à jour de la théorie du changement* : Cette phase se clôture par un ajustement précis de la théorie du changement, en harmonie avec les constatations antérieures. Par exemple, si une certaine connexion causale est identifiée comme étant moins influente qu'anticipé, ou si un facteur externe révèle un impact plus marquant que prévu, il est crucial de réviser la théorie du changement en conséquence. Ce raffinement méthodique est fondamental pour maintenir l'Analyse de la Contribution adaptable et réceptive aux nouvelles données, garantissant ainsi la validité et l'applicabilité de l'analyse finale.

Étape 5 : Recherche des données et informations probantes supplémentaires

L'Étape 5 de l'Analyse de la Contribution se concentre sur l'acquisition de données et preuves supplémentaires, afin de renforcer la fiabilité de l'exigence de contribution. Cette étape initie par l'identification des lacunes dans la théorie du changement, en utilisant des instruments analytiques comme les matrices de causalité, pour repérer les zones où les preuves existantes sont insuffisantes. Ensuite, une hiérarchisation devient cruciale, notamment lorsqu'il existe des contraintes limitant une collecte complète des données. Pour recueillir ces informations, une diversité de méthodes qualitatives et quantitatives sont employées, incluant des entretiens en profondeur, des enquêtes structurées, et l'analyse de bases de données préexistantes. L'intégration de ces nouvelles données à l'analyse existante peut requérir une réinterprétation. Le but final est de pallier les déficits en matière de preuves, consolidant ainsi la confiance dans les déductions de l'Analyse de la Contribution.

- *Détermination des besoins en données supplémentaires* : La solidité de l'exigence de contribution dépend entièrement d'une base probante robuste. Cela implique une révision méticuleuse de chaque aspect de la théorie du changement pour détecter les zones où les preuves sont insuffisantes ou contestables. L'emploi d'outils analytiques, comme les matrices de causalité, est essentiel pour déchiffrer les liens causaux et repérer les besoins en preuves additionnelles. Lorsque la collecte exhaustive de données est limitée par des contraintes de temps ou de budget, il est crucial de hiérarchiser les éléments. Il convient de se demander : quels sont les maillons clés dans la chaîne de résultats qui, s'ils étaient consolidés par des preuves additionnelles, renforceraient significativement la crédibilité de l'ensemble de l'exigence de contribution?
- *Collecte et assemblage de nouvelles données et informations probantes* : Les techniques de collecte qualitatives, comme les entretiens individuels approfondis, offrent une plongée détaillée dans les perceptions, expériences et opinions des parties prenantes, dévoilant des informations nuancées et adaptées au contexte. Les groupes de discussion, rassemblant divers participants pour échanger sur des thématiques précises, sont également précieux pour saisir les points de vue convergents et divergents. Par ailleurs, les méthodes quantitatives, telles que les enquêtes structurées, permettent une analyse en grande envergure des perceptions, attitudes ou comportements, offrant ainsi une mesure quantitative précieuse.
- *Analyse de données existantes* : Procédez à une recherche minutieuse dans des bases de données, rapports d'études antérieures ou archives susceptibles de renfermer des informations pertinentes. Cette démarche englobe l'assemblage et l'organisation méthodique des données, incluant éventuellement la création de nouvelles bases de données pour une gestion optimisée.
- *Intégration des nouvelles données* : Après la collecte et l'organisation des nouvelles données, celles-ci doivent être intégrées avec soin au corpus d'informations probantes existant. Cette étape peut nécessiter une réanalyse minutieuse ou une réinterprétation des preuves préexistantes, en tenant compte du nouvel ensemble de données.

En définitive, cette étape est cruciale pour pallier les déficits dans la base probante, consolidant de ce fait la validité et la crédibilité de l'Analyse de la Contribution. L'investissement consenti pour enrichir cette base de preuves est déterminant pour l'intégrité des conclusions finales et pour instaurer la confiance des parties prenantes en ces déductions.

Étape 6 : Réviser et renforcer l'exposé de l'exigence de contribution

L'étape 6 de l'Analyse de la Contribution se concentre sur l'affinement de l'exposé de l'exigence de contribution, le renforçant par une approche tridimensionnelle : premièrement, en vérifiant la solidité des preuves pour chaque relation causale ; deuxièmement, en assurant une structure logique rigoureuse ; et troisièmement, en incorporant les perspectives des parties prenantes pour renforcer la légitimité. Parallèlement, une auto-évaluation met en lumière les points forts et identifie les faiblesses, préparant ainsi le terrain pour répondre efficacement aux critiques. En revisitant et en ajustant la théorie du changement de l'étape 4, cette phase contribue à l'homogénéité de l'analyse et garantit que chaque conclusion est non seulement plausible, mais également étayée par des preuves solides.

- *Construire l'exposé de l'exigence de contribution le plus crédible* : L'exposé de l'exigence de contribution vise à clarifier précisément les liens causaux entre une intervention et ses résultats. Trois éléments clés sont essentiels pour assurer sa crédibilité : premièrement, il est vital que chaque assertion causale s'appuie sur des preuves robustes et incontestables, dissipant toute ambiguïté. Deuxièmement, l'exposé doit présenter une structure logique cohérente, assurant une transition fluide de chaque étape de l'intervention vers le résultat suivant. Enfin, l'intégration active des retours et perspectives des parties prenantes enrichit l'analyse, apportant une légitimité additionnelle à l'exposé.
- *Réévaluer les forces et faiblesses de l'exigence de contribution* : L'évaluation technique de l'exigence de contribution exige une analyse approfondie de ses atouts et faiblesses. Les forces émergent lorsque les preuves sont irréfutables, étayées par une logique inébranlable et consolidées par le consensus des parties prenantes. Inversement, les faiblesses apparaissent lorsque les données manquent de solidité, la logique est susceptible de contestation, ou des divergences apparaissent parmi les acteurs

clés. Comprendre ces faiblesses est essentiel pour non seulement solidifier l'argumentation mais également pour anticiper et se prémunir contre d'éventuelles contestations ou critiques.

- *Revisiter l'étape 4 - Assembler et évaluer la réclamation de contribution* : Suite à l'amélioration de l'exposé de l'exigence de contribution, revisiter l'étape 4 est crucial pour préserver une cohérence globale. Cette étape nécessite de comparer minutieusement l'exposé original avec sa version renforcée, soulignant ainsi les améliorations apportées. Par conséquent, il est nécessaire de reconsidérer la théorie du changement pour vérifier qu'elle représente toujours les liens causaux les plus convaincants et qu'elle repose fermement sur des preuves solides. De plus, tout nouvel aperçu concernant des explications alternatives doit être soigneusement évalué par rapport à la théorie du changement, permettant ainsi les ajustements nécessaires pour préserver la rigueur de l'analyse.

Au total, l'étape 6 est une étape d'affinement. Elle vise à rendre l'analyse de la contribution aussi robuste et crédible que possible, en garantissant que chaque lien de causalité est non seulement logique, mais aussi fermement ancré dans les données et preuves disponibles.

4.7. Les principales phases techniques de l'évaluation des programmes

L'évaluation des programmes et projets de développement s'amorce par une initiation méthodiquement structurée, articulée autour d'un Plan d'évaluation conçu à partir des documents stratégiques de l'organisation. Ce plan précise les activités, objectifs et protocoles, assurant ainsi une exécution efficace des évaluations, appuyée par une collaboration étroite entre toutes les parties prenantes. Cette évaluation, en particulier celle de la performance, se segmente en différentes phases, telles que les revues annuelles, les évaluations à mi-parcours et finales, chacune requérant des outils et méthodologies spécifiques pour une analyse affinée de l'évolution du programme.

L'élaboration minutieuse des Termes de Référence (TDR) est cruciale pour cerner le contexte, l'objectif et l'étendue de l'évaluation. Les TDR, en définissant clairement le cadre de l'intervention, orientent vers une méthodologie d'évaluation pertinente et garantissent l'alignement de l'évaluation avec les exigences des parties prenantes. En outre, la collecte et l'analyse rigoureuses des données sont indispensables pour une évaluation fructueuse. Un soin particulier est porté à la qualité des données recueillies, qui sont analysées de manière exhaustive en combinant méthodes qualitatives et quantitatives, transformant ainsi les données brutes en insights stratégiques et menant à des recommandations avisées pour l'évolution future des programmes.

4.7.1. L'initiation de l'évaluation : Une démarche structurée pour une analyse approfondie

L'initiation de l'évaluation constitue un jalon essentiel dans le Suivi et Évaluation des programmes et projets de développement. Organisée autour d'un Plan d'évaluation, tiré des documents stratégiques de l'organisation, cette phase précise les activités, objectifs, et protocoles à suivre. Son rôle est déterminant dans la direction et le contrôle de la mise en œuvre des évaluations. Une communication et collaboration efficaces entre les parties prenantes sont impératives, assurant une compréhension partagée des objectifs et procédures et, par conséquent, la réussite de l'évaluation. De plus, l'évaluation de la performance, axée sur la capacité d'un programme à réaliser ses objectifs, se déroule en phases distinctes : les revues annuelles, les évaluations à mi-parcours, et les évaluations finales, chacune exigeant des outils et méthodologies adaptés pour une analyse minutieuse et pertinente de l'évolution du programme.

4.7.1.1. Le Plan d'évaluation

L'initiation de l'évaluation, essentielle au Suivi et Évaluation des programmes et projets de développement, s'articule autour d'un Plan d'évaluation issu des documents stratégiques de l'organisation. Ce plan, précisément défini dans les Manuels de Suivi et Évaluation, couvre les activités, les objectifs et les protocoles d'évaluation. Il oriente la réalisation des évaluations, supervisées par les entités responsables des projets. La réussite de cette phase repose sur une communication fluide et une collaboration efficace entre toutes les parties prenantes, garantissant ainsi une compréhension partagée des objectifs et des procédures. En définitive, une initiation méticuleuse, couplée à une communication et une collaboration harmonieuses, est indispensable à la réussite d'une évaluation.

- *Le Plan d'évaluation comme le socle de l'évaluation* : Les plans d'évaluation sont étroitement liés aux documents stratégiques des organisations ou des projets. Ces documents stratégiques, qui définissent les lignes directrices et les orientations, incluent généralement des indicateurs de performance et des objectifs, servant de cadre pour l'évaluation. Pour une mise en œuvre efficace, ces plans sont détaillés dans les Manuels de Suivi et Évaluation. Ces manuels, rédigés par des spécialistes en évaluation, offrent des instructions précises sur la conduite de l'évaluation. Les Plans d'évaluation se caractérisent par plusieurs éléments clés :

  - Activités d'évaluation et calendrier : Il est essentiel de détailler précisément les activités d'évaluation, qu'il s'agisse d'enquêtes sur le terrain, d'entretiens ou d'analyses de données, et de planifier soigneusement leur calendrier. Ce dernier doit refléter les étapes clés du projet tout en considérant d'éventuelles contraintes externes.
  - Objectifs des évaluations : Les objectifs de l'évaluation établissent son but fondamental, qu'il s'agisse d'évaluer l'efficacité, l'efficience, la pertinence, ou l'impact d'une intervention. Chaque objectif doit être clairement défini pour orienter le processus d'évaluation.
  - Protocoles initiaux : Les protocoles initiaux concernent les méthodes et outils destinés à la collecte et l'analyse des données, assurant une approche systématique et cohérente de l'évaluation.

- *Mise en œuvre des Plans d'évaluation* : Après l'élaboration minutieuse d'un plan d'évaluation, l'étape subséquente est le lancement des activités d'évaluation. Habituellement orchestré par les entités chargées de l'exécution ou du financement des projets, ce processus ne se limite pas à son commencement. Il exige aussi une supervision constante pour garantir le déroulement conforme du plan selon les prévisions établies.
- *Communication et collaboration comme clé d'une initiation réussie* : Au-delà de la logistique et de la planification, l'initiation de l'évaluation repose essentiellement sur une communication et une collaboration efficaces entre toutes les parties prenantes. Une communication transparente est cruciale pour aligner les attentes, les responsabilités et les objectifs de chacun. Le rappel des résultats clés attendus, du calendrier, des contraintes techniques, et des procédures permet une synchronisation efficace des parties prenantes, assurant ainsi

une évaluation non seulement correctement initiée mais aussi rigoureusement exécutée.

En conclusion, l'initiation de l'évaluation représente un pilier fondamental qui exige une planification détaillée, une communication limpide et une collaboration étroite entre toutes les parties impliquées, afin d'assurer une évaluation à la fois efficace et porteuse de sens.

4.7.1.2. L'initiation de l'évaluation pour les évaluations de performance

L'évaluation de performance vise à mesurer la capacité d'un programme ou d'un projet à atteindre ses objectifs prévus. Afin d'assurer une évaluation à la fois complète et précise, il est crucial que le processus d'initiation soit mené avec rigueur. Ce qui suit est une exploration détaillée de ces différentes étapes.

- *Les revues et missions de supervisions annuelles* : Les revues et missions de supervision annuelles ont pour objectif principal d'assurer un suivi régulier et systématique de la progression d'un programme vis-à-vis de ses objectifs établis. En mettant l'accent sur des critères déterminants tels que la pertinence des actions menées et leur rentabilité, ces revues tiennent également compte des modalités d'exécution, des aspects institutionnels, et du respect du calendrier préétabli. La méthodologie employée pour ces revues s'appuie sur une analyse de données à la fois quantitatives et qualitatives, issues de sources variées telles que les rapports internes, les échanges avec les parties prenantes, et les observations sur le terrain.
- *L'évaluation à mi-parcours* : L'évaluation à mi-parcours constitue une étape critique, analysant les orientations prises, les ressources mobilisées et les résultats intermédiaires d'un programme, ce qui permet, le cas échéant, d'opérer des ajustements stratégiques. S'appuyant sur six critères fondamentaux de performance (pertinence, cohérence, efficience, efficacité, impact, et durabilité), cette évaluation emploie une variété d'outils, incluant des études de cas, des sondages, des groupes de discussion, et des analyses statistiques, afin de dresser un bilan détaillé de la progression du programme à mi-parcours.
- *L'évaluation finale ou rapport de clôture de programme* : L'évaluation finale, ou rapport de clôture de programme, vise à évaluer l'atteinte des objectifs, à identifier les leçons apprises et

à orienter les initiatives futures. Se concentrant sur tous les critères de performance, cette évaluation met l'accent sur les résultats obtenus, les enseignements tirés et la mise en avant des meilleures pratiques. Adoptant une approche holistique, elle combine revues documentaires, études de cas, entretiens, et ateliers participatifs avec les parties prenantes pour valider ses conclusions.

En conclusion, pour assurer l'efficacité et la pertinence des évaluations de performance, il est impératif de planifier et d'exécuter chaque étape avec rigueur, tout en adaptant l'approche aux particularités du programme ou du projet concerné.

4.7.1.3. L'initiation des évaluations d'impact : une démarche centrée sur le changement

L'initiation des évaluations d'impact adopte une approche progressive axée sur le changement, débutant par une étude de situation de référence (Baseline Study). Cette étude établit un point de départ pour le suivi des transformations, grâce à une collecte méticuleuse de données initiales. À mi-parcours, l'évaluation d'impact intermédiaire utilise des méthodes mixtes pour mesurer les avancées et procéder à d'éventuels réajustements, en comparant les données actuelles aux données de départ. Enfin, l'évaluation d'impact finale a pour but de mesurer les effets durables et de comparer les résultats obtenus aux objectifs fixés, en se servant d'une palette de méthodologies pour saisir l'étendue et la nature des impacts, tout en dégageant des enseignements pour les initiatives futures.

- *Études de situation de référence (Baseline Study)* : L'étape initiale cruciale de toute évaluation d'impact est l'étude de situation de référence, ou "Baseline Study". Fondamentale, cette phase crée une référence pour mesurer les évolutions futures. Cette étude implique une collecte minutieuse de données quantitatives et qualitatives pour cerner les conditions préalables à l'implémentation du programme ou projet. On recourt habituellement à des enquêtes, entretiens, et groupes de discussion pour cette collecte. L'analyse de ces données permet de définir le statut socio-économique des bénéficiaires à l'origine, ainsi que d'autres variables contextuelles essentielles.
- *Évaluation d'impact à mi-parcours (Mid-line impact assessment)* : À mi-parcours, il est crucial de mesurer les évolutions intermédiaires et d'évaluer l'impact sur les

bénéficiaires. L'évaluation d'impact à mi-parcours fusionne des méthodes quantitatives, telles que les analyses statistiques, avec des approches qualitatives, comme les entretiens semi-structurés, pour évaluer la portée des effets du programme. Comparer ces nouvelles données à celles de l'étude de référence est essentiel pour discerner les écarts et tendances, permettant ainsi d'ajuster la théorie du changement du programme en cas d'écart significatif par rapport aux prévisions.

- *Évaluation d'impact finale (End-line impact evaluation)* : L'évaluation d'impact finale a pour but de déterminer de façon définitive les effets et impacts pérennes d'un programme ou projet sur ses bénéficiaires. Elle s'attache à comparer les résultats obtenus aux objectifs initiaux et à la référence établie au commencement. Cette étape exige une analyse comparative minutieuse entre les données initiales, intermédiaires et finales. Des approches variées, telles que les études de cas, les témoignages des bénéficiaires, les enquêtes, et les analyses coûts-avantages, sont mobilisées pour une compréhension globale des impacts. L'ambition est de comprendre non seulement la réussite du programme, mais également ses mécanismes, conditions de succès, et les leçons précieuses pour les futures initiatives.

4.7.2. Champs de couverture et élaboration des termes de références d'évaluation

L'évaluation d'un programme exige une préparation minutieuse, en particulier à travers l'élaboration de Termes de Référence (TDR) bien définis qui précisent l'objet, le contexte et la portée de l'évaluation. Ces TDR, en clarifiant la nature de l'intervention, déterminent la méthodologie d'évaluation la plus pertinente. Avant de débuter, il est crucial de comprendre en profondeur le contexte du programme, y compris son historique et les dynamiques influentes. La théorie du changement, offrant une vision systémique du processus envisagé pour induire le changement, et le cadre logique, qui détaille la structure opérationnelle, sont indispensables.

L'objectif ultime de l'évaluation est de promouvoir la responsabilité vis-à-vis des parties prenantes et de fonctionner comme un outil d'apprentissage. Elle cherche à prouver une utilisation judicieuse des ressources et l'atteinte des objectifs établis. Les résultats, destinés à une multitude d'acteurs, requièrent une définition précise du public cible et de l'utilisation des informations recueillies. En conséquence, il est essentiel que les objectifs spécifiques de chaque évaluation soient en adéquation avec les orientations futures des parties prenantes.

Une évaluation efficace repose sur la définition précise des livrables, une clarification détaillée de la composition de l'équipe d'évaluation, ainsi qu'une mobilisation opérationnelle et logistique bien orchestrée. Il est impératif que les livrables incluent un plan détaillé, un rapport préliminaire, un rapport final, et une compilation complète des données recueillies. La compétence des membres de l'équipe d'évaluation est déterminante pour assurer la qualité de l'évaluation, tandis qu'une gestion logistique efficace est essentielle pour le bon déroulement de l'ensemble du processus d'évaluation.

4.7.2.1. Aspects ou résultats du programme à évaluer et le type d'évaluation à entreprendre

L'évaluation d'un programme ou projet requiert une préparation minutieuse, notamment à travers la rédaction de Termes de Référence (TDR) détaillés. Ces derniers doivent définir clairement l'objet, le contexte et la portée de l'évaluation. En précisant la nature des interventions, simples ou complexes, les TDR orientent le choix de la méthodologie d'évaluation la plus appropriée. Il est essentiel que les TDR incluent des détails tels que le titre, la durée, les partenaires et le domaine d'intervention du programme, et fournissent un contexte exhaustif pour aligner et préciser la vision des objectifs et enjeux pour toutes les parties prenantes.

- *Préparation de l'évaluation d'un programme ou projet* : La préparation de l'évaluation d'un programme ou projet est une démarche essentielle, nécessitant une approche méthodique. La création des Termes de Référence (TDR) est une étape cruciale dans ce processus. Les TDR doivent fournir des indications claires concernant l'objet, le contexte et la portée de l'évaluation, assurant ainsi une compréhension et un alignement cohérents des attentes entre toutes les parties impliquées.
- *Reconnaissance de la nature et de la portée des interventions* : La reconnaissance de la nature et de la portée des interventions est fondamentale, les interventions pouvant varier considérablement en termes de complexité et d'étendue. Une appréciation précise de ces facteurs est essentielle pour sélectionner une méthodologie d'évaluation adéquate. Dans certains cas, il peut s'avérer nécessaire de focaliser l'évaluation

sur un aspect particulier d'un projet, comme l'intégration d'une technologie novatrice, ce qui impliquerait l'adoption d'une approche méthodologique spécifique.

- *Identification et contextualisation des programmes dans les TDR* : Dans les TDR, il est impératif d'identifier et de contextualiser clairement le programme ou projet, en spécifiant des éléments tels que le titre, la durée, les partenaires impliqués, et le domaine d'intervention. Ils doivent également offrir une vision claire du contexte opérationnel du programme, incluant sa portée géographique, temporelle et stratégique. Cette précision assure que l'évaluation répond aux besoins et attentes spécifiques de toutes les parties prenantes.
- *Importance des détails dans les TDR pour une évaluation efficace* : La minutie des détails dans les TDR est essentielle pour une évaluation de qualité et pertinente. Les TDR doivent être exhaustifs, incluant des informations précises sur les titres, dates de mise en œuvre, financements, partenaires, et secteurs d'intervention. Cette rigueur garantit non seulement une orientation adéquate de l'évaluation, mais assure également une compréhension unifiée et transparente des objectifs et des enjeux de l'évaluation parmi tous les acteurs concernés.

4.7.2.2. Cadre contextuel et informations existantes nécessaires pour les évaluations

Il est primordial de bien comprendre le contexte du projet avant de commencer toute évaluation, de son historique aux dynamiques sociopolitiques qui l'affectent. Chaque programme naît d'un problème spécifique ou d'une opportunité, dont la compréhension détaillée est cruciale pour saisir les motivations profondes. La théorie du changement présente un processus systémique prévu pour générer un changement, tandis que le cadre logique illustre la structure opérationnelle. Identifier précisément les zones et les groupes cibles, ainsi que disposer d'une documentation complète du projet, est essentiel. Ces éléments équipent l'équipe d'évaluation des outils nécessaires pour une analyse exacte et pertinente.

- *Description du Contexte* : Comprendre le contexte est vital avant d'initier une évaluation. Cela requiert une analyse approfondie de l'historique du projet, de ses phases initiales, des défis et opportunités rencontrés, ainsi que de son état actuel. Reconnaître les dynamiques sociopolitiques, économiques et culturelles qui influencent le programme est impératif pour une évaluation précise de son fonctionnement et de ses résultats.

- *Identification du Problème ou de l'Opportunité* : Chaque projet ou programme est élaboré en réponse à un problème distinct ou pour saisir une opportunité définie. Une explication minutieuse de ce problème ou de cette opportunité est indispensable, permettant à l'équipe d'évaluation de cerner les motivations fondamentales de la conception du projet, d'en apprécier la portée et d'évaluer son impact potentiel.
- *Théorie du Changement et Hypothèses de Développement* : La théorie du changement illustre systématiquement et visuellement le processus et la raison d'un changement souhaité dans un contexte spécifique. Elle explicite les étapes nécessaires pour réaliser un changement particulier et les liens de causalité entre elles. Il est crucial d'énoncer et d'expliquer clairement toutes les hypothèses pouvant influencer la progression vers le changement visé. De plus, l'inclusion du cadre logique, détaillant les inputs, outputs, outcomes et impacts attendus, est indispensable pour présenter une structure globale de mise en œuvre.
- *Zones Géographiques et Groupes Cibles* : Spécifier les régions ou zones géographiques où le projet est mis en œuvre, ainsi que les groupes démographiques ou communautés cibles, est essentiel. L'intégration de cartes géographiques détaillées favorise une compréhension approfondie de l'étendue du projet. Ces détails sont vitaux pour l'évaluation, affectant directement la méthodologie employée, la collecte de données, et l'analyse des résultats.
- *Documentation et Informations Existantes* : Un accès complet aux documents relatifs au projet est impératif pour les évaluateurs, incluant les plans initiaux, rapports de suivi, indicateurs de performance et évaluations antérieures. La présentation d'une liste de ces documents avec un résumé de leur contenu est fondamentale. En outre, il est crucial d'évaluer la qualité, la fiabilité et la pertinence des données disponibles, afin de vérifier la validité des informations existantes et d'identifier toute lacune potentielle.

Établir un cadre contextuel bien défini et garantir l'accès à des informations complètes sont des prérequis pour une évaluation fructueuse. Ces composantes constituent une fondation solide pour l'équipe d'évaluation, assurant une compréhension approfondie du projet ou programme, ce qui se traduit par des résultats d'évaluation à la fois précis et significatifs.

4.7.2.3. Le but, le public et l'utilisation de l'évaluation

Le but d'une évaluation réside dans sa capacité à assurer une responsabilité envers les parties prenantes, démontrant ainsi l'utilisation efficace des ressources et la réalisation des objectifs fixés. Servant également comme outil d'apprentissage, elle met en lumière les bonnes pratiques et les domaines d'amélioration. Les résultats de cette évaluation sont destinés à divers acteurs, dont les gestionnaires et les gouvernements partenaires, nécessitant donc une définition claire de son public et de la manière dont les informations seront utilisées. L'objectif spécifique de chaque évaluation, tout en s'harmonisant avec son but global, doit être aligné avec les décisions futures des parties prenantes et le calendrier du projet ou programme évalué pour garantir sa pertinence et son efficacité.

- *Énoncer le But de l'Évaluation* : Le but d'une évaluation est fondamentalement sa raison d'être. Dans le monde de la gestion de projets et de programmes, une évaluation est menée pour plusieurs raisons. Tout d'abord, elle vise à assurer une responsabilité envers les parties prenantes. Cette responsabilité implique de démontrer que les ressources ont été utilisées de manière efficace et que les objectifs fixés ont été atteints, ou, dans le cas contraire, de comprendre les raisons des échecs. En outre, l'évaluation sert d'outil d'apprentissage. Elle permet d'identifier les bonnes pratiques, les erreurs commises et les défis rencontrés, et de tirer des leçons pour améliorer l'efficacité des futurs projets ou programmes. Ainsi, au-delà de la simple surveillance des progrès, l'évaluation peut contribuer à la révision des stratégies et des méthodologies.
- *Identification du Public et de l'Utilisation de l'Évaluation* : Les résultats d'une évaluation ne sont pas produits dans le vide. Ils sont destinés à être utilisés par une variété d'acteurs, allant des gestionnaires de projet aux gouvernements partenaires, en passant par d'autres parties prenantes clés comme les bailleurs de fonds ou les bénéficiaires. Par conséquent, il est essentiel de spécifier qui utilisera les résultats de l'évaluation et comment ils seront utilisés. Cette clarté garantit que les informations

fournies sont pertinentes et adaptées aux besoins des utilisateurs, maximisant ainsi leur impact et leur utilité.

- *Objectif Spécifique de l'Évaluation* : Si le but global d'une évaluation peut être centré sur la responsabilité et l'apprentissage, il est crucial d'établir un objectif spécifique pour chaque évaluation. Cet objectif doit être étroitement lié aux décisions futures que les gestionnaires, les gouvernements partenaires, et d'autres parties prenantes clés devront prendre. Un objectif spécifique clairement défini augmente la probabilité que l'évaluation produira des résultats, des conclusions, et des recommandations qui sont à la fois crédibles et directement applicables. De plus, l'objectif d'une évaluation ne doit pas simplement répliquer les questions de l'évaluation, mais plutôt les compléter, fournissant un contexte et une direction. Enfin, l'objectif doit être aligné sur le calendrier de l'évaluation, en tenant compte du cycle de vie du projet ou du programme. Une évaluation menée trop tôt ou trop tard peut ne pas fournir les informations les plus pertinentes ou utiles pour les parties prenantes.

4.7.2.4. Identifier les questions d'évaluation

Il est primordial, lors de la conception d'une évaluation, d'aligner méticuleusement les questions d'évaluation avec ses objectifs, tout en assurant la pertinence et l'applicabilité des résultats. Ces questions doivent favoriser la collecte de données empiriques robustes et fiables, tout en évitant l'ambiguïté et en mettant l'accent sur la précision. L'adoption d'approches basées sur des méthodologies rigoureuses des sciences sociales est cruciale pour éliminer les biais subjectifs. De surcroît, la priorisation judicieuse des questions est essentielle pour optimiser l'usage des ressources et pour garantir une exploration approfondie des aspects vitaux. En somme, une formulation précise et une hiérarchisation adéquate des questions sont déterminantes pour le succès de l'évaluation et la fiabilité de ses conclusions.

- *Alignement avec le But de l'Évaluation* : La formulation des questions d'évaluation constitue un pilier central du processus d'évaluation. Ces questions établissent le périmètre et l'orientation de l'évaluation. Il est impératif que ces questions soient en parfaite adéquation avec l'objectif de l'évaluation et son utilisation prévue, garantissant ainsi la pertinence et l'applicabilité des résultats pour répondre aux besoins des parties prenantes.

- *Qualité et Crédibilité des Preuves* : Les questions d'évaluation doivent être conçues pour être abordées avec les méthodologies les plus adéquates. L'objectif est de générer des données empiriques de haute qualité, robustes et crédibles. Cela implique de s'appuyer sur des méthodologies éprouvées, des outils de recherche rigoureux et des techniques de collecte de données fiables.
- *Précision et Clarté* : Il est crucial que chaque question d'évaluation soit formulée de manière concise et précise. L'emploi de termes vagues ou ambigus, tels que "pertinence" ou "efficacité", peut engendrer des interprétations multiples. Il est donc primordial de définir explicitement ces termes ou d'opter pour des formulations qui éliminent toute ambiguïté.
- *Consistance des Questions* : Les questions doivent être conçues pour obtenir des réponses basées sur des méthodes et des outils rigoureux des sciences sociales. Ceci vise à prévenir les biais et les jugements personnels propres à chaque évaluateur. En d'autres termes, les réponses aux questions doivent être reproductibles, quel que soit l'évaluateur.
- *Priorisation des Questions* : Toutes les questions n'ont pas la même importance. Une fois les questions établies, il est judicieux de leur attribuer une priorité. Cela peut se faire en classant les questions par ordre d'importance ou en allouant des ressources (temps, budget) de manière proportionnelle à l'importance de chaque question. Cette démarche assure que les questions cruciales reçoivent l'attention requise, tout en respectant les contraintes budgétaires et temporelles.

En résumé, une formulation et une hiérarchisation efficaces des questions d'évaluation sont fondamentales pour mener à bien une évaluation. Ces étapes garantissent que l'évaluation est ciblée et pertinente, produisant des résultats qui peuvent éclairer et guider les décisions futures.

4.7.2.5. Identifier une approche méthodologique

L'approche méthodologique pour les évaluations nécessite une clarification initiale des attentes, garantissant ainsi une compréhension commune des objectifs et des livrables. Au cœur de cette démarche réside la collecte de preuves crédibles, adaptées aux questions d'évaluation, tout en tenant compte des ressources disponibles et de l'objectif de l'évaluation. Il est crucial de distinguer entre une évaluation de la performance et une évaluation d'impact, d'intégrer les suggestions méthodologiques de l'équipe d'évaluation, de lier les méthodes aux questions spécifiques, et d'insister sur une analyse rigoureuse des données, y compris une désagrégation pertinente. Une telle méthodologie garantit des conclusions robustes, aidant à la prise de décision éclairée.

- *Clarification des attentes méthodologiques* : Toute évaluation efficace débute par une clarification précise des attentes concernant la conception et la méthodologie. Il est vital que tous les participants comprennent et adhèrent au processus envisagé ainsi qu'aux livrables attendus. Cette étape est fondamentale pour assurer l'alignement et l'efficacité de l'évaluation.
- *Génération de preuves crédibles* : La collecte de preuves constitue le cœur de toute évaluation. Ces preuves, pour être convaincantes, doivent être irréprochables en termes de qualité et de crédibilité. Il s'agit de choisir des méthodes de collecte de données adaptées aux questions posées, minimisant ainsi les biais et offrant une vision complète et précise de la situation évaluée.
- *Adaptation à l'objectif et aux ressources* : L'ampleur et la rigueur de l'évaluation doivent être adaptées en fonction de son objectif et des ressources disponibles. Une évaluation de grande envergure, dotée de ressources conséquentes, pourra implémenter des méthodologies plus élaborées. Inversement, une évaluation plus modeste en termes de ressources devra privilégier des méthodes plus simples, mais non moins efficaces.
- *Détermination du Type d'Évaluation* : Il est crucial de déterminer clairement si l'évaluation est axée sur la performance (évaluant l'efficacité, l'efficience, la pertinence, etc., d'une intervention) ou sur l'impact (mesurant les changements durables, positifs ou négatifs, induits par une intervention). Cette distinction orientera la stratégie d'évaluation et le choix des méthodes.
- *Méthodes et suggestions* : Tout en fournissant des recommandations méthodologiques, il est essentiel de tirer parti de l'expertise de l'équipe d'évaluation. Cette synergie entre

théorie et pratique contribue à élaborer une méthodologie à la fois pertinente et réalisable.

- *Lien entre méthodes et questions* : Chaque méthode de collecte et d'analyse de données doit être rigoureusement alignée avec les questions d'évaluation spécifiques. Cet alignement assure que chaque question est abordée de manière approfondie, avec des données adéquates pour une analyse exhaustive.
- *Analyse des données* : L'analyse des données est tout aussi cruciale que leur collecte. Les attentes relatives à l'analyse — qu'elle soit statistique, qualitative ou mixte — doivent être clairement établies, garantissant ainsi la pertinence et la précision des conclusions.
- *Analyse désagrégée* : L'analyse désagrégée, en subdivisant les données en sous-groupes pertinents (par exemple, par âge, sexe, région), permet de déceler des tendances ou des motifs qui pourraient être occultés dans une analyse plus globale.

L'approche méthodologique est la pierre angulaire de toute évaluation. Une méthodologie solide, bien adaptée et méticuleusement conçue, est la garante de conclusions d'évaluation fondées, pertinentes et précieuses pour une prise de décision éclairée.

4.7.2.6. Spécifier les livrables et le calendrier

Pour réaliser une évaluation efficace, il est crucial de définir clairement les livrables attendus. Ces derniers devraient comprendre une conception détaillée de l'évaluation, un rapport préliminaire, un rapport final, ainsi qu'un ensemble complet de données d'évaluation. Notamment, les données quantitatives doivent être fournies dans un format électronique compatible avec les outils d'analyse standard. En outre, le processus d'évaluation peut requérir des livrables supplémentaires tels qu'un plan de travail, un briefing initial, des rapports d'avancement et des images des sites évalués. La soumission de ces éléments doit suivre un calendrier précis et respecter des directives techniques pour le formatage et la soumission des rapports. Cette attention aux détails garantit une évaluation systématique, structurée et exhaustive, répondant aux attentes de toutes les parties prenantes.

- *Les Produits livrables essentiels* : Il est essentiel de préciser les produits attendus dans le contrat d'évaluation. Au minimum, ceux-ci devraient inclure une conception détaillée de l'évaluation, un rapport préliminaire pour partager les découvertes initiales, un rapport final consolidant toutes les découvertes, et un ensemble de données d'évaluation.

- *Transmission des données d'évaluation* : Les données d'évaluation, élément crucial de tout processus d'évaluation, doivent être transmises en fin d'évaluation. En particulier, toutes les données quantitatives doivent être fournies dans un format électronique lisible et compatible avec les logiciels d'analyse courants tels que SPSS, Excel ou R.
- *Livraisons supplémentaires* : En plus des livrables de base, d'autres éléments peuvent s'avérer nécessaires pour offrir une vue d'ensemble complète de l'évaluation. Parmi ces livrables supplémentaires, on peut trouver :
    - Un plan de travail détaillé offrant une vue d'ensemble du déroulement de l'évaluation.
    - Un briefing initial pour orienter les parties prenantes, y compris le programme et les partenaires.
    - Un examen préliminaire de la documentation pour un aperçu des documents disponibles.
    - Des rapports d'avancement périodiques permettant de suivre la progression de l'évaluation.
    - Des photographies des sites d'activités pour ajouter une dimension visuelle à l'évaluation.
- *Calendrier de livraison* : Pour une gestion efficace du processus d'évaluation, l'établissement d'un calendrier précis pour la remise de chaque produit livrable est indispensable. Ce calendrier doit refléter les diverses phases de l'évaluation, favorisant ainsi une coordination et une anticipation adaptées à chaque étape.
- *Exigences de soumission* : La soumission des rapports exige une attention méticuleuse aux détails techniques, notamment :
    - Les langues autorisées pour la rédaction du rapport final et/ou du résumé.
    - La limitation de la longueur des documents, exprimée en nombre de pages.
    - Le mode de soumission prévu, qu'il soit électronique, imprimé, ou les deux.
    - Le nombre requis de copies imprimées, le cas échéant.
- *Exigences de Formatage* : Pour garantir la cohérence et la lisibilité des documents, il est crucial de fournir des instructions claires concernant le formatage. Cela comprend, entre autres,

des précisions sur : la taille et le type de police à utiliser ; l'espacement des lignes ; la mise en page, incluant les en-têtes et pieds de page ; les normes pour les citations et les références bibliographiques.

En définissant clairement les livrables et le calendrier des évaluations, on assure non seulement l'alignement des attentes de toutes les parties prenantes, mais également la conduite méthodique et complète de l'évaluation. En établissant ces directives précises, on favorise une structure solide du processus d'évaluation, propice à une collecte et une analyse minutieuse et approfondie des données.

4.7.2.7. Clarifier la composition de l'équipe d'évaluation

La constitution d'une équipe d'évaluation est un processus délicat qui nécessite une définition précise de sa taille, en fonction de l'ampleur de l'évaluation et des ressources disponibles. La diversité des compétences des membres est cruciale, englobant une expertise méthodologique, une connaissance régionale, des aptitudes linguistiques, des compétences en gestion, une expérience pertinente avec des programmes similaires, et une expertise technique spécifique au programme évalué. Les chefs d'équipe, souvent des experts externes, dirigent et orientent le processus, tandis qu'un spécialiste de l'évaluation assure la rigueur méthodologique. La collaboration avec le personnel du programme offre une perspective interne précieuse, mais nécessite une définition claire de leur rôle pour éviter tout conflit d'intérêts. L'agencement judicieux de ces expertises est essentiel pour garantir une évaluation rigoureuse, objective et pertinente.

- *Taille et structure de l'équipe d'évaluation* : La taille de l'équipe d'évaluation doit être déterminée préalablement, en tenant compte de l'ampleur, de la complexité de l'évaluation et du budget alloué. Chaque membre doit avoir des rôles et des responsabilités clairement définis pour assurer un travail cohérent et efficace.
- *Compétences et expertise requises* : Les compétences des membres de l'équipe d'évaluation sont primordiales pour garantir la qualité de l'évaluation. Ces compétences peuvent varier selon le type d'évaluation et le contexte :
    - Expertise méthodologique : Indispensable pour garantir que l'évaluation est réalisée avec rigueur, impliquant la conception de l'étude, la collecte et l'analyse des données.

    - Expérience régionale ou nationale : Cruciale pour comprendre les nuances culturelles et politiques locales influençant l'évaluation.
    - Compétences linguistiques : Essentielles pour une communication efficace avec les parties prenantes et pour comprendre les documents et les sources de données.
    - Compétences de gestion : Nécessaires pour coordonner l'équipe, gérer le budget et respecter le calendrier.
    - Expérience avec des programmes similaires : Fournit une perspective précieuse sur les défis et les spécificités du programme évalué.
    - Expertise technique : Requise en fonction du domaine spécifique du programme (santé, éducation, développement économique, etc.).
- *Leadership de l'équipe* : Les chefs d'équipe, souvent experts externes, jouent un rôle crucial. Ils doivent posséder l'expérience et les compétences nécessaires pour diriger l'équipe, garantir la qualité du travail et assurer une communication efficace avec les principales parties prenantes. Leur leadership est essentiel pour la réussite de l'évaluation.
- *Spécialiste de l'évaluation* : Chaque équipe d'évaluation devrait inclure au moins un spécialiste en évaluation, assurant ainsi une méthodologie d'évaluation rigoureuse. De plus, tous les membres de l'équipe devraient être familiarisés avec la politique d'évaluation des partenaires du programme pour assurer une cohérence méthodologique.
- *Inclusion du personnel du programme* : Intégrer du personnel issu du programme ou des partenaires exécutifs dans l'équipe d'évaluation peut s'avérer bénéfique. Leur connaissance approfondie du programme peut fournir des perspectives inestimables. Toutefois, leur rôle doit être clairement défini pour prévenir tout conflit d'intérêts ou influence indue sur les résultats.

La composition de l'équipe d'évaluation est un facteur clé pour une évaluation réussie. Chaque membre apporte une expertise unique et leur combinaison judicieuse assure une analyse approfondie, objective et pertinente du programme.

4.7.2.8. La mobilisation opérationnelle et logistique

La réussite d'une évaluation dépend fortement de la mobilisation opérationnelle et logistique. Le Chef de mission, en tant que pierre angulaire de l'équipe d'évaluation, est chargé de coordonner toutes les opérations, de la planification des tâches à la supervision logistique, en passant par la communication et le contrôle des délais. Cependant, au-delà de cette coordination, une compétence technique interne au programme est indispensable pour garantir la rigueur de l'évaluation. Ce rôle technique, en plus d'examiner la méthodologie et les résultats, assure un contrôle sur le travail du Chef de mission, veillant à ce que l'évaluation se conforme aux normes méthodologiques et aux objectifs du programme.

- *Rôle du Chef de mission en termes de management et de supervision* : Le Chef de mission, en tant que figure centrale de l'équipe d'évaluation, joue un rôle crucial dans la coordination opérationnelle et logistique. Il est donc essentiel de lui attribuer des responsabilités précises de management et de supervision, incluant :
    - Planification des tâches : Le Chef de mission doit élaborer un plan d'action clair, détaillant les tâches spécifiques, les délais associés et les responsabilités de chaque membre de l'équipe.
    - Mise en œuvre logistique : Le Chef de mission est souvent responsable de la coordination logistique, y compris la réservation de voyages, l'hébergement et la location d'équipements nécessaires à l'évaluation.
    - Communication et interface : Assurer une communication fluide entre les membres de l'équipe ainsi qu'avec les parties prenantes externes est essentiel pour garantir le bon déroulement de l'évaluation.
    - Suivi et contrôle : Le Chef de mission doit suivre régulièrement l'avancement des tâches, s'assurer que les délais sont respectés et que le travail est conforme aux normes et exigences définies.
- *Importance de la compétence technique au sein du programme* : Au-delà du rôle de coordination du Chef de mission, la présence de compétence technique au sein du programme est essentielle pour garantir une évaluation de qualité. Cette compétence technique doit être capable d'assumer un rôle de contrôle sur le

travail d'évaluation, y compris la supervision du Chef de mission. Les implications sont :

- Évaluation technique : Cette compétence technique doit être capable d'examiner en profondeur la méthodologie proposée, les outils utilisés et les résultats obtenus pour s'assurer de leur validité et de leur pertinence.
- Interface avec le Chef de mission : Alors que le Chef de mission coordonne l'équipe, cette compétence technique assure un rôle de contrôle et de feedback, offrant une perspective supplémentaire pour améliorer la qualité du travail.
- Assurer la conformité : Cette compétence veillera à ce que l'évaluation respecte non seulement les normes méthodologiques mais aussi les politiques, directives et objectifs spécifiques du programme.

La mobilisation opérationnelle et logistique est un pilier essentiel pour garantir le succès d'une évaluation. En confiant des responsabilités de management au Chef de mission et en assurant un contrôle technique qualifié, on s'assure que l'évaluation est non seulement bien coordonnée mais aussi qu'elle respecte les normes les plus élevées en matière de qualité et de pertinence.

4.7.3. La collecte et la gestion des données dans les évaluations

La collecte des données est essentielle à l'évaluation, servant de fondement à toute analyse. Elle implique l'extraction soignée d'informations de diverses sources et la mise en œuvre d'outils d'enquête bien conçus. La qualité des données est d'une importance capitale, car elle influence directement la fiabilité des conclusions de l'évaluation. Des données inexactes peuvent conduire à des décisions mal informées. Pour assurer la rigueur, les méthodes de collecte sont classifiées en approches quantitatives et qualitatives, chacune offrant des perspectives différentes mais complémentaires sur l'objet d'étude.

4.7.3.1. Collecte des données pour les évaluations

La collecte des données constitue le pilier central de toute évaluation, qu'elle porte sur l'impact ou la performance. Ce processus exige une extraction minutieuse d'informations depuis des sources variées, ainsi qu'une conception méthodique des outils d'enquête pour garantir la pertinence et la fiabilité des données recueillies. Une palette d'observations diversifiées est essentielle pour appréhender l'intégralité de l'impact, englobant la participation au programme jusqu'aux interventions parallèles. Par ailleurs, l'échantillonnage doit être élaboré afin de capturer toute la diversité et les subtilités de la population étudiée. Enfin, un suivi rigoureux et un contrôle strict du processus de collecte sont impératifs pour maintenir l'intégrité et la crédibilité des données, assurant ainsi des conclusions robustes et pertinentes.

- *Importance des données dans les évaluations* : La collecte de données est indéniablement l'une des phases les plus critiques de toute évaluation, qu'elle se concentre sur l'impact ou la performance. Les données, en offrant des informations factuelles et quantifiables, forment le socle sur lequel reposent les conclusions de l'évaluation. Pour les évaluations d'impact en particulier, elles permettent de mesurer avec précision l'efficacité d'une intervention par rapport à une situation de non-intervention.
- *Complexité des observations* : Il ne suffit pas de simplement recueillir des données ; il est primordial de disposer d'un éventail d'observations diversifiées. Cela inclut des informations concernant le traitement reçu, la participation au programme, d'autres interventions parallèles susceptibles d'influer sur les résultats, les variables influençant la participation et celles permettant de prédire les résultats avec ou sans l'intervention.
- *Sources de données* : Bien que les données puissent être extraites de sources existantes, une évaluation d'impact exige souvent la réalisation de nouvelles enquêtes. Ces enquêtes peuvent couvrir différents niveaux, allant des ménages individuels aux entreprises, organisations et communautés, chacun apportant une perspective unique et des nuances essentielles à une évaluation complète.
- *Conception de l'instrument d'enquête* : La création d'un instrument de collecte de données fiable est un processus exigeant, nécessitant une compréhension approfondie des objectifs de l'évaluation, un souci méticuleux des détails et généralement des essais sur le terrain pour peaufiner l'outil. Cette démarche assure que les données recueillies sont pertinentes, précises et cohérentes.
- *Considérations d'échantillonnage* : L'échantillonnage est crucial dans la collecte des données. Il doit tenir compte des effets potentiels de l'intervention, de la mise en grappes des

observations et de l'analyse des sous-groupes. Pour refléter la variabilité inhérente à la population étudiée, un échantillonnage multiniveau est souvent nécessaire.

- *Suivi et Contrôle* : Une fois la collecte de données en cours, une surveillance méticuleuse est indispensable. Cela implique des contrôles réguliers de la cohérence pour confirmer la logique des données et une documentation exhaustive de l'ensemble du processus. Ces mesures sont essentielles pour préserver l'intégrité des données, assurant ainsi des conclusions d'évaluation basées sur des informations solides et fiables.

La phase de collecte des données est une étape technique complexe et essentielle pour toute évaluation. Chaque aspect, de la conception de l'instrument d'enquête à la supervision de la collecte, doit être abordé avec rigueur, précision et une attention constante aux détails pour garantir la qualité et la pertinence des résultats de l'évaluation.

4.7.3.2. L'importance des données de bonne qualité pour les évaluations

Dans le domaine des évaluations, la qualité des données est primordiale pour garantir la fiabilité et la précision des résultats. Une évaluation est essentiellement la somme de ses données ; des données de mauvaise qualité peuvent donc entraîner des conclusions trompeuses influençant potentiellement des décisions stratégiques inappropriées. Il est impératif que les données collectées soient pertinentes, alignées sur les objectifs de l'évaluation et exemptes de biais. La conception de la collecte de données doit être étroitement liée aux questions d'évaluation en se basant sur une théorie du changement bien définie. En fin de compte, une évaluation robuste et crédible repose sur la qualité et la pertinence des données, soulignant l'importance cruciale d'une collecte minutieuse et bien conçue.

- *L'adage de l'évaluation* : L'une des vérités fondamentales dans le domaine des évaluations est la suivante : "Une évaluation n'est que la somme de ses données". Si cette évaluation est basée sur des données de mauvaise qualité, elle produira inévitablement des résultats non fiables ou trompeurs, quel que soit le niveau de compétence du professionnel de l'évaluation ou la rigueur de sa méthodologie.
- *Les dangers des données de mauvaise qualité* : La qualité des données est essentielle à l'intégrité de l'évaluation. Des observations inadéquates, des données de faible qualité ou un

manque de profondeur dans les données peuvent non seulement rendre difficile l'estimation précise de la performance ou de l'impact mais peuvent également conduire à des interprétations incorrectes ou biaisées des résultats. Ceci peut à son tour influencer les décisions basées sur ces évaluations, potentiellement conduisant à des stratégies inefficaces ou mal orientées.

- *Pertinence versus Biais* : La pertinence des données est un pilier central d'une évaluation réussie. Assurer que les données collectées sont alignées avec les objectifs de l'évaluation est aussi crucial que de veiller à ce que la conception de l'évaluation soit robuste et exempte de biais. En effet, même si une évaluation est conçue de manière impeccable, des données imparfaites peuvent déformer ses résultats. À l'inverse, une bonne conception peut parfois compenser certaines erreurs mais si les données sont fondamentalement imparfaites, le résultat de l'évaluation restera déficient.
- *La conception de la collecte de données* : La conception de la méthode de collecte de données doit être inextricablement liée aux questions d'évaluation qui découlent de la théorie du changement. C'est cette théorie qui définit les résultats attendus d'une intervention et les étapes nécessaires pour y parvenir. Par conséquent, la méthode de collecte doit être conçue pour capturer toutes les informations nécessaires, tant quantitatives que qualitatives, pour répondre à ces questions. Chaque question d'évaluation doit être clairement mappée à une ou plusieurs sources de données pour s'assurer que chaque aspect de l'évaluation est soutenu par des données solides.

Lorsqu'on s'appuie sur des données pour prendre des décisions, il est crucial que ces données soient fiables et précises. La moindre défaillance dans les données peut entraîner des conséquences importantes, surtout lorsqu'il s'agit d'évaluations à grande échelle ou ayant un impact significatif. Les évaluations peuvent être affectées par diverses erreurs techniques, dont deux sont particulièrement critiques :

- *Erreur d'échantillonnage* : L'échantillonnage joue un rôle clé dans la collecte de données, surtout dans les enquêtes à grande échelle où il est impossible d'examiner chaque individu ou unité. Pour éviter les erreurs, l'échantillon choisi doit être représentatif de la population d'intérêt. Des erreurs peuvent survenir si le protocole d'échantillonnage est biaisé, si la base de sondage n'est pas représentative ou si certains répondants ne répondent pas, ce qui conduit à l'absence de réponse.

- *Erreur non due à l'échantillonnage* : Ces erreurs peuvent être plus insidieuses car elles englobent une variété de problèmes allant des erreurs dans la conception de l'enquête à des erreurs humaines lors de la collecte ou de la saisie des données. Par exemple, un questionnaire mal formulé peut conduire à des réponses imprécises ou trompeuses. De même, une saisie incorrecte des données ou des erreurs lors des entretiens peuvent introduire des inexactitudes.

Avant d'entreprendre une collecte de données primaire coûteuse et chronophage, les évaluateurs doivent effectuer un examen approfondi des données existantes. Cela peut aider à éviter les redondances et à optimiser les ressources. Dans les pays à faible et moyen revenu, les ressources sont souvent limitées, rendant cette étape encore plus cruciale. Dans certains cas, les évaluations peuvent s'appuyer sur des enquêtes ou des études existantes, évitant ainsi le besoin d'une collecte de données indépendante. Cette approche, appelée "greffage", peut permettre d'obtenir des informations précieuses à moindre coût.

La qualité des données est cruciale pour la crédibilité des évaluations. Même avec une conception impeccable, des données médiocres peuvent fausser les résultats. En veillant à la pertinence et à la précision des données dès le départ, les évaluateurs garantissent la fiabilité de leurs analyses, mettant en lumière l'importance vitale d'une collecte et d'une évaluation rigoureuses.

4.7.3.3. Définitions et approches de collecte de données dans les évaluations

L'évaluation des programmes nécessite souvent une approche rigoureuse et systématique de la collecte de données. Une méthode de collecte de données est une procédure spécifique qui guide la façon dont les informations sont obtenues. Ces méthodes peuvent être regroupées en deux catégories principales : quantitatives et qualitatives.

- ***Collecte de données quantitatives vs. qualitatives*** : La collecte de données dans les évaluations exige une approche rigoureuse, avec des méthodes pouvant être classées en deux catégories principales : quantitatives et qualitatives. Les méthodes quantitatives produisent des résultats numériques, utilisés pour quantifier des tendances, attitudes ou opinions. Par contraste, les méthodes qualitatives génèrent des informations descriptives, comme des textes ou images, utiles pour explorer en profondeur des phénomènes complexes. Les évaluations de performance intègrent souvent des indicateurs quantitatifs, mais il est crucial de reconnaître que les deux types de données sont complémentaires et essentiels.

- ***Enregistrement des actions de routine*** : L'enregistrement des actions de routine est une méthode de collecte de données adaptée aux partenaires de mise en œuvre. Elle inclut des activités telles que le suivi de la participation à des formations ou la distribution d'aides. Cette méthode, intégrée dans les opérations quotidiennes, permet une collecte de données en temps réel.
- ***La révolution de la collecte électronique de données*** : L'ère numérique a transformé la collecte de données. Le suivi des interactions en ligne, l'analyse des médias sociaux ou l'utilisation d'appareils mobiles pour suivre les mouvements individuels offrent une richesse de données en temps réel, particulièrement utiles pour comprendre les comportements dans un environnement digital.
- ***L'Importance des enquêtes par sondage*** : Les enquêtes par sondage, composées de questions structurées, sont un outil essentiel pour recueillir des données auprès d'un large échantillon de personnes. Ces enquêtes, pouvant cibler une population entière ou un échantillon représentatif, sont idéales pour obtenir des données comparables et analysables.
- ***Découvrir en profondeur avec les entretiens approfondis (EA)*** : Les entretiens approfondis offrent une opportunité unique de plonger dans les expériences et perceptions individuelles. Ces entretiens, qu'ils soient structurés, semi-structurés ou ouverts, fournissent des informations nuancées et détaillées. Les interviews avec des informateurs clés sont particulièrement cruciaux pour obtenir des informations d'experts ou de personnes ayant une connaissance directe du sujet.
- ***La puissance des Discussions de focus group (DFG)*** : Les discussions de focus group, à la différence des entretiens individuels, tirent parti de la dynamique de groupe. Un modérateur guide la conversation, encourageant le partage et la réaction aux opinions des autres. Ces discussions peuvent révéler consensus, divergences et insights précieux.

- ***L'art de l'observation*** : L'observation, directe, participative ou à distance, est une méthode puissante pour recueillir des données sans interférer directement. Elle offre une perspective unique, permettant aux chercheurs de voir des éléments que d'autres méthodes pourraient manquer. Que ce soit pour évaluer une compétence ou pour comprendre un environnement, l'observation reste une technique précieuse.

Le choix de la méthode de collecte de données dépend des objectifs de l'évaluation, des ressources disponibles et du contexte spécifique de l'étude. Souvent, une combinaison de méthodes est nécessaire pour obtenir une vue complète et nuancée.

4.7.4. Analyse de Données et Présentation des Recommandations

L'analyse des données, essentielle à l'évaluation des programmes, se divise en approches qualitatives et quantitatives. Les données sont décrites comme des faits bruts, tandis que l'information est une interprétation de ces données conduisant à des conclusions actionnables. L'information joue un rôle stratégique dans la prise de décision organisationnelle, et la prise de décision basée sur des preuves solides est privilégiée. L'analyse est un processus à la fois logique et créatif nécessitant une méthodologie rigoureuse. Les approches qualitatives et quantitatives, bien que différentes par leur nature et leur méthodologie, sont toutes deux essentielles pour informer et guider les recommandations futures des programmes.

3.7.4.1. Nature des Données et de l'Information

Selon Kock et al. (1996), les données représentent des faits bruts souvent sous forme de chiffres qui décrivent des phénomènes tels qu'ils sont observés sur le terrain. Ces faits sont souvent présentés à l'aide d'indicateurs prédéfinis. L'information, quant à elle, est une interprétation rigoureuse des données, offrant une perspective et un contexte. Les conclusions, cependant, sont des insights plus profonds résultant de la juxtaposition des informations avec le domaine d'intérêt. Ces conclusions devraient idéalement mener à des actions concrètes et à des recommandations.

- *Rôle stratégique de l'information dans la gestion* : Selon Choo (1996), l'information joue un rôle crucial dans la capacité d'une organisation à évoluer et à s'adapter. Les organisations cherchent constamment des informations pour prendre des décisions éclairées. Théoriquement, ces décisions devraient être basées sur une connaissance complète des objectifs, des alternatives disponibles, des conséquences potentielles de chaque alternative et de la valeur de ces conséquences pour l'organisation.

- *La pratique fondée sur des preuves* : Barends et al. (2014) soulignent l'importance de s'appuyer sur des preuves solides lors de la prise de décisions. Les praticiens doivent combiner une pensée critique avec les meilleures preuves disponibles. Malheureusement, de nombreux décideurs se contentent de preuves de faible qualité, ce qui conduit à des décisions mal informées.

3.7.4.2. L'Analyse des Données : Un Processus Complexe

Marshall et Rossman (1999) caractérisent l'analyse de données comme un processus à la fois complexe et créatif, essentiel pour donner sens aux données recueillies. Best et Khan (2006) soulignent l'importance d'une approche logique, qu'elle soit déductive ou inductive, dans l'analyse des données.

- *Caractéristiques de l'analyse quantitative et qualitative* : Les analyses quantitatives et qualitatives partagent des caractéristiques communes telles que l'utilisation d'inférences basées sur des preuves, l'adhésion à une méthodologie spécifique, la comparaison pour identifier des modèles et la prudence nécessaire pour éviter des conclusions erronées. Selon Kreuger & Neuman (2006), elles diffèrent dans leur approche : l'analyse qualitative est souvent moins standardisée, plus itérative et repose davantage sur des mots, tandis que l'analyse quantitative est généralement plus structurée et se concentre sur le test d'hypothèses.
- *Approche analytique qualitative* : Scott et Usher (2011) décrivent une approche typique de l'analyse qualitative qui inclut le codage des données, l'examen des classifications pour identifier des relations, la mise en évidence de modèles et de différences, la formulation de généralisations et l'application de ces conclusions à des théories plus larges.
- *Étapes de l'analyse quantitative des données* : L'analyse quantitative commence par la définition et l'identification des données. Une fois collectées et stockées, les données subissent une réduction, un échantillonnage, sont structurées et codées. Cette structuration permet ensuite de construire et de tester des

théories, confirmant, affinant ou rejetant les hypothèses initiales.

Que l'on opte pour une approche qualitative ou quantitative, l'analyse des données est un processus essentiel et rigoureux, nécessitant une combinaison de logique, de méthodologie et de créativité. Ces techniques d'analyse permettent aux chercheurs et praticiens de tirer des conclusions éclairées à partir des données collectées et de formuler des recommandations pertinentes.

3.7.4.3. Formulation et Présentation des Recommandations

Dans le contexte de la gestion de programmes, la prise de décision éclairée est cruciale, chaque décision ayant un impact direct sur les actions entreprises. Rausch (2003) met en avant l'importance de fonder ces décisions sur une analyse approfondie de diverses sources d'information pour une gestion efficace. Adoptant une approche basée sur des preuves, Briner, Denyer et Rousseau (2009) recommandent de se baser sur quatre sources d'information clés pour la prise de décision. Dans la formulation de recommandations d'évaluation de programmes, il est essentiel d'adopter une structure qui reflète cette méthodologie basée sur des preuves, en intégrant le contexte, la méthodologie, les principales découvertes et des recommandations claires et réalisables. Ces recommandations, une fois mises en œuvre, guideront l'orientation future du programme.

- *L'importance des décisions éclairées* : La qualité des décisions influence directement la qualité des actions qui en découlent. Rausch (2003) souligne qu'une gestion efficace repose sur des décisions judicieuses, tenant compte de tous les éléments contrôlables affectant leurs résultats. Ces décisions ne sont pas prises à la légère mais sont le fruit d'une analyse approfondie et d'une évaluation des différentes sources d'information disponibles.
- *Gestion fondée sur des preuves* : Selon Briner, Denyer et Rousseau (2009), la gestion fondée sur des preuves implique de prendre des décisions en utilisant consciencieusement quatre sources d'information clés. La première est l'expertise et le jugement des praticiens, apportant une perspective basée sur l'expérience et la connaissance du terrain. La seconde est la prise en compte des preuves provenant du contexte local, offrant une compréhension des conditions spécifiques et des particularités du programme. La troisième est une évaluation critique des

meilleures preuves disponibles issues de la recherche, fournissant une base empirique à la décision. Enfin, la quatrième est la prise en compte des perspectives des parties prenantes, assurant que leurs besoins et préoccupations sont adressés.

- *Formulation des recommandations* : Dans le contexte des évaluations de programmes, la présentation des recommandations doit être systématique et refléter une approche fondée sur des preuves. Les étapes suivantes sont cruciales :
  - Introduction et Contexte : Présenter brièvement le contexte du programme et l'objectif de l'évaluation pour situer les recommandations dans le cadre approprié.
  - Méthodologie : Décrire les sources d'information utilisées, notamment l'expertise des praticiens, les données du contexte local, les recherches pertinentes et les retours des parties prenantes, pour établir la base des recommandations.
  - Principales Constatations : Présenter de manière claire et concise les principales découvertes de l'évaluation, en mettant en lumière les points forts ainsi que les domaines nécessitant une amélioration.
  - Recommandations : Formuler des recommandations spécifiques, chacune étant claire, réalisable et liée à une ou plusieurs sources d'information. Indiquer la priorité de chaque recommandation peut également être bénéfique pour faciliter la mise en œuvre.
  - Conclusion : Résumer les principales conclusions et recommandations, et discuter des étapes suivantes pour la mise en œuvre effective des recommandations.

La présentation des recommandations doit être structurée, systématique et fondée sur des preuves, reflétant une compréhension approfondie du contexte, s'appuyant sur une variété de sources d'information, et formulée de manière à faciliter l'action et le changement positif.

V

LA GESTION DE LA QUALITE DES DONNEES DE SUIVI ET ÉVALUATION

L'importance de la qualité des données dans les systèmes de Suivi et Évaluation est fondamentale. Ces systèmes s'appuient sur des données fiables et précises pour réaliser des analyses rigoureuses, guider la prise de décision et évaluer l'impact de projets et programmes variés[1]. Dans un contexte de numérisation accrue et d'importance croissante des données dans la stratégie organisationnelle, la qualité des données devient cruciale. Elle joue un rôle déterminant dans la capacité d'une organisation à atteindre ses objectifs, optimise l'utilisation des ressources et renforce la crédibilité de ses initiatives[2]. Les données sont aussi des outils clés de gestion de performance, favorisant adaptation et apprentissage continus. En définitive, la qualité des données est intrinsèquement liée à l'efficacité des systèmes de Suivi et Évaluation, et par extension, au succès des projets et programmes de développement.

À l'échelle internationale, un consensus souligne l'importance cruciale de la qualité des données, appuyé par des standards, réglementations et cadres internationaux. Des institutions telles que le Fonds Monétaire International (FMI), Eurostat, l'Agence américaine pour le développement international (USAID), la Millennium Challenge Corporation (MCC), et l'Organisation de Coopération et de Développement Économiques (OCDE) ont établi des critères rigoureux pour en garantir la qualité. Ces critères mettent l'accent sur la gouvernance, l'intégrité, la comparabilité et la pertinence des données. Se conformer à ces normes internationales est essentiel pour assurer la fiabilité et l'adéquation des systèmes de Suivi et Évaluation avec les pratiques mondiales les plus avancées. Ce consensus global renforce l'idée que des données solides et fiables sont indispensables à une prise de décision efficace à tous niveaux.

---

[1] Shankaranarayanan, Ganesan, and Yu Cai. "Supporting data quality management in decision-making." Decision support systems 42.1 (2006): 302-317.

[2] Fan, Wenfei, and Floris Geerts. Foundations of data quality management. Springer Nature, 2022.

L'audit de la qualité des données, essentiel à leur mise en œuvre, joue un rôle clé dans l'atteinte de ces normes élevées. Il fonctionne comme un outil d'amélioration continue, identifiant les secteurs nécessitant une attention accrue et fournissant des directives pour des mesures correctives. Le système de notation de la qualité des données introduit une perspective quantitative, facilitant une évaluation rapide et précise de leur état actuel. Ces audits et évaluations font partie intégrante d'une stratégie de gestion de l'information plus globale, assurant que les systèmes de Suivi et Évaluation produisent des données de haute qualité. Cette garantie de qualité est vitale, tant pour les décisions internes que pour le maintien de la confiance des parties prenantes et la conformité aux normes internationales.

5.1. Importance de la qualité des données dans les systèmes de Suivi et Évaluation

Le Suivi et Évaluation s'est imposé comme pilier essentiel dans la gestion des projets et programmes de développement. Ce mécanisme, en tant qu'outil crucial de prise de décision, permet d'évaluer précisément les risques et opportunités des diverses initiatives. La pertinence et l'efficacité du Suivi et Évaluation dépendent de la qualité des données qui alimentent ces systèmes[1].

À l'ère numérique, la donnée constitue un élément crucial pour le développement et l'évolution des organisations et des nations. Elle impacte les décisions stratégiques et détermine la capacité d'une organisation à produire des résultats concrets. Des décisions fondées sur des données robustes, précises et à jour mènent à des actions plus efficaces, préviennent le gaspillage de ressources et augmentent la crédibilité des initiatives. Ainsi, la qualité des données se trouve au cœur des processus de Suivi et Évaluation, car des données de faible qualité peuvent mener à des conclusions incorrectes, compromettant ainsi les objectifs d'un programme ou d'un projet[2].

L'importance des données transcende leur simple fonction informatique ; elles sont également cruciales pour la gestion de la performance, stimulant l'apprentissage et l'adaptation. Comme Parker l'a relevé en 2008, le Suivi et Évaluation procure une perspective à la fois rétrospective et prospective, autorisant les parties prenantes à

[1] Porter, Stephen, and Ian Goldman. "A growing demand for monitoring and evaluation in Africa." African Evaluation Journal 1.1 (2013): 9.
[2] Lahey, Robert. "The Canadian monitoring and evaluation system." (2011).

ajuster leurs actions et à redéfinir leurs stratégies en connaissance de cause. Cependant, en l'absence de données fiables et pertinentes, cette perspective pourrait être déformée, compromettant ainsi l'atteinte des objectifs fixés.

Devant ces enjeux, la responsabilité des managers est considérable. Outre la supervision des étapes de Suivi et Évaluation, ils doivent garantir l'intégrité et la pertinence des données recueillies. Il est crucial qu'ils s'assurent que ces informations respectent des normes de qualité strictes, assurant ainsi leur fiabilité. Une gestion inadéquate ou une interprétation erronée des données pourrait éroder la confiance envers l'organisation et mener à des décisions stratégiques malavisées[1].

En définitive, pour que le Suivi et l'Évaluation jouent pleinement leur rôle dans les programmes de développement, il est impératif de prioriser la qualité des données. Cette qualité est le gage que les décisions prises seront non seulement informées mais aussi pertinentes et efficaces[2].

5.2. Normes, réglementations et standards internationaux de qualité des données

Dans le contexte mondial de prise de décisions, la qualité des données s'impose comme un pilier crucial, transcendant les frontières institutionnelles et géographiques. Organisations internationales, régionales et nationales convergent vers un consensus : des données robustes et fiables sont indispensables pour orienter des décisions éclairées.

Le FMI, Eurostat et l'OCDE ont établi des cadres rigoureux pour assurer l'intégrité des données. Le FMI, via son DQAF, se concentre sur la gouvernance et l'intégrité, soulignant la nécessité d'indépendance et d'objectivité dans la collecte de données. Eurostat vise la comparabilité et la cohérence des données au sein de l'UE pour éclairer la prise de décision. De son côté, l'OCDE privilégie une approche holistique, valorisant autant la qualité du processus de création des données que celle des données elles-mêmes.

---

[1] Mpofu, M., Semo, B.-W., Grignon, J., Lebelonyane, R., Ludick, S., Matshediso, E., Sento, B. W., & Ledikwe, J. (2014). "Improving the Quality of Health Information: A Qualitative Assessment of Data Management and Reporting Systems in Botswana." BMC Public Health, 14, 1032. https://dx.doi.org/10.1186/1471-2458-14-1032

[2] Tengan, C., Aigbavboa, C., & Thwala, D. (2018). "An Evaluation of Data Quality in Healthcare." In Advances in Human Factors and Ergonomics 2018. https://dx.doi.org/10.1007/978-3-319-93882-0_12

Aux États-Unis, l'USAID et la MCC placent également la qualité des données au cœur de leurs principes. Elles mettent l'accent sur des aspects cruciaux tels que la validité, la fiabilité et la pertinence des données. Ces agences soulignent l'importance de données fiables, cohérentes et adaptées pour garantir une utilisation optimale de l'aide au développement.

L'agrégation de ces perspectives confirme le rôle central de l'intégrité des données dans la prise de décisions stratégiques, que ce soit dans les politiques économiques, les interventions de développement ou les stratégies régionales. Le consensus mondial autour de cette priorité met en lumière l'importance grandissante accordée aux preuves empiriques dans notre ère actuelle.

5.2.1. FMI et la qualité des données : une approche intégrée pour un processus de prise de décision éclairé

Le Fonds Monétaire International (FMI) a toujours souligné l'importance cruciale de la qualité des données dans la prise de décision. À cette fin, il a conçu le Cadre d'assurance de la qualité des données (DQAF), un outil fondamental pour évaluer et améliorer la qualité des systèmes statistiques nationaux[1].

- *La gouvernance des systèmes statistiques* : Le FMI met en avant la gouvernance des systèmes statistiques comme première dimension clé. Il souligne comment les structures juridiques et institutionnelles impactent la qualité des statistiques, insistant sur la nécessité de promouvoir l'objectivité, l'indépendance et la responsabilité pour renforcer la confiance des utilisateurs dans les données.
- *Assurance d'intégrité* : Au centre de la production statistique, l'intégrité est primordiale pour le FMI. Cela implique un dévouement constant à l'objectivité dans la production des statistiques, s'assurant que les données restent libres de manipulation pour des objectifs politiques ou autres et que les méthodes de collecte et de publication sont transparentes. Une telle intégrité est vitale pour préserver la confiance des utilisateurs, leur permettant de compter sur ces données dans leur processus décisionnel.
- *Solidité méthodologique* : Le DQAF du FMI valorise l'adoption et l'adhérence aux normes méthodologiques internationales. Il

[1] https://dsbb.imf.org/dqrs/DQAF

s'assure que les méthodes de collecte et d'analyse des données ne sont pas seulement robustes mais aussi alignées avec les meilleures pratiques globales.

- *Exactitude et fiabilité* : Le FMI priorise la précision et la fiabilité des données statistiques, englobant la qualité des sources de données jusqu'aux techniques statistiques mises en œuvre. L'objectif est de garantir que les informations produites reflètent fidèlement la réalité qu'elles visent à représenter.
- *Facilité de service* : Le FMI souligne que l'utilité des données repose sur leur actualité, leur mise à jour régulière, leur cohérence, et un cycle de révision bien défini. Cet aspect assure que les utilisateurs accèdent aux informations nécessaires en temps voulu et que les données restent cohérentes sur différentes périodes.
- *Accessibilité* : La dernière composante du DQAF concerne l'accessibilité des données et des métadonnées. Selon le FMI, la véritable utilité des données dépend de leur accessibilité aisée, incluant non seulement la disponibilité des données mais également la clarté des métadonnées et le support disponible pour les utilisateurs.

En conclusion, l'approche du FMI concernant la qualité des données est exhaustive, couvrant chaque étape, de la collecte à la diffusion. Cette stratégie intégrée permet aux nations de s'appuyer sur des données solides pour des décisions politiques et économiques bien informées.

5.2.2. Eurostat et la qualité des données : Une approche orientée utilisateur pour un processus de prise de décision efficace

Eurostat, l'office statistique de l'Union européenne, a établi un cadre rigoureux pour garantir la qualité des données. Cette approche, centrée sur les utilisateurs, se focalise sur leur perception des résultats statistiques, revenant aux processus sous-jacents uniquement si les résultats ne reflètent pas directement la qualité[1].

- *Pertinence* : Dans la production statistique, la pertinence est fondamentale. Les données doivent correspondre aux besoins réels des utilisateurs. Eurostat s'engage à produire des données qui répondent précisément à ces besoins, qu'il s'agisse de décisions politiques, de recherche ou d'analyses de marché.

[1] https://www150.statcan.gc.ca/n1/pub/11-522-x/2001001/session15/6278-fra.pdf

- *Précision* : Eurostat vise à ce que les données représentent fidèlement la réalité, s'efforçant de limiter les erreurs. Cela nécessite un contrôle rigoureux à chaque phase de collecte et d'analyse des données, ainsi que l'utilisation de méthodes standardisées pour évaluer et renforcer leur fiabilité.
- *Comparabilité* : La mission d'Eurostat inclut la fourniture de statistiques comparables entre les pays membres, grâce à l'application de méthodologies et normes uniformes. Cette comparabilité est vitale pour les décideurs, leur permettant d'évaluer la performance des pays et de prendre des décisions informées.
- *Cohérence* : Eurostat garantit que les données restent cohérentes lorsqu'elles sont comparées ou combinées avec d'autres ensembles de données, évitant toute contradiction. Cela signifie, par exemple, que les données économiques d'un pays sont alignées avec ses statistiques démographiques ou sociales.
- *Opportunité et ponctualité* : Eurostat reconnaît que l'actualité des données est essentielle pour leur valeur. L'accès à des informations récentes est crucial pour les décideurs. Ainsi, Eurostat s'engage à suivre des calendriers de publication stricts, assurant la disponibilité des données au moment opportun.
- *Accessibilité et clarté* : Eurostat s'assure que la qualité des données s'étend à leur présentation. Les données sont rendues facilement accessibles et compréhensibles au public, avec des métadonnées adéquates pour faciliter leur interprétation correcte.

En somme, le cadre de qualité d'Eurostat répond aux exigences des utilisateurs, assurant que les données sont pertinentes, fiables et pratiques pour la prise de décision. Avec son orientation vers l'utilisateur et son engagement pour des normes élevées, Eurostat s'efforce de livrer des statistiques de premier ordre à travers l'Union européenne.

5.2.3. OCDE et la qualité des données : Une approche exhaustive pour une prise de décision éclairée

L'Organisation de Coopération et de Développement Économiques (OCDE) a adopté une stratégie sophistiquée pour assurer la qualité des données produites et diffusées[1]. Cette approche globale englobe non

---

[1] https://www.oecd-ilibrary.org/qualite-des-donnees_5j8wds26dqbq.pdf

seulement la qualité des données mais aussi celle des processus qui contribuent à leur création.

- *Pertinence* : L'OCDE accorde une importance cruciale à ce que ses données répondent aux besoins actuels et futurs des utilisateurs. La pertinence détermine l'adéquation des données au public cible, que ce soit pour des décideurs politiques, des chercheurs ou le grand public.
- *Exactitude* : Pour l'OCDE, l'exactitude est primordiale pour les données statistiques. L'organisation s'assure que les données représentent précisément la réalité, en minimisant les erreurs et les biais potentiels.
- *Crédibilité* : Chez l'OCDE, la crédibilité va de pair avec l'exactitude. Les données, en plus d'être précises, doivent être perçues comme telles par les utilisateurs. L'organisation se base sur sa réputation d'intégrité, d'objectivité et d'indépendance pour établir sa crédibilité.
- *Actualité* : L'OCDE reconnaît l'importance de la disponibilité rapide des données. L'organisation s'engage à produire les données en temps voulu, répondant ainsi aux exigences des utilisateurs tout en préservant leur pertinence.
- *Accessibilité* : L'OCDE se concentre sur la facilité d'accès à ses données, veillant à ce que les utilisateurs puissent aisément les localiser, obtenir et utiliser.
- *Interprétabilité* : L'OCDE comprend que la simple fourniture de données ne suffit pas ; il est crucial qu'elles soient interprétables. Ainsi, l'organisation fournit des métadonnées, des guides et des explications pour assister les utilisateurs dans l'interprétation adéquate des données.
- *Cohérence* : L'OCDE s'assure de la compatibilité des données à travers différentes sources et méthodologies. Elle garantit que les données soient harmonisées et cohérentes dans le temps, entre les sources et les pays.

L'approche de l'OCDE en matière de qualité repose sur quatre piliers fondamentaux :

- *Définition de la qualité et de ses dimensions* : Cela offre un cadre de référence clair pour ce que l'OCDE considère comme des données de haute qualité.
- *Référentiels qualité internes* : Ces référentiels garantissent que toutes les étapes du processus de production statistique répondent aux normes de qualité de l'OCDE.

- *Évaluation régulière* : Grâce à des évaluations continues, l'OCDE s'assure que la qualité est maintenue et améliorée.
- *Qualité des nouvelles collections* : L'OCDE met en place des mécanismes pour s'assurer que toute nouvelle donnée ou statistique qu'elle introduit répond à ses normes de qualité.

En intégrant ces sept dimensions de qualité et ces piliers, l'OCDE s'assure de fournir des données non seulement de qualité exceptionnelle, mais aussi adaptées aux besoins des utilisateurs, favorisant ainsi des décisions éclairées et fiables.

5.2.4. USAID et la qualité des données : Une approche intégrée pour une prise de décision efficace

L'Agence américaine pour le développement international (USAID) accorde une importance capitale à la qualité des données dans le Suivi et Évaluation de ses programmes. La Data Quality Assessment (DQA) est le processus clé qui garantit la fiabilité des données de l'USAID, s'assurant que les informations recueillies et analysées sont véritablement informatives pour ses décisions de gestion[1].

- *Validité* : L'USAID insiste sur l'importance de la validité des données. Il est crucial que les données collectées reflètent exactement les résultats escomptés, assurant ainsi que les indicateurs sont appropriés et mesurent effectivement ce qu'ils sont supposés mesurer. Cela prévient les erreurs de mesure ou les faux positifs qui pourraient mener à des interprétations erronées.
- *Intégrité* : L'USAID reconnaît que les données peuvent être compromises à différents niveaux, notamment lors de la collecte, du stockage, ou de l'analyse. L'accent mis sur l'intégrité assure que les données sont à l'abri de telles perturbations, garantissant ainsi que les décisions se basent sur des informations précises et intactes.
- *Précision* : L'USAID valorise non seulement l'exactitude des données mais également leur détail. L'agence veille à ce que les données soient suffisamment fines et spécifiques pour soutenir des décisions bien informées, écartant ainsi toute généralisation ou supposition hasardeuse.
- *Fiabilité* : La fiabilité est au cœur de tout processus de collecte de données. Les données ne sont utiles que si elles sont

[1] https://pdf.usaid.gov/pdf_docs/PA00ZT8Z.pdf

recueillies et analysées de manière constante. L'USAID s'efforce donc de garantir que ses méthodes de collecte et d'analyse sont cohérentes et répétables, offrant ainsi des informations stables et fiables sur lesquelles baser les décisions.

- *Opportunité* : Reconnaissant la dynamique rapide du développement international, l'USAID assure que les données sont disponibles en temps opportun, permettant ainsi d'impacter significativement les décisions de gestion. L'agence valorise la mise à disposition de données actualisées, reflétant fidèlement les conditions actuelles sur le terrain.

Pour l'USAID, la qualité des données représente un engagement continu envers l'excellence et la responsabilité, bien au-delà d'une simple liste de critères. En se conformant rigoureusement à ces normes, l'USAID assure une supervision et une évaluation de ses programmes avec une intégrité sans faille, optimisant ainsi l'efficacité et l'impact de l'aide. Cette approche met en lumière la nécessité d'une prise de décision basée sur des preuves, cruciale pour une utilisation judicieuse des ressources et la réalisation d'effets durables.

5.2.5. MCC et la Qualité des Données : Une Quête d'Excellence pour une Gestion Efficace

La Millennium Challenge Corporation (MCC), agence gouvernementale américaine, se consacre à combattre la pauvreté via la croissance économique. Pour le Suivi et Évaluation de ses projets, la MCC privilégie une approche fondée sur la rigueur et l'intégrité des données[1].

Les critères de sélection de bons indicateurs pour le MCC sont les suivants.

- *Direct* : Pour MCC, un bon indicateur est celui qui se rapproche le plus de ce qu'il entend mesurer. C'est essentiel pour garantir que les mesures prises reflètent la véritable nature de l'avancement du projet.
- *Sans ambiguïté* : La clarté dans la définition des indicateurs garantit que tous les intervenants ont une compréhension unifiée de ce qui est mesuré, et cela évite des conclusions erronées.
- *Adéquat* : Bien qu'il soit tentant de mesurer tout, le MCC adopte une approche plus sélective, cherchant à minimiser le nombre

[1] https://www.mcc.gov/resources/doc/policy-for-monitoring-and-evaluation/

d'indicateurs tout en s'assurant qu'ils couvrent suffisamment le terrain.

- *Pratique* : Reconnaissant que les ressources ne sont pas infinies, le MCC s'assure que la collecte de données est réalisable, opportune et rentable.
- *Utile* : Pour le MCC, les indicateurs doivent avant tout servir un objectif pratique - aider à la gestion et à la surveillance des programmes.

Normes de qualité des données pour le MCC sont les suivantes.

- *Validité* : Le MCC est conscient que pour que les données soient utiles, elles doivent être une représentation fidèle de la réalité. Une vérification périodique des données pour identifier et rectifier les erreurs est essentielle pour maintenir cette validité.
- *Fiabilité* : L'uniformité dans la collecte et l'analyse des données est cruciale. Cela garantit que les variations observées dans les indicateurs reflètent des changements réels et non des anomalies dans la méthode de collecte.
- *Opportunité* : Pour être efficace, la prise de décision doit être basée sur des informations récentes. Le MCC reconnaît cette nécessité et s'efforce de garantir des mises à jour régulières.
- *Précision* : Un haut degré de précision permet aux gestionnaires de projet d'avoir une confiance totale dans les données sur lesquelles ils basent leurs décisions.
- *Cohérence* : La cohérence avec les directives préétablies garantit que toutes les données collectées sont comparables et conformes aux normes du MCC.
- *Objectivité* : La protection des données contre les erreurs ou les manipulations intentionnelles est cruciale pour garantir leur fiabilité. Cela est assuré en mettant en œuvre des procédures de contrôle de qualité strictes.

Pour la MCC, chaque indicateur et ensemble de données symbolisent son engagement envers la transparence, la responsabilité et surtout, l'efficacité. En privilégiant la rigueur et la qualité des données, la MCC s'assure que chaque dollar investi contribue de manière optimale à la réduction de la pauvreté.

5.3. Audit de la qualité des données de Suivi et Évaluation

L'audit de la qualité des données joue un rôle clé dans le Suivi et Évaluation des projets et programmes, ainsi que dans la prise de décisions. Il va au-delà de l'évaluation de la qualité des données existantes, fonctionnant comme un outil d'amélioration continue en identifiant les atouts et les faiblesses des indicateurs et des données. Cet audit, essentiel pour la gouvernance des données, renforce la confiance et les compétences organisationnelles dans la collecte et l'utilisation des données. Il est généralement initié en réponse à des situations variées, telles que des écarts de performance, des feedbacks des parties prenantes, ou des interrogations sur le rôle des données dans les décisions stratégiques.

Intégré dans la gestion de l'information et les systèmes de Suivi et Évaluation, l'audit de qualité fait partie d'une approche englobante incluant la sélection d'indicateurs, les procédures de collecte de données et le reporting. Il repose sur des outils et techniques spécialisés qui évaluent divers aspects, de la structure organisationnelle à la performance des rapports. Ces méthodes, alignées sur des critères de qualité tels que la validité, la fiabilité et l'intégrité, constituent un système cohérent qui soutient une prise de décision informée et une amélioration continue de la qualité des données.

Le système de scoring de la qualité des données apporte une perspective quantitative à l'audit, offrant une évaluation rapide de la qualité des données avec des scores de 0 à 16. Ce dispositif est bénéfique pour les gestionnaires de projet et les décideurs, car il permet d'identifier promptement les domaines nécessitant des ajustements, allant de modifications mineures à des révisions majeures des indicateurs et des méthodes de collecte. En somme, l'audit de la qualité des données, renforcé par un système de scoring et intégré dans une gestion de l'information plus globale, est essentiel pour assurer la fiabilité, la pertinence et l'intégrité des données dans le Suivi et Évaluation au sein de toute organisation.

5.3.1. Objectifs et résultats attendus d'un audit de la qualité des données

Un audit de la qualité des données est essentiel pour évaluer la robustesse et la fiabilité des informations recueillies par une organisation. L'une des étapes initiales cruciales de cet audit est d'identifier les forces et les faiblesses des données en évaluant les indicateurs selon des normes préétablies de qualité[1]. Cette phase est déterminante car elle permet de juger de la fiabilité des données pour

---

[1] https://documents1.worldbank.org/curated/en/142991468338434907/pdf/908470WP0ICP0R060Box0385325B0PUBLIC.pdf

influencer efficacement les décisions de gestion. L'audit ne se limite pas à une simple évaluation ; il a également pour objectif de renforcer les pratiques actuelles en impliquant activement les parties prenantes. Ce processus ne se contente pas d'améliorer les pratiques de qualité des données, il renforce également les capacités et la confiance de l'organisation dans la collecte et l'utilisation des données[1].

En outre, l'audit élargit la compréhension des méthodes de collecte de données, assurant que le personnel est mieux informé sur ces méthodes. Ainsi, l'organisation peut garantir que les données collectées à l'avenir sont non seulement précises mais aussi pertinentes pour leurs besoins spécifiques[2]. L'audit ne se contente pas d'évaluer la qualité actuelle des données ; il sert également de catalyseur pour améliorer les méthodes de collecte, renforcer la confiance dans les données recueillies, et influencer positivement les décisions de gestion basées sur des informations fiables. Un audit de la qualité des données vise à assurer l'exactitude, la fiabilité et l'utilité des informations recueillies. Bien qu'il soit préférable d'identifier les éventuels problèmes de qualité dès le début, un examen approfondi ne peut se faire qu'après la collecte des données[3].

L'audit de la qualité des données vise à assurer l'exactitude, la fiabilité et l'utilité des informations recueillies. Bien qu'il soit préférable de détecter les problèmes de qualité dès le début, une évaluation approfondie est souvent nécessaire après la collecte des données. Plusieurs circonstances peuvent déclencher la nécessité d'un audit, comme une méthodologie de collecte de données ambiguë ou complexe susceptible d'entraîner des erreurs, ou encore des écarts significatifs entre les objectifs fixés et les données rapportées. Les retours des parties prenantes ou des responsables de mise en œuvre peuvent également révéler des incohérences ou des problèmes liés aux données des indicateurs. Dans certains cas, un audit peut être réalisé pour s'assurer

---

[1] https://www.undp.org/news/undp-mitigating-data-challenges-imperative-human-development-and-getting-sdgs-back-track

[2] https://one.oecd.org/document/std/qfs(2011)1/en/pdf

[3] Hikmawati, Sanny & Santosa, Paulus & Hidayah, Indriana. (2021). Improving Data Quality and Data Governance Using Master Data Management: A Review. IJITEE (International Journal of Information Technology and Electrical Engineering). 5. 90. 10.22146/ijitee.66307.

qu'un problème de qualité identifié précédemment a été correctement abordé et résolu[1].

La nécessité d'un audit de qualité des données est particulièrement cruciale lorsque les données influencent des décisions stratégiques ou sont citées publiquement. Dans un monde de plus en plus axé sur les données, garantir leur qualité est essentiel pour des prises de décision éclairées et responsables[2]. Un audit efficace vise à assurer l'intégrité et la pertinence des informations utilisées par une organisation. Un résultat principal de cet audit est la mise en évidence et la correction des données problématiques, ce qui peut nécessiter d'ajuster ou de remplacer certaines données pour garantir leur fiabilité[3].

Un autre aspect crucial de l'audit est l'harmonisation des méthodes de collecte de données. Veiller à ce que tous les partenaires et parties prenantes emploient des méthodes, outils et approches cohérents renforce la fiabilité et la comparabilité des informations collectées. Cependant, un défi majeur réside dans la détection des situations où la qualité des données est tellement compromise qu'elle ne peut plus être utilisée de manière fiable. Dans ces cas, la décision la plus responsable est de ne pas utiliser ni rapporter ces données jusqu'à ce que des améliorations substantielles soient effectuées.

L'objectif ultime d'un audit de qualité des données est de s'assurer que les utilisateurs peuvent avoir confiance dans les données à leur disposition. Des données de mauvaise qualité, menant à des conclusions erronées, peuvent avoir des conséquences négatives pour l'organisation et ses objectifs. En définitive, l'audit de la qualité des données est une étape cruciale pour garantir que les données recueillies sont à la fois fiables et utiles, renforçant ainsi la capacité de l'organisation à prendre des décisions éclairées.

5.3.2. Les dimensions de la gestion de l'information et l'audit qualité

La gestion de l'information dans les systèmes de Suivi et Évaluation est un processus multidimensionnel qui débute par une conception soignée

---

[1] Herrera, Y. M., and Kapur, D. 2007. "Improving data quality: Actors, incentives, and capabilities." Political Analysis 15(4):365–386.

[2] https://www.oecd.org/dac/peer-reviews/mesure%20et%20gestion%20axee%20sur%20les%20resultats.pdf

[3] Riadh Manita, Makram Chemangui. Les approches d'évaluation et les indicateurs de mesure de la qualité d'audit: une revue critique. "comptabilité et environnement ", May 2007, France. pp.CD-Rom. ffhalshs-00534780f

du système. Ce processus inclut non seulement la sélection d'indicateurs SMART (Spécifiques, Mesurables, Atteignables, Pertinents, Temporels), l'établissement de procédures de collecte et de rapportage de données, mais aussi la garantie de l'intégrité et de la sécurité des données. Le Suivi et Évaluation impliquent également des étapes cruciales telles que la collecte de données à partir de sources fiables, leur traitement et leur analyse rigoureuse par des experts, à l'aide d'outils spécialisés. Ces étapes sont régies par des normes strictes de qualité, vérifiées par des audits, des validations croisées, et des revues par des pairs.

Le rapportage, composante essentielle du Suivi et Évaluation, sert de pont entre la collecte de données et leur utilisation pratique. Générés par des analystes ou des chercheurs à l'aide de logiciels spécialisés, les rapports varient en fréquence et en contenu selon les besoins des parties prenantes. Pour garantir la qualité des rapports, des normes telles que la clarté, l'objectivité, et la pertinence sont cruciales. Des méthodes telles que la revue par des pairs et les retours des parties prenantes sont souvent employées.

Figure 6- Les dimensions de la gestion de l'information de Suivi et Évaluation

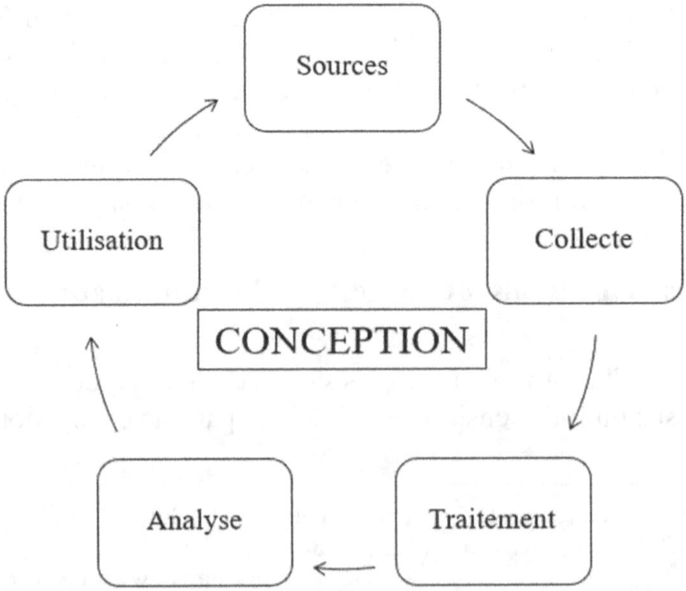

L'objectif ultime de la gestion de l'information dans le Suivi et Évaluation est une utilisation efficace des données pour la prise de décision et le suivi. L'information collectée est examinée pour en extraire des tendances, des schémas, et des recommandations, utilisés ensuite pour orienter les décisions stratégiques et les améliorations du programme. La qualité de cette utilisation est évaluée par le suivi des impacts des décisions prises et par une communication régulière avec les parties prenantes, assurant ainsi que le système de Suivi et Évaluation est à la fois fiable et utile pour l'organisation.

5.3.2.1. Conception – Gestion du Suivi et Évaluation

La conception d'un système de Suivi et Évaluation exige une structure bien définie qui prend en compte les besoins spécifiques du programme, les attentes des parties prenantes et les ressources disponibles. Cette structure doit intégrer la définition d'indicateurs SMART, l'établissement de procédures de rapportage claires, des méthodes efficaces de collecte de données, ainsi qu'une gestion rigoureuse des données pour assurer leur intégrité et leur sécurité. Une fois les données analysées, il est crucial de les disséminer auprès des parties prenantes et d'incorporer leurs retours pour intégrer les leçons apprises dans les cycles futurs du programme. Le rapportage de performance, élément central du Suivi et Évaluation, doit fidèlement refléter les progrès par rapport aux objectifs, en se basant sur des données fiables pour offrir une vision claire des réalisations, des défis et des leçons apprises du programme.

- *Structure du système de Suivi et Évaluation, les fonctions et les capacités* : La conception d'un système de Suivi et Évaluation débute par la définition de sa structure. Celle-ci doit tenir compte des besoins du programme ou du projet, des attentes des parties prenantes et des ressources disponibles, tout en étant flexible pour s'adapter aux changements et évolutions du programme. Les fonctions clés du système incluent la collecte de données, leur analyse, le rapportage et la dissémination des résultats. Les capacités requises pour un système efficace englobent des compétences techniques en matière de conception d'indicateurs, de collecte et d'analyse de données, ainsi que des compétences en gestion de projet.
- *Définition des indicateurs et les procédures de rapportage* : Les indicateurs, outils essentiels pour mesurer les progrès par rapport aux objectifs d'un programme, doivent être SMART. Les procédures de rapportage doivent détailler comment les données seront collectées, analysées et présentées, et préciser la

fréquence des rapports, les formats de rapportage, les destinataires des rapports et les mécanismes de rétroaction.

- *Collecte des données et le rapportage* : La collecte des données est essentielle pour fournir des informations sur les progrès réalisés. Elle peut être réalisée par divers moyens, tels que des enquêtes, des entretiens, des observations ou l'examen de documents. Les outils de collecte de données doivent être conçus pour capturer des informations précises, fiables et pertinentes. Une fois collectées, ces données doivent être analysées et interprétées pour produire des rapports significatifs.
- *Processus de gestion des données* : La gestion des données comprend la collecte, le stockage, l'analyse, la dissémination et la destruction des données. Il est essentiel de garantir l'intégrité, la confidentialité et la sécurité des données tout au long de leur cycle de vie. Des procédures et protocoles doivent être établis pour une gestion adéquate des données, y compris la sauvegarde régulière, la protection contre les accès non autorisés et la garantie de la qualité des données.
- *Dissémination et feedback* : Une fois les données analysées et les rapports produits, les résultats doivent être disséminés aux parties prenantes concernées. Cette dissémination peut prendre diverses formes, telles que des présentations, des rapports écrits, ou des ateliers. Le feedback est crucial pour s'assurer que les leçons apprises sont intégrées dans les futurs cycles de mise en œuvre du programme.
- *Performance du rapportage* : Le rapportage de performance, élément clé du système de Suivi et Évaluation, fournit des informations sur les progrès réalisés par rapport aux objectifs et aux résultats attendus du programme. Les rapports de performance doivent être produits régulièrement pour informer les parties prenantes des réalisations, des défis, et des leçons apprises. Ils doivent être clairs, concis et basés sur des données fiables et valides.

La conception et la gestion d'un système de Suivi et Évaluation nécessitent une planification minutieuse, des compétences techniques solides, et une collaboration étroite avec toutes les parties prenantes. Un système bien conçu et géré peut fournir des informations précieuses pour améliorer la mise en œuvre et les résultats des programmes et projets de développement.

5.3.2.2. Sources de données

Dans les systèmes de Suivi et Évaluation de programmes, les sources de données désignent le point d'origine d'où proviennent les informations utilisées pour évaluer les progrès, les impacts et les résultats d'un programme ou projet. Ces sources sont essentielles pour garantir la qualité, la pertinence et la fiabilité des informations recueillies.

- *Quelle est l'unité de mesure ?* L'unité de mesure, élément essentiel, définit comment les données sont quantifiées. Elle varie selon l'indicateur ou l'objectif mesuré. Ainsi, pour l'indicateur 'nombre d'étudiants formés', l'unité de mesure serait 'étudiants', tandis que pour 'le pourcentage d'augmentation des ventes', elle serait en pourcentage (%). Le choix judicieux de l'unité de mesure est crucial pour garantir la précision et la pertinence des données recueillies.
- *De quelle activité proviennent les données ?* Les systèmes de Suivi et Évaluation utilisent diverses méthodes de collecte de données. Les enquêtes, par exemple, sont souvent utilisées pour mesurer la satisfaction ou collecter des informations spécifiques auprès de groupes cibles. Les registres administratifs, comme ceux des écoles ou des hôpitaux, fournissent des données en continu pour des besoins administratifs. L'observation directe permet une évaluation visuelle des progrès ou des comportements, tandis que les entretiens, qu'ils soient structurés ou non, offrent des insights qualitatifs approfondis. Les revues documentaires, quant à elles, extraient des informations de sources existantes telles que les publications ou rapports.

Il est crucial de choisir les sources de données en tenant compte de leur pertinence par rapport à l'indicateur ou l'objectif mesuré, ainsi que de leur fiabilité et accessibilité. La combinaison de multiples sources de données est essentielle pour obtenir une vue complète et équilibrée des progrès et impacts d'un programme.

- *Quelles normes sont essentielles pour les sources de données ?* La qualité et la cohérence des données dépendent de normes rigoureuses. Celles-ci englobent des aspects éthiques, tels que le consentement éclairé des participants d'enquêtes, techniques, notamment la collecte, le stockage et l'analyse des données, ainsi que des critères de rapportage, incluant la fréquence et le format des rapports.

- *Quelles méthodes appliquer pour assurer la qualité des données à la source ?* Pour garantir leur fiabilité, il est crucial de vérifier les données directement à la source. Les méthodes comprennent :
    - La triangulation, consistant à comparer les données de sources diverses pour en vérifier la cohérence,
    - L'audit de données pour détecter et rectifier les erreurs de manière régulière,
    - Le retour d'information pour obtenir la validation des parties prenantes,
    - Les contrôles de cohérence pour assurer la constance des données,
    - La formation des collecteurs de données pour une compréhension approfondie de l'importance de la qualité des données.

En conclusion, dans les systèmes de Suivi et Évaluation, les sources de données jouent un rôle crucial. La sélection, la gestion et la validation de ces sources sont déterminantes pour la qualité et la fiabilité des informations, qui sont essentielles pour évaluer et optimiser les programmes et projets.

5.3.2.3. La Collecte des données

Dans les systèmes de Suivi et Évaluation, la qualité de la collecte des données est cruciale pour garantir l'intégrité et la fiabilité des informations recueillies. Un processus méthodiquement structuré est essentiel, impliquant une formation rigoureuse des collecteurs de données, qu'ils soient chercheurs, enquêteurs ou agents de terrain. Les méthodes de collecte, variées allant des questionnaires aux observations directes, doivent utiliser des outils conçus pour minimiser les erreurs. La collecte, ciblant des indicateurs spécifiques, doit suivre une fréquence alignée sur les besoins du programme, tout en respectant des normes de confidentialité, précision et pertinence. La qualité des données collectées peut être assurée par des techniques de validation telles que la triangulation et les audits.

- *Processus de collecte d'informations auprès de la source* : Le processus de collecte d'informations directement depuis la source est déterminant pour la qualité des données. Ce processus requiert une définition claire et une structure rigoureuse pour garantir la fiabilité et la validité des données collectées.

- Qui le fait : L'entité ou l'individu chargé de la collecte des données nécessite une formation solide en méthodologie de collecte, garantissant ainsi une démarche cohérente et systématique. Cette responsabilité est généralement attribuée à des équipes de recherche, des enquêteurs, ou des agents de terrain spécialisés.
- Comment collectent-ils les données : Les méthodes de collecte s'adaptent au type de données requis, englobant questionnaires, enquêtes, entretiens individuels, observations directes ou mesures physiques. Les outils utilisés, qu'il s'agisse de formulaires, d'applications mobiles ou de plateformes en ligne, doivent être méticuleusement conçus pour réduire au minimum les erreurs et les biais.
- Que collectent-ils : La collecte porte sur des variables ou des indicateurs spécifiques, identifiés comme essentiels pour l'évaluation des objectifs du programme. Ces données peuvent être de nature quantitative, comme le taux de réussite des élèves à un examen, ou qualitative, telles que les perceptions des enseignants sur un nouveau curriculum.
- Quand collectent-ils : La fréquence de collecte des données est dictée par la nature du programme et les exigences informationnelles, oscillant entre une cadence quotidienne et une collecte annuelle ou ad hoc, en fonction des circonstances spécifiques.

La qualité de la collecte des données est impérative pour assurer l'intégrité et la fiabilité des informations recueillies. Un processus de collecte défaillant peut conduire à des erreurs, des biais, ou des lacunes, compromettant ainsi la validité et la fiabilité des résultats évaluatifs.

- Normes cruciales lors de la collecte : Lors de la collecte de données, il est primordial de respecter des normes telles que la confidentialité, la précision, la cohérence, la pertinence et la complétude. Il est également essentiel de s'assurer que les données sont exemptes de biais, recueillies éthiquement, et qu'elles reflètent de manière fidèle la réalité qu'elles sont destinées à représenter.
- *Contrôle de la qualité lors de la collecte* : Pour vérifier la qualité des données collectées, il convient d'employer des techniques

telles que la triangulation (utilisation de diverses sources ou méthodes pour confirmer les résultats), des audits de données, des évaluations par des pairs, des tests pilotes avant une collecte à grande échelle, et des formations régulières pour les individus impliqués dans la collecte. Ces mesures sont essentielles pour assurer la cohérence et la fiabilité des données recueillies.

5.3.2.4. Traitement des données

Dans le cadre des systèmes de Suivi et Évaluation, le traitement des données représente une phase fondamentale, visant à convertir les données brutes en informations pertinentes. Suite à leur collecte, ces données, issues de diverses sources, sont méticuleusement nettoyées et structurées. Des analystes et statisticiens chevronnés, armés d'outils spécialisés, procèdent à l'analyse de ces données, souvent peu de temps après leur collecte, afin de préserver leur actualité et leur pertinence. La qualité supérieure de ce traitement est impérative pour assurer l'exactitude des résultats obtenus lors de l'évaluation. Le respect rigoureux de normes élevées en matière de précision, d'intégrité, de cohérence, et de transparence est essentiel. De plus, l'application de méthodologies telles que les audits, la validation croisée et les révisions par des pairs est fondamentale pour contrôler et certifier la haute qualité du traitement des données.

- *Processus de traitement des données* : Le traitement des données, une phase cruciale suivant la collecte, implique la transformation des données brutes en informations exploitables. Ce processus consiste à éliminer les erreurs, organiser, analyser et interpréter les données pour en extraire du sens, transformant ainsi l'information brute en connaissances précieuses et exploitables.
- *Comment les données sont rassemblées* : Le traitement débute par la collecte de données issues de diverses sources ou méthodes, telles que des enquêtes, entretiens, observations, ou bases de données administratives. Cette étape comprend la consolidation des données, leur nettoyage pour éliminer doublons, corriger erreurs et combler lacunes, assurant ainsi une base solide pour les analyses subséquentes.
- *Qui traite les données* : Des experts tels que les analystes de données, statisticiens, ou chercheurs, forts de leur expertise en méthodologies de suivi et d'évaluation, prennent en charge le traitement des données. Ces professionnels s'appuient sur des

logiciels statistiques et des outils d'analyse de données avancés pour traiter et interpréter les données de manière précise et significative.

- *Quand les données sont-elles traitées et comment* : Le traitement des données s'effectue généralement peu de temps après la collecte, afin de garantir leur actualité et pertinence. Ce processus peut inclure la codification des réponses ouvertes, la transformation des données (calcul de moyennes, pourcentages, etc.), l'analyse statistique pour dégager tendances et modèles, ainsi que la préparation de visualisations telles que tableaux et graphiques pour une interprétation claire des résultats.

Le traitement des données est crucial, car il peut impacter directement la qualité et la validité des résultats de l'évaluation. Un traitement incorrect ou biaisé peut conduire à des conclusions erronées. D'où l'importance d'un processus de traitement rigoureux, transparent et reproductible pour garantir l'intégrité et la fiabilité des résultats obtenus.

- *Normes importantes lors du traitement* : Les normes essentielles du traitement des données englobent : la précision, exigeant une manipulation sans failles et exemptes d'erreurs ; l'intégrité, interdisant toute altération inadéquate des données ; la cohérence, nécessitant une uniformité des méthodes de traitement à travers le temps et les divers ensembles de données ; et enfin, la transparence, imposant une documentation complète et une accessibilité totale des méthodes de traitement pour toutes les parties prenantes.
- *Vérification de la qualité au traitement* : L'assurance de la qualité dans le traitement des données peut être obtenue par l'emploi de méthodes rigoureuses, incluant des contrôles internes, des audits approfondis, la confrontation des données avec des sources externes pour une validation croisée et des évaluations par des pairs. De surcroît, une documentation méticuleuse du processus de traitement est indispensable pour permettre une vérification approfondie et une reproductibilité des résultats, assurant de ce fait une transparence et une fiabilité irréprochables.

5.3.2.5. Analyse des données

Dans le cadre des systèmes de Suivi et Évaluation, l'analyse des données constitue un pilier essentiel, transformant les données brutes en informations précieuses et exploitables. Cette étape cruciale exige une manipulation minutieuse des données afin de générer des visualisations significatives à l'aide d'outils adaptés. Les analyses statistiques, telles que les tests d'hypothèse ou les analyses de régression, permettent d'extraire des tendances des données quantitatives. Parallèlement, les analyses qualitatives s'attèlent à l'interprétation des données textuelles, souvent à travers l'usage de logiciels dédiés. La rigueur, l'intégrité et la transparence constituent les piliers pour assurer la qualité de l'analyse. Afin de maintenir cette qualité, des pratiques telles que la triangulation et la revue par des pairs sont régulièrement mises en œuvre, accompagnées d'une documentation détaillée du processus, pour assurer la reproductibilité et la vérifiabilité des résultats.

- *Processus de manipulation des données pour les visualiser différemment* : L'analyse des données commence par la manipulation des données pour obtenir différentes visualisations. Cette étape permet de structurer et d'organiser les données pour faciliter leur interprétation. Les outils comme Excel, SPSS, ou R peuvent être utilisés pour trier, filtrer, grouper et agréger des données, préparant ainsi le terrain pour des analyses plus approfondies.
- *Analyses statistiques* : Les analyses statistiques sont utilisées pour décrire, interpréter et inférer des tendances à partir des données quantitatives. Cela peut inclure des statistiques descriptives (moyenne, médiane, écart-type), des tests d'hypothèse (test t, ANOVA), des analyses de corrélation et de régression pour examiner les relations entre les variables, ou des analyses multivariées pour étudier plusieurs variables simultanément. Les outils et logiciels statistiques sont couramment utilisés pour ces analyses.
- *Analyses qualitatives* : Les analyses qualitatives se concentrent sur l'interprétation des données non numériques, comme les textes ou discours. Elles impliquent des méthodes telles que l'analyse de contenu, thématique ou de discours, et l'utilisation de logiciels spécialisés pour coder, catégoriser et interpréter les données textuelles, en extrayant ainsi des thèmes ou motifs pertinents.

Au sein du processus d'évaluation, l'analyse des données constitue l'élément central, fournissant les informations cruciales requises pour évaluer les performances, cerner les axes d'amélioration, et faciliter la prise de décisions judicieuses. Des analyses inexactes ou biaisées risquent de mener à des conclusions erronées, altérant ainsi considérablement la validité de l'évaluation.

- *Normes importantes à l'analyse* : Lors de l'analyse des données, la rigueur s'impose comme la norme primordiale. Il incombe aux analystes de garantir que leurs méthodes sont non seulement appropriées et reproductibles, mais également transparentes. La préservation de l'intégrité des données, l'assurance de la pertinence de l'analyse, ainsi que le maintien de l'objectivité et de la cohérence, sont également des impératifs.
- *Vérification de la qualité à l'analyse* : Pour vérifier la qualité de l'analyse, diverses méthodes sont mises en œuvre. La triangulation, consistant à utiliser plusieurs sources ou techniques pour confirmer les résultats, est fréquemment pratiquée. La revue par des pairs, processus lors duquel d'autres spécialistes examinent et évaluent l'analyse, constitue une autre stratégie de contrôle de qualité. De plus, une documentation exhaustive du processus d'analyse, incluant les méthodes employées, les décisions prises et leurs justifications, assure la transparence et facilite la reproduction ou la vérification des résultats par autrui.

5.3.2.6. Rapportage

Dans les systèmes de Suivi et Évaluation, le reporting joue un rôle crucial dans la diffusion des résultats et l'identification des tendances des données collectées. Les avancées technologiques ont permis d'automatiser une grande partie de ce processus, bien que l'analyse qualitative nécessite souvent une approche manuelle. Les analystes et chercheurs d'une organisation se chargent habituellement de produire des rapports en se servant d'outils spécialisés pour l'extraction et la visualisation des données, en réponse aux exigences des parties prenantes. La fréquence des rapports varie, allant de mensuelle à annuelle, ou selon les besoins spécifiques (ad hoc). Pour assurer la qualité et l'efficacité des rapports, il est primordial de respecter des standards de clarté, d'objectivité et de pertinence, tout en préservant la confidentialité et l'intégrité éthique. La revue par les pairs et les feedbacks des parties prenantes constituent des pratiques courantes pour évaluer et maintenir la qualité des rapports.

- *Processus de génération de rapports, de tableaux et de graphiques* : Le processus de création de rapports est vital dans les systèmes de Suivi et Évaluation, jouant un rôle déterminant dans la communication claire des résultats, des tendances et des perceptions dérivées des données. Ces rapports intègrent souvent des tableaux, exposant des données numériques, des graphiques illustrant des tendances ou distributions, ainsi que des sections textuelles dédiées à l'explication et à l'interprétation des résultats.

- *Ce processus est-il manuel ou automatisé ?* L'essor des technologies modernes a conduit à l'automatisation du processus de reporting dans de nombreuses organisations. Des plateformes telles que Tableau, Power BI, et autres solutions de business intelligence facilitent la conception de tableaux de bord dynamiques et interactifs. Néanmoins, des rapports demandant une analyse qualitative poussée peuvent toujours exiger une attention manuelle. Cette flexibilité permet aux organisations de répondre efficacement aux besoins spécifiques en matière de reporting, tout en tirant parti de la rapidité et de l'efficacité des outils automatisés pour la majorité de leurs besoins.
- *Qui génère les rapports* : Habituellement, les analystes de données, les évaluateurs et les chercheurs dans une organisation endossent la responsabilité de générer des rapports. Ces professionnels, dotés des compétences techniques requises, manipulent et analysent les données, les transformant en informations présentées de façon claire et intelligible.
- *Comment génèrent-ils des rapports* : La création de rapports s'initie par une analyse approfondie des exigences des parties prenantes et des questions de recherche. Les analystes exploitent des logiciels spécialisés pour extraire, transformer et charger les données, avant de procéder aux analyses pertinentes. Les résultats sont enfin illustrés via des graphiques, tableaux ou autres moyens de visualisation, offrant une compréhension claire et directe des données.
- *Quelles données inclure* : Les données intégrées dans le rapport doivent correspondre aux objectifs spécifiques de l'évaluation. Elles peuvent englober des données démographiques, des indicateurs de performance clés, des tendances temporelles, des comparaisons entre divers groupes ou régions, ainsi que des analyses qualitatives des retours ou des commentaires des participants.

- *Fréquence de génération des rapports* : Celle-ci varie selon les besoins de l'organisation et la nature du programme ou projet concerné. Alors que certains rapports sont produits mensuellement, trimestriellement, ou annuellement, d'autres peuvent être générés de manière ad hoc, en réaction à des événements particuliers ou à des requêtes de parties prenantes.

Pour garantir transparence, promouvoir responsabilité et éclairer la prise de décisions, un rapportage efficace est crucial. Un rapport de qualité doit être clair, précis, objectif, et adapté à son public.

- *Normes cruciales pour les rapports* : Les rapports doivent adhérer à des normes telles que la précision, la pertinence, la clarté, l'objectivité, et la cohérence. Ils doivent aussi respecter les normes éthiques, notamment en ce qui concerne la confidentialité et l'anonymat des participants.
- *Vérification de la qualité des rapports* : Pour évaluer la qualité d'un rapport, il convient d'examiner sa structure, sa clarté, la pertinence et la précision de son contenu, ainsi que sa capacité à répondre aux questions de recherche ou aux besoins des parties prenantes. La revue par des pairs est une méthode fréquemment utilisée pour valider la qualité des rapports. Les retours des parties prenantes peuvent aussi offrir des aperçus précieux sur la pertinence et l'utilité du rapport.

5.3.2.7. Utilisation de l'information

L'utilisation efficace de l'information dans les systèmes de Suivi et Évaluation repose sur une analyse approfondie des données pour identifier des tendances, des modèles et pour formuler des questions et recommandations pertinentes. Ces données et recommandations sont ensuite employées par les décideurs pour orienter les programmes ou projets, allouer des ressources ou élaborer de nouvelles stratégies. Un suivi conséquent est primordial pour mesurer les impacts des décisions prises. Les rapports, pivotaux dans ce processus décisionnel, offrent des données factuelles et des analyses pour guider les décideurs. Ils sont généralement produits par des analystes de données, des évaluateurs ou des chercheurs, qui utilisent des logiciels spécialisés pour le traitement et l'analyse des données. La qualité de cette utilisation de l'information peut être évaluée en examinant comment les données et les recommandations sont intégrées dans le processus décisionnel, le suivi des décisions, et l'évaluation de leurs impacts. Une communication régulière avec les parties prenantes et des retours constructifs sur les rapports sont également cruciaux pour évaluer la qualité de l'utilisation de l'information.

- *Processus d'examen des données* : L'examen des données constitue une étape essentielle, impliquant une analyse minutieuse des données pour identifier des tendances, des anomalies ou des modèles spécifiques. Cette analyse exige des compétences analytiques aiguisées et une connaissance approfondie du contexte du programme ou du projet.
- *Formulation de questions* : Suite à l'examen des données, des questions pertinentes sont formulées pour approfondir la compréhension des résultats. Ces questions peuvent porter sur les causes sous-jacentes des tendances observées, les implications potentielles pour le programme ou le projet, ou les domaines nécessitant une attention particulière.
- *Proposition de recommandations* : À partir des données examinées et des questions posées, des recommandations sont formulées. Ces recommandations peuvent proposer des ajustements au programme, des interventions ciblées ou mettre en lumière des domaines nécessitant des recherches approfondies.
- *Prise de décisions* : Le but principal de la mise en place d'un système de Suivi et Évaluation est de faciliter la prise de décision éclairée. Les données et recommandations émanant de ce système guident les décideurs dans l'orientation des programmes ou projets, l'allocation des ressources et la définition de nouvelles stratégies.

Une fois les décisions prises, un suivi s'impose pour garantir l'implémentation des recommandations et pour évaluer les impacts des décisions.

- *Les rapports sont-ils utilisés pour la prise de décision ?* Les rapports jouent un rôle central dans la prise de décision, fournissant des données factuelles et des analyses qui éclairent les décideurs.
- *Qui génère les rapports* : Comme mentionné précédemment, les rapports sont généralement générés par des analystes de données, des évaluateurs ou des chercheurs au sein de l'organisation.
- *Comment les rapports sont générés* : Ils utilisent des logiciels spécialisés pour traiter et analyser les données, puis rédigent et

présentent les rapports de manière à faciliter la compréhension et l'interprétation par les parties prenantes.

- *Quelles données sont incluses* : Cela dépend des objectifs du rapport et des besoins de l'organisation, mais cela peut inclure des données quantitatives, des analyses qualitatives, des tendances observées, des recommandations, et d'autres informations pertinentes.
- *Quand générer les rapports* : La fréquence de génération des rapports dépend des besoins de l'organisation, mais cela peut varier de rapports mensuels, trimestriels, annuels, ou ad hoc.

Dans les systèmes de Suivi et Évaluation, l'utilisation significative des informations produites est essentielle pour garantir leur impact. Pour que ces systèmes aient un impact, il est essentiel que les informations qu'ils produisent soient utilisées de manière significative.

- *Quelles normes sont importantes à utiliser ?* Lors de l'utilisation de l'information, il est crucial de respecter les normes d'exactitude, de pertinence, de fiabilité et d'objectivité. Les données doivent être utilisées de manière éthique, en évitant les biais ou les distorsions.
- *Comment vérifier la qualité à l'utilisation ?* La qualité de l'utilisation de l'information peut être évaluée en examinant comment les données et les recommandations sont intégrées dans la prise de décision. Le suivi des décisions prises et l'évaluation de leurs impacts peuvent également fournir des indications sur la qualité de l'utilisation de l'information. Unc communication régulière avec les parties prenantes et l'obtention de retours sur l'utilité et la pertinence des rapports sont également des moyens d'évaluer la qualité de leur utilisation.

5.3.3. Les outils et techniques de l'audit de la qualité des données

Cette section aborde principalement deux instruments fondamentaux d'audit de la qualité. *L'outil d'audit du système de Suivi et Évaluation* constitue une ressource multidimensionnelle visant des aspects critiques tels que la structure organisationnelle, les indicateurs, la collecte de données, la rétroaction, et la performance des rapports pour maximiser la qualité et l'efficacité du système. Ce cadre rigoureux se conforme étroitement aux critères essentiels de *l'outil de contrôle de la qualité des données*, englobant la validité, la fiabilité, l'intégrité, la précision, et l'opportunité. Conjugués, ces éléments façonnent un écosystème où la qualité des données est prioritaire, grâce à des mesures de contrôle strictes, une formation adéquate du personnel, et une conception méticuleuse des indicateurs et des outils de collecte de données. Ce système intégré favorise non seulement une prise de décisions managériales plus éclairée mais encourage également une amélioration continue de la qualité des données, soutenue par des audits réguliers et l'intégration de technologies avancées.

5.3.3.1. L'outil d'audit du système

L'outil traditionnel d'audit du système de Suivi et Évaluation, une ressource exhaustive, évalue six dimensions cruciales pour le succès des projets. La première dimension se concentre sur la structure organisationnelle, mettant en exergue l'importance des postes clés dans la gestion des données et la nécessité de compétences spécialisées pour assurer la qualité des données. Les indicateurs et les directives de rapportage, la deuxième dimension, soulignent la nécessité de disposer d'indicateurs de performance clairement définis et de directives écrites pour le rapportage, assurant ainsi une compréhension et une application uniformes par toutes les parties prenantes. La troisième dimension, dédiée à la collecte et à la gestion des données, requiert des contrôles de qualité stricts, tels que la double saisie et des protocoles de sauvegarde des données.

La quatrième dimension, concernant la rétroaction et la diffusion des données, est vitale pour garantir une transparence optimale et une prise de décision informée. Elle implique un dialogue continu avec les parties prenantes et des protocoles rigoureux pour la diffusion des données. La performance des rapports, cinquième et dernière dimension examinée ici, sert de baromètre pour l'efficacité globale du système de Suivi et Évaluation. Elle évalue la qualité du système en utilisant des indicateurs tels que la disponibilité, la complétude, et la ponctualité des rapports. Des rapports opportuns et exhaustifs sont essentiels pour des analyses précises et pour une prise de décision efficace. Collectivement, ces dimensions offrent un cadre robuste pour évaluer et améliorer continuellement la qualité et l'efficacité du système de Suivi et Évaluation dans son intégralité.

- *Structure, fonctions et capacités de Suivi et Évaluation* : Cette section souligne l'importance d'une structure organisationnelle bien définie pour une gestion efficace des données. Il est essentiel que les postes liés au Suivi et Évaluation soient pourvus par des personnes compétentes, assurant ainsi la qualité des données recueillies et analysées. Un spécialiste en Suivi et Évaluation, généralement un membre du personnel de haut niveau, joue un rôle clé en révisant les données agrégées avant leur publication ou soumission. Des équipes désignées vérifient la qualité des données fournies par les différents responsables d'activités en se concentrant sur leur précision, exhaustivité et rapidité. La formation continue est vitale pour garantir que le personnel impliqué dans le Suivi et Évaluation, à tous les niveaux de l'organisation, possède les compétences nécessaires pour gérer efficacement les données, de leur collecte à leur analyse et rapportage.

- *Définition des indicateurs et directives de rapport* : Cette dimension met l'accent sur l'importance d'avoir des indicateurs de performance bien définis et pertinents dans le système de Suivi et Évaluation. Ces indicateurs doivent être documentés et partagés avec les responsables d'activités pour assurer une compréhension uniforme à travers l'organisation. En plus de la définition claire des indicateurs, des directives écrites concernant les indicateurs et le rapportage sont cruciales. Ces directives doivent spécifier ce qui doit être rapporté, comment, à qui et dans quel délai, établissant ainsi un cadre pour maintenir la cohérence et la qualité des données rapportées. Les politiques écrites sur la conservation des documents sont également essentielles, précisant la durée de conservation des sources et des formulaires de rapport pour permettre la vérification et l'audit des données, renforçant ainsi la crédibilité et la fiabilité du système.
- *Collecte, gestion des données et rapport des données* : La gestion de la qualité des données dans le cadre du Suivi et Évaluation est une dimension cruciale qui englobe diverses mesures de contrôle pour assurer l'exactitude, la fiabilité et la cohérence des données collectées. Les méthodologies de collecte de données, leur fréquence et les modes d'analyse et de rapport sont conçus pour maximiser la qualité des informations. Des contrôles de qualité spécifiques, tels que la double saisie et la vérification post-saisie, sont en place pour minimiser les erreurs lors de la transition des données de formulaires papier à des systèmes numériques. En outre, des procédures écrites détaillées encadrent la sauvegarde régulière des données électroniques, pouvant être soit hebdomadaire soit mensuelle en

fonction des besoins du projet. Les protocoles pour la gestion des données vont au-delà de la simple collecte et stockage. Ils incluent également des mesures pour gérer les rapports tardifs, incomplets ou inexacts. En cas d'incohérences ou de divergences de données, le bureau principal dispose de procédures écrites pour résoudre ces problèmes, souvent en collaboration avec les bureaux régionaux et les sous-traitants. Ces procédures peuvent impliquer des communications directes pour la correction des données et des ajustements aux systèmes de collecte de données pour prévenir de futures erreurs. Ces mesures collectives garantissent que les données utilisées dans le Suivi et Évaluation sont aussi fiables et précises que possible, assurant ainsi l'intégrité du processus d'évaluation.

- *Rétroaction et diffusion* : La dimension de la rétroaction et de la diffusion dans le cadre du Suivi et Évaluation est un pilier essentiel pour la réussite et la transparence des données des projets. Il s'agit d'un mécanisme grâce auquel le bureau de gestion du projet reçoit des retours d'information ciblés et systématiques de la part des clients et des autres parties prenantes. Ces retours sont axés sur la qualité des données de Suivi et Évaluation, notamment leur exactitude, leur exhaustivité et leur opportunité. Un dialogue continu est maintenu avec les responsables de haut niveau, notamment les gestionnaires de projets et de programmes et le responsable du Suivi et Évaluation, pour s'assurer que toutes les informations recueillies et diffusées sont conformes aux normes de qualité établies. En parallèle, l'équipe de projet suit des protocoles rigoureux pour la diffusion interne et externe des données. Ces protocoles sont ancrés dans le Plan de Suivi et Évaluation et sont alignés avec les directives des bailleurs de fonds et des autorités gouvernementales. Avant chaque mise en œuvre d'activité, l'information pertinente est systématiquement partagée avec tous les partenaires concernés. Ce cadre de diffusion et de partage des données est conçu pour être robuste et faire preuve de stabilité au fil du temps. Il joue un rôle crucial dans la garantie d'une communication fluide et d'une transparence maximale tout au long du processus de gestion et de diffusion de l'information de Suivi et Évaluation.
- *Performance des rapports* : La performance des rapports est un élément fondamental du système de Suivi et Évaluation,

garantissant sa qualité, précision et efficacité globale. Cette dimension s'évalue à travers plusieurs indicateurs clés, tels que la disponibilité, la complétude et la ponctualité des rapports émis par les entités impliquées dans un projet. Une méthode standard consiste à comparer le nombre de rapports reçus au nombre attendu pour déterminer le pourcentage de rapports disponibles. En outre, l'aspect temporel, particulièrement la ponctualité des soumissions, est analysé minutieusement. Un rapport soumis dans les délais permet une analyse et une prise de décision opportunes. La complétude des rapports, qui nécessitent l'inclusion de toutes les données des indicateurs pertinents pour un Suivi et Évaluation efficace, est également un critère crucial. Un taux élevé de rapports complets indique le respect des directives et l'application de pratiques de reporting de qualité. Le suivi adéquat de ces indicateurs contribue significativement à améliorer la qualité du système de Suivi et Évaluation. Ce suivi régulier garantit la fiabilité et l'utilité des données pour des décisions judicieuses, élément essentiel à la réussite du projet.

5.3.3.2. L'outil de contrôle des indicateurs

Dans le cadre du Suivi et Évaluation, plusieurs critères déterminent la qualité des indicateurs et des données, notamment la validité, la fiabilité, l'intégrité, la précision, et l'opportunité. Assurer la validité exige une conception soignée des indicateurs et des mesures de contrôle qualité rigoureuses, pour garantir que les indicateurs mesurent précisément ce qu'ils sont supposés mesurer. La fiabilité repose sur la cohérence et la répétabilité des mesures de données, nécessitant l'utilisation d'instruments standardisés et une formation approfondie du personnel. L'intégrité, quant à elle, est préservée par des contrôles rigoureux, tels que le double encodage et des protocoles de sécurité stricts, pour éviter toute manipulation des données. La précision, liée à la justesse des mesures et au niveau de détail, est influencée par la conception méthodique des indicateurs et des outils de collecte de données. Enfin, l'opportunité concerne la fréquence, la disponibilité et l'actualité des données, qui doivent être en adéquation avec les besoins et les cycles de prise de décision de l'organisation.

Ces critères, étroitement interconnectés, sont cruciaux pour asseoir la crédibilité de tout système de Suivi et Évaluation. Ils influencent directement la qualité des données collectées et, par extension, la qualité de la prise de décisions. Une attention rigoureuse doit être portée à la planification, à la conception des indicateurs, aux protocoles de contrôle qualité, et aux outils de collecte pour assurer des données fiables, valides, intègres, précises et opportunes. L'implémentation d'audits réguliers et l'adoption de technologies de pointe sont également recommandées pour pérenniser et améliorer la qualité des données au fil du temps.

- *La validité*, dans le contexte du Suivi et Évaluation, est cruciale pour assurer l'exactitude des indicateurs par rapport à ce qu'ils sont censés mesurer. Cette précision est influencée par divers facteurs, dont la pertinence de l'indicateur qui doit présenter une corrélation logique et solide avec l'activité ou le résultat visé. Choisir des indicateurs inappropriés peut induire une mauvaise interprétation des résultats. Ainsi, la conception méticuleuse des outils de collecte de données et une formation approfondie des collecteurs sont impératives. Des contrôles qualité, comme des questions d'enquête précises et des critères rigoureux pour la sélection des intervieweurs, sont indispensables pour minimiser les erreurs et garantir une représentativité fiable des données. Les erreurs de mesure représentent une menace significative pour la validité des données en Suivi et Évaluation, pouvant survenir à différentes étapes, de la conception de l'instrument à la collecte et à l'analyse des données. Par exemple, un biais peut être introduit par des questions d'enquête mal conçues ou par des interactions inappropriées entre les collecteurs de données et les répondants. Pour pallier ces risques, il est crucial d'instaurer des contrôles qualité stricts et d'assurer une formation adéquate du personnel. Des techniques comme la double saisie des données et les vérifications aléatoires peuvent contribuer à réduire significativement les erreurs de mesure. En conclusion, la validité des indicateurs en Suivi et Évaluation est primordiale pour s'assurer que les données collectées reflètent avec précision les résultats escomptés d'un projet ou d'une initiative. Cela nécessite une planification rigoureuse, une conception méticuleuse des indicateurs, et l'application de protocoles de contrôle qualité stricts. Se conformer à ces standards ne garantit pas seulement la validité des données, mais renforce également leur fiabilité, élément essentiel pour une prise de décision éclairée dans le cadre du projet.

- *La fiabilité*, dans le contexte du Suivi et Évaluation, se rapporte à la cohérence et à la répétabilité des mesures et analyses des données d'indicateurs. C'est un critère fondamental pour évaluer la qualité des indicateurs. Une haute fiabilité signifie que les variations observées dans les indicateurs reflètent de réelles évolutions dans les variables mesurées, et non des incohérences dans la collecte ou l'analyse des données. Pour atteindre cette fiabilité, il est crucial d'utiliser des instruments de collecte de données bien conçus et standardisés. Ces instruments doivent subir des tests rigoureux pour garantir qu'ils produisent des mesures stables et cohérentes. La formation et le suivi continu du personnel de collecte de données sont également essentiels. Une formation adéquate assure que les procédures de collecte de données sont suivies uniformément, quel que soit le collecteur ou le moment de la collecte. De plus, la mise en place de contrôles de qualité internes et de protocoles stricts pour la saisie et le stockage des données aide à minimiser les erreurs et les biais, augmentant ainsi la fiabilité des données. Des audits réguliers sont recommandés pour vérifier la cohérence des données et des méthodologies utilisées. En somme, la fiabilité est une pierre angulaire de tout système efficace de Suivi et Évaluation. Sans méthodes de collecte et d'analyse des données cohérentes et fiables, il est difficile d'obtenir des données utiles pour la prise de décision ou pour l'évaluation des performances d'un projet. Cela exige un investissement continu dans la standardisation des instruments de mesure, la formation du personnel, et la mise en place de contrôles de qualité rigoureux pour assurer la fiabilité et l'utilité des données collectées.
- *L'intégrité* des données est essentielle pour assurer la fiabilité des indicateurs dans un système de Suivi et Évaluation. Elle garantit l'absence de manipulation ou d'altération des données pour des raisons politiques, personnelles, ou autres. Des mécanismes de sauvegarde, tels que le double encodage des données et les contrôles d'édit logiciels, sont cruciaux pour minimiser les erreurs de transcription et les incohérences. En outre, la mise en place de vérifications aléatoires par des superviseurs ou des tiers indépendants est indispensable pour maintenir l'exactitude des données. L'intégrité est primordiale non seulement pour la collecte, mais également pour la gestion, l'évaluation, et l'utilisation des données dans le processus

décisionnel. Pour contrer la manipulation des données, il est impératif d'adopter des protocoles de sécurité rigoureux, incluant des mesures telles que l'authentification à deux facteurs et la restriction de l'accès aux bases de données pour modifications aux seuls utilisateurs autorisés. Le suivi des modifications apportées aux données est également essentiel pour détecter toute activité suspecte ou non autorisée. Ces pratiques de sécurité contribuent à prévenir toute altération volontaire ou accidentelle des données, renforçant ainsi leur intégrité. En somme, l'intégrité des données est cruciale à chaque étape du processus de Suivi et Évaluation, de la collecte à l'analyse, jusqu'à l'exploitation des données pour la prise de décision. Une série de mesures de contrôle de qualité, de protocoles de sécurité informatique, et de pratiques de surveillance doivent être mises en place pour assurer la plus grande précision, fiabilité, et sécurité des données. L'intégrité des données est essentielle non seulement pour la crédibilité du système de Suivi et Évaluation, mais aussi pour garantir des décisions bien informées et équitables.

- *La précision* dans un système de Suivi et Évaluation est cruciale pour assurer la pertinence des indicateurs et favoriser une prise de décision éclairée. Elle nc se limite pas à la justesse des mesures, mais englobe également le niveau de détail qu'elles apportent. Par exemple, un indicateur qui détaille le "nombre de personnes formées" en fonction de l'âge, du sexe ou du niveau de compétence est nettement plus informatif qu'un simple chiffre global. La précision est aussi conditionnée par la marge d'erreur admissible, qui doit être réduite au minimum pour ne pas occulter les variations significatives que l'indicateur est censé refléter. Le choix judicieux des outils et des méthodes de collecte de données est déterminant pour la précision. Des questionnaires méticuleusement élaborés et des enquêtes approfondies, qu'elles soient quantitatives ou qualitatives, sont capables de fournir un niveau de détail précieux pour l'analyse et la prise de décision. Par exemple, les entretiens détaillés peuvent révéler des nuances que les enquêtes à choix multiples pourraient omettre. De plus, il est crucial de mettre en place des mécanismes de contrôle pour prévenir des erreurs telles que le double comptage ou l'omission de données concernant des personnes non localisées ou décédées. En définitive, la précision est un pilier fondamental pour la qualité des données de Suivi et Évaluation. Elle peut être influencée par divers facteurs, incluant la conception des indicateurs, le choix des outils de collecte de données, ainsi que la taille et la qualité de l'échantillon. L'emploi de techniques statistiques sophistiquées, telles que les intervalles de confiance, peut aussi s'avérer précieux pour évaluer la précision des données. Un haut niveau de précision est indispensable pour une analyse rigoureuse et une prise de décision efficiente.

- *L'opportunité* des données dans un système de Suivi et Évaluation est fondamentale pour une prise de décision efficiente. Cela concerne non seulement la fréquence de collecte des données, mais également leur disponibilité et leur actualité. Des données opportunes doivent être accessibles en temps voulu pour influencer les décisions de gestion, en particulier dans des contextes exigeant des réponses rapides. La fréquence de collecte doit être alignée avec les cycles de prise de décision de l'organisation, qu'ils soient mensuels, trimestriels ou annuels, afin d'éviter tout retard ou surcharge informationnelle. L'actualité des données est aussi critique : elles doivent être récentes pour offrir un reflet exact de la situation présente. Des données périmées peuvent mener à des erreurs de jugement et à une allocation inappropriée des ressources. Il est donc crucial d'indiquer clairement la date de collecte des données dans les rapports pour assurer leur pertinence. En résumé, l'opportunité est un composant clé de l'efficacité d'un système de Suivi et Évaluation. Elle exige une attention particulière à la fréquence de collecte des données, à leur actualité et à la rapidité de leur mise à disposition pour la prise de décision. L'utilisation de technologies modernes, comme les systèmes de gestion de bases de données en temps réel, peut être bénéfique pour garantir que les données sont collectées et mises à disposition de manière opportune, permettant ainsi une prise de décision plus agile et informée.

5.3.4. Le scoring de la qualité des données

Le scoring de la qualité des données offre une mesure quantitative pour évaluer la fiabilité des données dans un système de Suivi et Évaluation. Les scores, variant de 0 à 16, se répartissent en quatre catégories d'évaluation.

Tableau 5 - Scores de risque de qualité des données

		RISQUE - FREQUENCE			
		Constant (4)	Fréquent (3)	Occasionnel (2)	Rare (1)
IMPACT QUALITE	Catastrophique (4)	**16**	**12**	**8**	**4**
	Critique (3)	**12**	**9**	**6**	**3**
	Marginal (2)	**8**	**6**	**4**	**2**
	Négligeable (1)	**4**	**3**	**2**	**1**

- *Un score de 1-4 (audit score de rang 3)* signale que les données sont de haute qualité et se situent dans les paramètres acceptables ; aucune action n'est nécessaire, et les données peuvent être utilisées sans réserve pour la prise de décision.
- *Un score de 6-8 (audit score de rang 2)* indique que, bien que les données ne soient pas de mauvaise qualité, des préoccupations subsistent, et elles devraient être utilisées avec prudence.
- *Un score de 9-12 (audit score de rang 1)* est un signal d'alarme, révélant que les données sont de très mauvaise qualité et requièrent une action immédiate avant leur utilisation pour la prise de décision. Cela peut nécessiter une révision complète des méthodes de collecte de données, des mesures de contrôle de la qualité, et même des indicateurs eux-mêmes.
- *Un score de 16 (audit score de rang 0)* représente un cas extrême où les données sont tellement erronées qu'elles doivent être entièrement ignorées, nécessitant probablement une révision complète de l'indicateur concerné.

Ces scores de risque de qualité des données servent de guide pour évaluer l'intégrité et la fiabilité des données collectées, aidant ainsi les gestionnaires de projet et les décideurs à identifier les besoins d'intervention pour améliorer la qualité des données, que ce soit par des mesures correctives immédiates ou par des révisions plus approfondies des indicateurs et des méthodes de collecte. Ils ajoutent une couche supplémentaire de contrôle de la qualité, introduisant une dimension quantitative dans l'évaluation de la qualité des données au sein du système de Suivi et Évaluation.

TABLE DES MATIERES

Structures éditoriales du groupe L'Harmattan

L'Harmattan Italie
Via degli Artisti, 15
10124 Torino
harmattan.italia@gmail.com

L'Harmattan Hongrie
Kossuth l. u. 14-16.
1053 Budapest
harmattan@harmattan.hu

L'Harmattan Sénégal
10 VDN en face Mermoz
BP 45034 Dakar-Fann
senharmattan@gmail.com

L'Harmattan Cameroun
TSINGA/FECAFOOT
BP 11486 Yaoundé
inkoukam@gmail.com

L'Harmattan Burkina Faso
Achille Somé – tengnule@hotmail.fr

L'Harmattan Guinée
Almamya, rue KA 028 OKB Agency
BP 3470 Conakry
harmattanguinee@yahoo.fr

L'Harmattan RDC
185, avenue Nyangwe
Commune de Lingwala – Kinshasa
matangilamusadila@yahoo.fr

L'Harmattan Congo
219, avenue Nelson Mandela
BP 2874 Brazzaville
harmattan.congo@yahoo.fr

L'Harmattan Mali
ACI 2000 - Immeuble Mgr Jean Marie Cisse
Bureau 10
BP 145 Bamako-Mali
mali@harmattan.fr

L'Harmattan Togo
Djidjole – Lomé
Maison Amela
face EPP BATOME
ddamela@aol.com

L'Harmattan Côte d'Ivoire
Résidence Karl – Cité des Arts
Abidjan-Cocody
03 BP 1588 Abidjan
espace_harmattan.ci@hotmail.fr

Nos librairies en France

Librairie internationale
16, rue des Écoles
75005 Paris
librairie.internationale@harmattan.fr
01 40 46 79 11
www.librairieharmattan.com

Librairie des savoirs
21, rue des Écoles
75005 Paris
librairie.sh@harmattan.fr
01 46 34 13 71
www.librairieharmattansh.com

Librairie Le Lucernaire
53, rue Notre-Dame-des-Champs
75006 Paris
librairie@lucernaire.fr
01 42 22 67 13

www.ingramcontent.com/pod-product-compliance
Lightning Source LLC
LaVergne TN
LVHW011009061026
849535LV00006B/1795